供给侧结构性改革视域下的自然资源核算及管理创新研究

李玉文　程怀文　等◎著

ZHEJIANG UNIVERSITY PRESS
浙江大学出版社
·杭州·

图书在版编目（CIP）数据

供给侧结构性改革视域下的自然资源核算及管理创新
研究 / 李玉文等著. -- 杭州：浙江大学出版社，
2024.11

ISBN 978-7-308-24124-3

Ⅰ.①供… Ⅱ.①李… Ⅲ.①自然资源－经济核算－
研究 Ⅳ.①F062.1

中国国家版本馆 CIP 数据核字(2023)第 161682 号

供给侧结构性改革视域下的自然资源核算及管理创新研究

李玉文　程怀文　等著

责任编辑	陈静毅	
责任校对	黄梦瑶	
封面设计	春天书装	
出版发行	浙江大学出版社	
	（杭州市天目山路 148 号　邮政编码 310007）	
	（网址：http://www.zjupress.com）	
排　　版	杭州星云光电图文制作有限公司	
印　　刷	广东虎彩云印刷有限公司绍兴分公司	
开　　本	710mm×1000mm　1/16	
印　　张	13.75	
字　　数	262 千	
版 印 次	2024 年 11 月第 1 版　2024 年 11 月第 1 次印刷	
书　　号	ISBN 978-7-308-24124-3	
定　　价	68.00 元	

本著作受以下项目和平台资助

国家社会科学基金项目"供给侧结构性改革视域下自然资源核算及管理创新研究"（项目批准号：17BGL135）；

教育部哲学社会科学研究重大专项"习近平生态文明思想在中国大地的生动实践研究"（项目批准号：2022JZDZ009）；

国家社会科学基金重大项目"推进区域生态创新的财税政策体系研究——以长三角地区为例"（项目批准号：19AZD004）；

教育部人文社会科学研究项目"'双碳'目标下我国城市群碳达峰预测及差异化减排路径研究"（项目批准号：22YJC790018）；

浙江省自然科学基金项目"长三角地区协同创新网络作用机理、绩效及对策研究"（项目编号：LY21G030017）；

浙江省自然科学基金项目"社会经济水循环视角下水资源能值高效利用方法研究"（项目编号：LZJWY22G010002）；

浙江农林大学人才启动项目"我国自然资源核算及管理创新研究"（项目编号：2022FR016）；

浙江省新型重点专业智库——浙江农林大学生态文明研究院、碳中和研究院。

作者简介

李玉文，女，博士，硕士生导师。浙江省新型重点专业智库——浙江农林大学生态文明研究院、碳中和研究院信息部部长、研究员，浙江农林大学经济管理学院教授，浙江省151人才工程第三层次人才。研究方向为生态经济学、自然资源管理及政策仿真。主持国家自然科学基金、国家社会科学基金等3项国家级课题，主持教育部人文社会科学基金、浙江省社会科学基金重大项目、浙江省自然科学基金等10余项省部级课题，出版专著3部，公开发表30余篇学术论文。

程怀文，男，博士，浙江财经大学经济学院教师、区域经济学教研室主任。研究方向为区域经济学、资源环境管理及区域可持续发展。主持国家社会科学基金课题1项，主持教育部人文社会科学基金等省部级课题多项，出版专著2部，发表论文10余篇。

序

党的二十大报告指出："大自然是人类赖以生存发展的基本条件。尊重自然、顺应自然、保护自然，是全面建设社会主义现代化国家的内在要求。必须牢固树立和践行绿水青山就是金山银山的理念，站在人与自然和谐共生的高度谋划发展。"这就要求我们：妥善处理自然资源的保护和开发的关系，实现自然资源的可持续利用；加强自然资源的核算，促进自然资源的保值和增值；优化资源配置，提高自然资源生产率。

我国自然资源的"家底"到底如何？如何破解自然资源对我国经济增长的约束？如何在自然资源可利用范围内实现自然资源和经济社会协调的高质量发展？供给侧结构性改革对自然资源管理创新有何要求？这是摆在我们面前的一系列重大现实课题。浙江农林大学李玉文等所著的《供给侧结构性改革视域下的自然资源核算及管理创新研究》就是对这些重要问题的探索性回答。

该专著是国家社会科学基金项目的成果，系统阐述了下列内容：第一，从供给侧结构性改革出发探讨自然资源管理创新方向。在解读供给侧结构性改革内涵的基础上，剖析供给侧结构性改革对自然资源管理的要求，从而讨论了自然资源管理创新方向。第二，在对我国自然资源资产负债表进行研究的基础上形成了自然资源核算框架。编制了2011—2018年浙江省自然资源资产负债表，分析了2011—2018年我国自然资源资产和负债状况。第三，在供给侧结构性改革视域下进行经济增长与自然资源环境关系的研究。以浙江省水资源利用为例，研究经济增长与水资源之间的关系。结果表明：浙江省工业经济水系统处于发展阶段，资源获得量逐渐降低，经济发展开始受到自然资源制约，如果不转变经济发展模式，则会面临系统衰退的危险。第四，对自然资源管理创新政策进行了仿真模拟研究。引入系统动力学方法，以浙江省水资源为例，构建水资源管理政策模型，设置政策情景进行仿真模拟研究，提出了最佳政策工具。第五，从自然资源可持续利用制度视角进行自然资源管理创新研究。明确自然资源产权是地区自然资源保护的重要前提，建立区域自然资源核算体系是地区自然资源可持续利用的重要手段，实施有偿使用、生态补偿、交易制度等进行自然资源资产市场化是自然资源配置优化的重要途径。

该专著调研充分，数据翔实，分析透彻，形成了一些创新性观点和见解：一是研究思路跳出了"自然资源"本身，从人类社会内部寻找解决问题的方法，将研究视角从经济发展、技术进步引向人类自身的行为，指出只有改变人类自身的行为即管理创新，才能真正解决这些问题和实现可持续发展。二是采用多学科交叉方法研究自然资源保护与可持续发展，推动生态文明建设和绿色发展，将管理学、经济学、生态学、博弈论、系统理论、社会学理论等同时引入自然资源管理创新的研究，剖析自然资源开发管理行为创新，构建自然资源管理主体创新体系，定量研究自然资源与经济组成的系统可持续性。三是定量化研究自然资源可持续利用，为自然资源管理创新政策提供可量化的依据。在剖析经济增长与资源环境关系的基础上，通过定量化研究，明晰自然资源、生态环境与经济增长之间的关系，为自然资源可持续利用、生态环境保护与经济增长协同发展提供理论支撑。

当然，该专著也存在调研工作扎实但合乎规律性的理论提炼相对不足、仿真模拟充分但可以真正转化的政策创新相对不足等问题。当然，作为年轻学者，李玉文等能够为优化配置自然资源提供这样一份具有创新性的成果已经弥足珍贵。期待他们继续在自然资源经济学、生态环境经济学等领域不断攀登，取得更具创新性的优秀成果，为建设人与自然和谐共生的现代化国家贡献智慧和力量！

沈满洪

浙江农林大学原党委书记

中国生态经济学学会副理事长

前　言

　　"十三五"期间，我国经济步入从高速增长转向中高速增长、从规模速度型粗放增长转向质量效率型集约增长的新常态阶段，以资源严重消耗和环境污染加剧为代价的传统经济增长模式已难以为继。产能过剩与"雾霾"等环境问题严重影响我国经济发展和社会稳定。破解经济发展中面临的资源环境约束，推动形成资源节约与环境友好型的可持续发展模式已势在必行。2015年中央财经工作会议指出：推进供给侧结构性改革，是适应和引领经济发展新常态的重大创新。坚持绿色发展将是我国在"十四五"及之后很长时期内的重要任务。自然资源的科学管理是绿色发展的核心，是供给侧结构性改革的重要内容，是破解资源约束、形成可持续发展经济模式的关键。自然资源核算是绿色国民经济核算的核心，是绿色发展的关键指标。党的十八届三中全会明确提出，要进行自然资源核算，并且"探索编制自然资源资产负债表，对领导干部实行自然资源资产离任审计。建立生态环境损害责任终身追究制"。因此，在自然资源核算基础上深入探讨自然资源的科学管理模式是我国中央及地方政府迫切需要解决的问题。

　　人类社会经济活动直接建立在利用自然资源之上，在经济活动之初，水土等自然资源被认为是取之不竭的。随着人口增长和经济活动规模不断扩大，资源与生态危机出现了，对自然资源的管理才逐渐进行。发达国家很早就开始了对自然资源的管理研究，国际上对自然资源的管理大体分为三个大的阶段。第一阶段是自然资源的供给管理，以控制自然为理念，以直接增加资源供给为目的，以集中的政府管理或集体管理模式为主，表现为对自然资源的粗放式开发利用。第二阶段是自然资源的需要管理，以环境保护为理念，以减少外部性为目的，以私有化的管理模式为趋势，表现为确定产权、进行资源价值评估及市场化交易等。第三阶段是供需平衡管理，以人与自然和谐为理念，以经济发展与资源利用的可持续为目的，自然资源内涵扩展到整个生态系统的资源与服务，要求自然资源利用必须在其生态承载力范围内。与此同时，国际上提出了自然资源核算，其目的是通过定量分析自然资源枯竭和退化来评估经济活动和经济增长的可持续性。自然资源核算将环境价值纳入传统经济核算体系，成为国家和地区自然资源管理创新的重要基础。基于这些观点，本书将能控制自然资源在其可持续阈值内的社会经济政策作为研究对象，在供给侧结构性改革视域背景下进行自然资源核算，并明晰自然资源与经济增长之间的关系，提出我国自然资源管理创新体系，推进我国自然资源管理体制改革。

本书的主要创新点和贡献如下：①在供给侧结构性改革的大潮下，重新认识自然资源是探讨经济有效增长问题的出发点和立足点，重视自然资源这一经济增长的基础变量，分析自然资源约束对经济增长路径的影响。②在自然资源核算的基础上，研究自然资源产权制度、财税制度、环境规制等管理体系，探索我国自然资源管理创新。③通过自然资源与经济增长关系研究，明晰经济增长中自然资源循环转化规律，及社会-经济-生态系统的可持续性，以生态系统思想和方法研究自然资源管理。④将生态学中的上升性理论应用到自然资源管理研究中，在社会经济系统中分析自然资源可持续利用问题，解析经济系统如何在资源约束下实现可持续发展，从而解决我国供给侧结构性改革中环境保护与经济增长的矛盾。⑤将系统动力学方法和计算机技术应用到公共政策研究中，让政策研究有了预测功能，可以避免政策偏差造成的不可逆转的失误。同时实现了软科学硬化，让技术和管理政策结合，更好地解决现实问题。⑥通过国家和地区的自然资源核算，相关政府部门可以清晰掌握国家和地区的自然资源实物量、资产和负债情况以及流量和存量，有利于政府部门对当地自然资源的资产情况和负债水平及存量做出客观和科学的评价，有利于在兼顾效率和公平原则导向下推进我国自然资源管理制度建设。

本书一共有十一章，组成了有逻辑关系的五个部分。第一部分即第一章，介绍了研究背景、研究内容、研究技术方法与思路及创新点。第二部分即第二章，聚焦供给侧结构性改革视域下的自然资源管理创新，在综述自然资源管理研究进展的基础上深入剖析了我国供给侧结构性改革对自然资源管理的新要求，从自然资源核算方法、管理视角和管理制度三个方面分析了自然资源管理创新。第三部分包括第三章、第四章和第五章，内容为自然资源核算的理论方法探讨及实证研究。第四部分包括第六章和第七章，内容为经济增长与自然资源关系研究。第五部分包括第八章、第九章、第十章和第十一章，内容为供给侧结构性改革视域下的自然资源管理创新体系研究、对策、结论与展望。

本书是以国家社会科学基金项目"供给侧结构性改革视域下自然资源核算及管理创新研究"成果为基础，集多个项目阶段性研究成果撰写而成，获得多个项目的资助。感谢课题组所有成员的努力，同时向临时参加课题研究的成员、开题和结题时所有提出宝贵意见和建议的专家们，以及相关行政人员等表示真挚的感谢！本书在写作中参考了不少国内外学术界前辈们和同行们的理论成果，在此表示真诚的感谢！书中引用的观点和资料都尽可能在参考文献中标注出，但可能有个别文献由于查阅中的疏忽而被遗漏，在此深表歉意，并向作者致以诚挚的谢意！

李玉文

2023 年 8 月

目　录

第一章　绪　论 ………………………………………………………… 1

　　第一节　研究背景与研究意义 ………………………………………… 1

　　第二节　研究内容与研究框架 ………………………………………… 3

　　第三节　研究方法 …………………………………………………… 7

　　第四节　本书的研究思路、章节安排与创新点 …………………… 10

第二章　供给侧结构性改革视域下的自然资源管理创新 …………… 13

　　第一节　自然资源管理研究进展 …………………………………… 13

　　第二节　我国供给侧结构性改革对自然资源管理的新要求 ……… 18

　　第三节　供给侧结构性改革视域下的我国自然资源管理创新思路… 23

第三章　自然资源核算体系与理论框架 ……………………………… 29

　　第一节　自然资源核算体系与发展 ………………………………… 29

　　第二节　自然资源核算的内容与指标体系 ………………………… 35

　　第三节　自然资源资产负债表编制方法 …………………………… 38

第四章　基于自然资源资产负债表的浙江省自然资源核算 ………… 42

　　第一节　浙江省自然资源分析 ……………………………………… 42

　　第二节　浙江省自然资源资产账户编制 …………………………… 44

　　第三节　浙江省自然资源资产负债表分析 ………………………… 54

第五章　我国自然资源资产"家底"及资源环境负债分析 ………… 65

　　第一节　我国自然资源资产"家底"分析…………………………… 65

　　第二节　我国自然资源负债计量过程……………………………… 73

　　第三节　我国自然资源资产负债分析……………………………… 75

第六章　自然资源约束下的浙江省经济增长路径分析 ………… 89

　　第一节　自然资源约束与经济增长关系研究……………………… 89

　　第二节　经济增长中的自然资源约束实证分析…………………… 92

　　第三节　自然资源约束下的浙江经济增长路径…………………… 97

第七章　基于上升性理论的浙江经济发展中水资源可持续利用研究

　　…………………………………………………………………… 105

　　第一节　浙江省水资源投入产出表编制…………………………… 105

　　第二节　上升性理论及工业经济水循环网络分析………………… 109

　　第三节　浙江省水资源的上升性结果分析………………………… 114

　　第四节　浙江省水资源可持续利用对策…………………………… 118

第八章　供给侧结构性改革视域下的自然资源管理创新研究 ……… 120

　　第一节　基于生态系统服务价值评估的生态补偿政策研究……… 120

　　第二节　基于全成本定价方法的居民用水定价政策研究——以浙江省为例

　　…………………………………………………………………… 134

　　第三节　基于博弈论方法的水生态环境治理创新研究…………… 142

第九章　基于系统动力学方法的自然资源管理创新政策仿真研究

　　…………………………………………………………………… 153

　　第一节　系统动力学方法介绍……………………………………… 153

　　第二节　浙江省水资源创新管理仿真模型构建…………………… 156

　　第三节　浙江省水资源创新管理仿真结果分析…………………… 163

第十章　供给侧结构性改革视域下的我国自然资源管理创新体系
　　　　　……………………………………………………………… 172

　　第一节　我国自然资源管理制度现状分析……………………… 172

　　第二节　我国自然资源管理制度创新…………………………… 180

　　第三节　我国自然资源管理创新对策…………………………… 187

第十一章　结论与展望 ……………………………………………… 191

参考文献 ……………………………………………………………… 195

第一章 绪 论

自然资源可持续利用是我国可持续发展面临的重要挑战。本章首先从自然资源与经济发展关系视角阐述研究背景与研究意义；然后在阐述研究内容的基础上给出研究框架，并介绍研究方法；最后介绍了本书的研究思路、章节安排，提出本书的创新点。

第一节 研究背景与研究意义

本节从我国经济发展中的资源环境约束问题出发，探讨了供给侧结构性改革中自然资源科学管理的重要性，给出了本书的研究背景，并从理论、实践和研究方法等方面阐述了研究意义。

一、研究背景

随着我国经济高速发展，生产能力大幅增强，以供给为导向的经济发展遇到了产能过剩问题。2015年中央财经工作会议指出：推进供给侧结构性改革，是适应和引领经济发展新常态的重大创新。坚持绿色发展是我国在"十四五"及之后很长时期内的重要任务。自然资源的科学管理是绿色发展的核心，是供给侧结构性改革的重要内容，是破解当前资源约束、形成可持续发展经济模式的关键。自然资源核算是绿色国民经济核算的核心，是绿色发展的关键指标。发展不能以自然资源消耗为代价，国家需要对自然资源进行详细核算。党的十八届三中全会明确提出："探索编制自然资源资产负债表，对领导干部实行自然资源资产离任审计。建立生态环境损害责任终身追究制。"因此在自然资源核算基础上深入探讨自然资源的科学管理模式是我国中央及地方政府迫切需要解决的问题。

自然资源是在一定历史条件下能被人类开发利用,具有稀缺性、约束性特征的各种环境因素和条件的总称。自然资源具有有限性、稀缺性等特征和经济价值属性。自然资源及其产生的生态环境资源是人类赖以生存的资源环境基础,自然资源管理的最终目标是将自然资源开发限制在环境承载力范围内。我国自然资源丰富,这为我国经济腾飞提供了保障。但改革开放以来的经济发展带来了巨大的自然资源消耗和环境破坏。我国经济进入常态化发展阶段之后,经济运行逐渐呈现出不同以往的态势和特点,供给侧对需求侧变化的适应性调整明显滞后。自然资源供给和需求不平衡、不协调的矛盾和问题日益凸显,具体表现在以下几点:第一,自然资源短缺与利用效率不高并存。我国资源总量大、种类全,但人均少,利用率不高。我国陆地面积占全球陆地面积的 6.44%,但土地资源中难利用地多、宜农地少,土地资源中仅 13.32% 为耕地。我国水土资源空间匹配性差,水量性缺水和水质性缺水并存。我国重要矿产资源储量呈下降趋势,2020 年中国矿产资源报告显示,2018—2019 年,煤、铁矿、天然气、镍、钼和金矿新增储量分别下降 46.03%、46.46%、2.67%、86.23%、76.65% 和 32.25%。第二,资源需求刚性增长。2010—2019 年,我国矿产资源供应量增速同比提高 0.50~1.00 倍,对外依存度逐渐增加,煤、铁矿、铝、钾盐等矿产资源的国内保障程度不足一半。2010—2019 年,我国城市化率从 49.95% 上升到60.60%,生活用水需求量增加了 42.42%。第三,资源利用水平总体不高。2019 年,我国单位国内生产总值用水量和能耗分别是世界平均水平的 3.30 倍和 2.50 倍。

自然资源问题及其产生的环境问题不断约束着我国经济的发展,自然资源可持续利用成为 21 世纪我国面临的重要挑战。重新认识自然资源是探讨经济有效增长问题的出发点和立足点,是环境保护与经济增长协调发展的重要前提。将自然资源作为经济增长要素,重视自然资源约束问题,进行自然资源管理创新,是我国可持续发展的重要驱动力。

本书从自然资源核算出发,通过自然资源核算理论和实践、自然资源与地区经济增长关系研究、自然资源管理创新案例分析及创新政策仿真分析的综合研究,从自然资源核算、自然资源价格、自然资源税收和自然资源调控四个方面构建我国自然资源管理创新体系并提出对策建议。

二、研究意义

在理论上,本书通过研究自然资源核算制度创新、自然资源价格制度创新、自然资源财政制度创新、自然资源调控制度创新,探索我国自然资源管理创新体系,有利于资源经济学与公共治理理论的深化;通过自然资源与经济增长关系研究,明晰经济增长中自然资源循环转化规律,有利于资源经济学与公共管理理论的深化;引入系统论思想和方法,从环境保护与经济增长系统来研究自然资源管理,有利于环境经济学与公共管理理论的深化。

在实践上,通过自然资源核算,政府可以掌握地区自然资源资产、负债及存量等情况,有利于政府部门对各地区的自然资源资产负债水平做出整体评价;通过社会仿真模拟研究构建地区自然资源管理创新体制,有利于在兼顾效率和公平原则下推进我国自然资源管理制度建设。

在研究方法上,本书基于自然资源的环境-经济核算资产账户框架,进行典型地区资源实物账户和资源价值账户编制,以及资源资产核算研究。以水资源为例,运用投入产出方法,绘出自然资源在经济增长中的网络流量图,然后采用上升性理论进行自然资源的可持续分析,推进多学科交叉方法在自然资源管理创新中的应用。

第二节　研究内容与研究框架

本节介绍了本书的研究内容与研究框架。

一、研究内容

本书的研究目标是在解读我国供给侧结构性改革下自然资源管理创新的基础上,采用自然资源资产负债表进行典型地区自然资源核算,明晰自然资源在经济增长中的运行转化规律;在供给侧结构性改革视域下,提出以经济可持续发展和自然资源可持续利用为目标的自然资源管理政策体系,为破解当前我国资源环境问题、推进生态文明进程提供新的思路和手段。本书主要有以下六个方面的研究内容。

1. 供给侧结构性改革下的自然资源管理创新解读

本书梳理了国内外自然资源研究进展,分析了我国供给侧结构性改革对自然资源管理的新要求,并从研究视角出发解读自然资源管理创新,从而提出在供给侧结构性改革视域下我国自然资源管理制度创新的内容体系。

2. 自然资源核算方法及实证研究

本书首先参考国际前沿研究理论和我国自然资源情况,确定资源-经济核算资产账户框架,构建自然资源资产负债表的指标体系。然后以浙江省为研究区,编制自然资源核算账户。在资源-经济核算资产账户框架下,通过实地调研和走访相关企业、统计部门、管理部门等,收集相关指标数据,编制资产负债表的实物账户。在实物账户编制基础上,进行经济账户编制,并根据资源平衡表和资产负债表,从经济活动、资源利用和环境退化等方面进行自然资源资产负债表的分析。最后全面核算自然资源流量账户和资产账户,盘点自然资源,为进一步研究提供基础数据。

3. 供给侧结构性改革视域下地区经济活动中的自然资源研究

第一,浙江省自然资源约束与经济增长之间的关系分析。本书在梳理自然资源与经济增长关系的基础上,应用索洛(Solow)模型,选取地区生产总值为因变量,社会从业人员总数、能源消费总量、水资源、土地资源为自变量,并将综合科技水平作为中介变量,进行自然资源约束下的浙江省经济增长路径分析并提出对策建议。第二,自然资源的投入产出分析。本书将研究区经济划分为六大经济部门——运输业、渔业、服务业、工业、建筑业和其他行业,将其设置为经济系统中的网络节点,流动介质为货币价值量,将其流量看作系统能量流,构建出示范区经济系统中的货币网络流。系统中的货币网络流可分为四类:系统外流入 i 部门的量,由 j 部门流入 i 部门的量, i 部门的增加值, i 部门的最终使用量。网络中的节点代表各个部门,流量代表部门之间的价值转移。本书在自然资源经济账户核算基础上,形成六部门价值型投入产出表,根据其数据,确定六部门四种类型的货币网络流。第三,经济增长中自然资源利用的可持续性分析。本书利用网络流量表征生态经济系统各个网络节点发生变化的潜力和整个系统的平均不确定性;将系统的自组织能力(即不确定性)分解为两个组分,即量化系统有序、连贯、有效的平均相互约束和量化系统无序、不连贯和无效的条件熵;利用系统吞吐量概念得到经济系统的效率(即上升性,为吞吐量和平均相互约束的乘积)、恢复力(吞吐量和条件熵的乘积)和发展能力(效率与恢复力之和),将最优的相对活力系数(效率与发展能力的比值)设置为 0.37,进行可持续发展评价。

4. 供给侧结构性改革视域下的自然资源管理创新案例研究

第一,基于生态价值评估的自然资源生态补偿政策研究。本书采用当量因子法对全国各省份的生态系统的生态补偿标准进行了研究,表明生态补偿标准与生态系统服务相关,但是为了公平,必须增加区域补偿指数,才能实现生态补偿效果。第二,基于全成本定价方法的地区用水定价政策研究。本书以水资源为例,进行了有偿使用定价模型构建和实证分析,进行了自然资源有偿使用定价研究,表明在自然资源定价过程中需要兼顾效率和公平,才能实现自然资源可持续利用。第三,基于博弈论方法的水生态环境治理创新研究。地方经济发展与水生态环境是对立统一的,要统筹兼顾地方经济发展和水生态治理,要用发展的办法解决发展问题,既不能因为生存阻碍发展,也不能因为发展牺牲生存权利。地方经济发展过程中的水生态治理是地方政府、地方企业与居民三方共同参与的生态治理。这三方既是水生态问题的受害者,又是水生态问题的制造者,水生态环境要求三方共同承担起生态治理的责任,通过重新整合各治理主体的利益结构和重新安排相关制度,实现良好的水生态治理。

5.典型地区自然资源的管理政策仿真研究

本书采用系统动力学方法,在解析能源、水资源系统基础上,建立自然资源系统动力学仿真模型,将环境经济政策嵌入水资源社会经济系统,从而预测政策效果。仿真研究选择浙江省构建水资源管理的政策模型,模拟自然资源政策效果,提出水资源管理创新建议。

6.我国自然资源创新体系与对策研究

本书在梳理我国自然资源管理制度的基础上,总结当前存在的问题,构建我国自然资源管理工具箱,根据自然资源管理制度应遵循的原则提出我国自然资源管理制度创新体系,并给出我国自然资源管理创新对策。

二、研究框架

本书分为四个研究阶段:理论研究、定量研究、关系研究和创新研究。研究框架如图 1-1 所示。

第一是理论研究,即基础理论研究。本书首先解读我国供给侧结构性改革对自然资源管理的新要求;然后从理论上分析我国自然资源管理视角和管理制度创新体系;最后基于自然资源资产负债表方法,构建自然资源核算的理论框架。

第二是定量研究,即基础量化研究。本书基于自然资源资产负债表方法,在省域层面选取浙江省为研究区,进行自然资源实物量表编制和价值量表编制,结合负债进行自然资源存量核算,分析了 2010—2018 年浙江省自然资源变化情况。同时进行了自然资源编制方法的一些讨论,为推进我国地区自然资源核算提供经验。在全国层面进行了自然资源的核算分析,为相关部门掌握我国自然资源"家底"提供参考。

第三是关系研究,即关键内容研究。关系研究包括自然资源约束下的地区经济增长路径,以及自然资源在经济系统中的可持续分析。自然资源对地区经济增

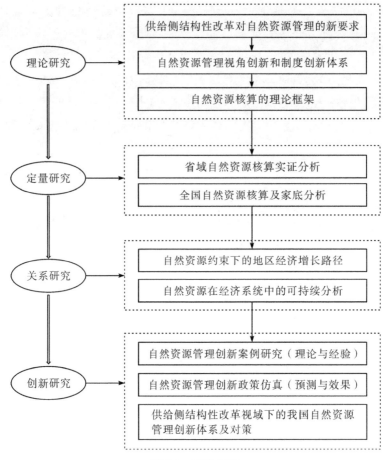

图 1-1　研究框架

长具有两方面作用:一方面促进地区经济增长,为经济增长保驾护航,提供资源保障;另一方面,当经济增长规模突破了自然资源承载力造成资源耗竭和生态环境破坏时,自然资源反过来会限制经济发展,出现不可持续状态。因此,寻找自然资源与经济增长之间的平衡点是进行自然资源管理的关键。关系研究既包括自然资源对经济增长的正面作用,又包括自然资源对经济增长的约束,要寻找两者的平衡点,实现自然资源可持续利用。

第四是创新研究,即核心内容研究。本书从自然资源管理创新案例开始,总结自然资源创新管理经验。为解决自然资源与环境问题,实现经济持续增长,中国在自然资源管理方面已经有很多创新实践。本书从自然资源定价、生态补偿标准及生态环境治理等方面进行了创新管理理论和经验分析。在自然资源定价方面实施全成本定价,更符合资源价值理论;在生态补偿方面使用生态系统服务价值确定生态补偿标准,更符合生态价值理论;从相关利益者博弈出发,讨论了在生态治理过程中如何通过协调各方利益实现私人和公共利益最大化。本书将地区自然资源利用看作一个复杂系统,引入系统动力学模型,构建自然资源财政政策模型,分析政策对地区的资源、环境和经济效应的影响,从而预测政策效果并提出最佳的政策组合,提出我国自然资源管理创新体系及对策。

第三节　研究方法

本书采用多学科交叉研究方法,运用了管理科学及统计方法、生态学与经济学方法、系统动力学方法等。

一、管理科学及统计方法

1.自然资源资产负债表方法

自然资源资产负债表是用于自然资源资产管理的统计管理报表,反映被评估区域或部门在某时间点所占有的可测量、可报告、可核查的自然资源资产状况,以及某时点被评估区域所应承担的自然资源负债状况。自然资源资产负债表方法是以国际上 SNA-2008(2008 年国民账户体系)、SEEA-2003(2003 年环境经济综合核算体系)和 SEEA-2012(2012 年环境经济综合核算体系)为基础的自然资源核算方法(高敏雪,2006),把资源环境划分为不同类型,比如水资源分为地表水、地下水、土壤水、再生水等,在进一步细分的基础上,编制包括自然资源总资产、自然资源负债、经济活动耗减、自然灾害耗减、其他类耗减、自然资源净资产等指标的平衡表,基本平衡公式为自然资源总资产＝自然资源负债＋自然资源净资产,从而得出地区实物负债表,然后根据不同的价值评估方法将经济价值转换为经济表。

自然资源资产负债表方法是指以核算账户的表达形式对具体地区或国家自然资源资产的存量及增减变化情况进行分类统计和计算(史丹和王俊杰,2020)。它有实物形式和价值形式,可以客观地评估当期自然资源实物量和价值量的变化量,摸清某时点上自然资源的"家底",准确把握经济主体对自然资源的占有、使用、消耗、恢复和增值活动情况,全面反映经济发展的资源消耗情况和生态效益情况,从而为地区的经济发展和环境保护综合决策、生态环境补偿等提供重要依据;有利于形成生态文明建设倒逼机制,改变唯地区生产总值的发展模式,同时为自然资源市场化提供基础条件。

2.博弈论方法

博弈论(game theory)又被称为对策论,是现代数学的一个新分支,也是运筹学的一个重要组成内容。博弈论是研究互动决策的方法。互动决策是指各行动方中任何一方的决策都会影响其他行动方,每个人在决策的时候必须将他人的决策纳入自己的决策考虑,当然也需要把别人对于自己的考虑纳入考虑……在如此迭代考虑的情形下进行决策,选择最有利于自己的战略(strategy)。博弈论可以用公式研究激励结构之间的相互作用,已经成为经济学的标准分析工具之一,在生物学、经济学、计算机科学、政治学等很多学科都有广泛的应用。自然资源开发利用过程涉及很多主体利益相关者,他们的决策会相互影响,达到纳什均衡是主体利益相关者共同追求的目标。

二、生态学与经济学方法

1.当量因子法

当量因子(equivalence factor)在生态学中指在特定时期中,某种类型土地(如耕地、林地、草地)的世界平均潜在生物生产力相对于所有类型土地的世界平均潜在生产力的比值,是一个相对稳定的数。根据这个原理,人们可以对生态系统服务价值规定统一标准,设定当量因子,在区分不同种类生态系统服务的基础上,基于可量化的标准构建不同类型生态系统各种服务功能的价值当量,然后结合生态系统的分布面积进行评估。当量因子法较为直观易用,数据需求少,特别适用于区域尺度生态系统服务价值的评估(谢高地等,2001;鲁春霞等,2004),在生态保护补偿标准计算时具有非常好的作用。

使用当量因子法时,一般采用千年生态系统评估(MEA)的方法,将生态系统服务分为供给服务、调节服务、支持服务和文化服务4类,并进一步细分为食物生产、原料生产、水资源供给、气体调节、气候调节、净化环境、水文调节、土壤保持、维持养分循环、生物多样性和美学景观11种服务功能(谢高地等,2006,2015)。其中,水资源供给功能是指由各生态系统为居民生活、农业(灌溉)、工业生产等提供水资源;水文调节功能是指生态系统截留、吸收和贮存降水,调节径流,调蓄洪水,减少旱涝灾害;净化环境功能是指植被与生物去除和降解多余养分与化合物,滞留灰尘、除污等,包括净化水质和空气等;维持养分循环功能是指对氮、磷等元素与养分的储存、内部循环、处理和获取(耿静和任丙南,2020)。

2.投入产出方法

投入产出方法是美国著名经济学家 Wassily Leontief 在 20 世纪 30 年代提出的一类通过国民经济部门之间投入产出的关系,即投入产出表来揭示各部门间经济结构相互依存关系的分析方法。它是研究经济体系中各个部分之间投入与产出的相互依存关系的数量分析方法,把一系列内部部门在一定时期内的投入(购买)来源与产出(销售)去向排成一张纵横交叉的投入产出表格,根据此表建立数学模型,计算消耗系数,并进行经济分析和预测。本书将资源投入和环境资源纳入投入产出表,根据经济投入产出表建立相应的线性代数方程体系,形成资源的投入产出模型,可直观揭示各部门之间的资源用量、生态损害及经济增长之间的关系。

3.上升性理论方法

上升性理论是美国生态学家 Ulanowicz 于 1980 年提出,用来从宏观上刻画系统状态的理论。上升性理论将系统抽象成一个网络,从定量描述网络系统的增长与发展出发,衍生出一系列描述系统行为的指标。本书将生态系统中的上升性理论方法应用到社会经济系统中,以产品为介质,将其流量看作生态系统能量流,从宏观上对经济增长中的资源转化进行网络分析;根据吞吐量进行社会-经济-生态系统的可持续性分析。

三、系统动力学方法

系统动力学(system dynamics,SD)方法是美国的 Forrester 教授首先提出的,用来研究系统信息管理。它是一门包含数学、系统、信息、管理等学科内容的交叉学科,主要通过研究系统的信息反馈来解决系统问题。

系统动力学方法本质上是基于系统思维的一种计算机模型方法。在系统思维方式下,现实中很多事物都可以看作一个有多个组成部分的系统,这些组成部分不是孤立存在的,而是相互作用、相互影响,形成众多复杂因果关系,存在很多反馈结构。系统动力学用信息理论和计算机技术来描述这些反馈,形成因果关系图和系统流程图。系统动力学区别于一般系统思维建模的地方在于,它根据反馈给定初始值,通过系统流量和流速的变化可以得出仿真结果。

系统动力学模型是建立在控制论、系统论和信息论的基础上,反映系统结构、功能和动态行为特征的一类动力学模型。系统动力学最早是用于库存管理分析的,之后由于它可以描述复杂系统关系,对现实系统结构具有揭示性,因此被广泛用于经济学、公共管理学等领域。

第四节　本书的研究思路、章节安排与创新点

本节介绍了本书的研究思路、章节安排与创新点。

一、本书的研究思路

本书从供给侧结构性改革这一背景出发研究自然资源管理创新，沿着理论剖析—定量研究—关系研究—创新案例研究—创新体系研究—创新对策研究的思路进行撰写。①理论剖析。本书在对国内供给侧结构性改革背景分析的基础上，从理论上剖析供给侧结构性改革对自然资源管理的新要求，以及自然资源管理需要做哪些创新才能实现我国供给侧结构性改革目标；指出自然资源核算、自然资源与经济增长关系及自然资源可持续利用等是自然资源管理的创新方向；参考国际前沿理论，针对自然资源核算方法进行了理论框架探讨。②定量研究。本书在理论指导下进行定量研究，主要包括典型地区自然资源核算案例和全国自然资源核算及家底分析。在自然资源核算理论方法指导下进行浙江省自然资源资产负债表的编制，从实物量到价值量，从流量到存量，一方面讨论典型地区自然资源利用情况，另一方面探讨自然资源资产负债表编制存在的问题，推进完善自然资源核算方法。此外，还进行了全国自然资源核算及分析。③关系研究。选取典型地区的典型自然资源——浙江省水资源为研究对象，进行水资源对经济增长的贡献分析，采用投入产出方法研究水资源在社会经济水循环网络中的流动，从而得出水资源流动规律；采用上升性理论进行水资源可持续发展分析，找出经济与水资源相互协调的节点，并给出对策建议。④创新案例研究。本书选取自然资源典型创新案例——定价创新、生态补偿制度创新及生态治理创新等，进行实践研究和经验总结。采用全成本定价方法针对用水进行阶梯定价；通过生态系统服务价值评估进行生态补偿标准确定，从而更加符合自然生态价值规律；根据博弈论方法研究采用哪些策略可以使得居民、政府和企业在生态治理过程中达到纳什均衡，让私人利益、集体利益和公共利益最大化。⑤创新体系研究。本书从自然资源管理视角提出自然资源管理制度创新体系，主要包括自然资源核算、自然资源定价和交易体系、自然资源财政制度和调控制度等方面。⑥创新对策研究。本书从健全自然资源有偿使用和生态补偿制度、实施资源税制度、完善生态治理策略等方面提出自然资源管理创新对策。

二、章节安排

本书一共有十一章,可分为五个部分。第一部分是绪论(即第一章),介绍了研究背景、研究内容、研究技术方法与思路及创新点。第二部分即第二章,聚焦供给侧结构性改革视域下的自然资源管理创新,在综述自然资源管理研究进展的基础上深入剖析了我国供给侧结构性改革对自然资源管理的新要求,从自然资源核算方法、管理视角和管理制度三个方面分析了自然资源管理创新。第三部分是自然资源核算理论方法探讨及实证研究,包括第三章、第四章和第五章。第三章从自然资源资产负债表出发,介绍了自然资源核算体系与理论框架。第四章的内容是自然资源核算典型案例,进行省域层面自然资源核算方法探讨,采用自然资源资产负债表方法编制了浙江省自然资源实物账户,采用市场价格法、影子价格法、条件价值法(CVM)、当量因子法等方法进行资源价值账户编制,分析浙江省自然资源存量并提出相关对策建议。第五章是全国层面的自然资源核算,在完善自然资源核算方法的基础上,进行全国自然资源"家底"分析,一方面可以让相关部门了解我国自然资源基本情况,另一方面讨论不同层面的自然资源核算的问题,为推动自然资源核算提供经验。第四部分是经济增长与自然资源关系研究,包括第六章和第七章。第六章以浙江省为例进行了供给侧结构性改革视域下自然资源对地方经济增长的约束关系研究。第七章应用上升性理论进行地方经济增长中自然资源的作用分析,解析自然资源约束下的经济增长路径。第五部分是供给侧结构性改革视域下的自然资源管理创新体系研究、对策、结论与展望,包括第八章、第九章、第十章和第十一章。第八章是自然资源管理创新具体案例研究,主要包括基于自然资源价值量核算的生态补偿政策创新、自然资源定价创新、生态环境治理创新等。第九章引入系统动力学方法,将政策嵌入自然资源开发活动,以浙江省水资源为案例进行自然资源管理政策仿真,寻找最佳自然资源管理创新政策。第十章是我国自然资源管理创新体系及对策,在梳理我国自然资源管理制度的基础上,从自然资源核算制度、自然资源产权与交易制度、自然资源价格制度创新、自然资源财政制度和自然资源调控制度等方面提出我国自然资源管理创新体系,最后从自然资源有偿使用、外部性矫正、生态补偿及环境管制等方面提出对策建议。第十一章为结论与展望,分析了需要进一步研究的问题。

三、创新点

(1)在研究理论上,本书将生态经济学、资源经济学理论引入自然资源管理实践,深化了公共治理理论。在当前供给侧结构性改革的大潮下,重新认识自然资源是探讨经济有效增长问题的出发点和立足点。重视自然资源这一经济增长的基础变量,分析自然资源约束对经济增长路径的影响具有重大意义。在自然资源核算的基础上,研究自然资源产权制度、财税制度、环境规制等管理体系,探索我国自然资源管理创新,有利于资源经济学与公共治理理论的深化;通过自然资源与经济增长关系研究,明晰经济增长中自然资源循环转化规律,及社会-经济-生态系统的可持续性,以生态系统思想和方法研究自然资源管理,有利于生态学、经济学和公共管理理论的深化。

(2)在研究方法上,本书将生态学中的上升性理论应用到自然资源管理研究中,在社会经济系统中分析自然资源可持续利用问题,从系统演化角度利用系统效率与恢复力平衡原理,解析经济系统如何在资源约束下实现可持续发展,从根本上解决我国供给侧结构性改革中环境保护与经济增长的矛盾。将系统动力学方法和计算机技术应用到公共政策研究中,让政策研究有了预测功能,可以避免政策偏差造成的不可逆转的失误。同时实现了软科学硬化,让技术和管理政策相结合,更好地解决现实问题。

(3)在应用实践上,通过国家和地区的自然资源和生态资源核算,相关政府部门可以清晰掌握国家和地区的自然资源实物量、资产和负债情况以及流量和存量,有利于对当地自然资源的资产情况和负债水平做出客观和科学的评价。在可持续发展原则下进行自然资源管理制度研究,通过社会仿真模拟研究构建地区自然资源管理创新体制,有利于在兼顾效率和公平原则下推进我国自然资源管理制度建设。供给侧结构性改革的最终目的是建立一个可持续经济环境,自然资源的科学利用非常关键。自然资源核算是决策者认识经济不可持续盲点的重要途径。

第二章 供给侧结构性改革视域下的自然资源管理创新

21世纪以来,随着城市化的快速发展,人口规模不断增大,经济全球化愈演愈烈,国际市场上石油、矿产等自然资源的需求大大增加,供需之间一时难以平衡。我国作为能源进出口大国,对资源的供给与需求占据主导地位,影响整个国际市场的经济关系。由此,我国提出供给侧结构性改革不仅是为了促进我国经济稳定、快速、健康发展,更是为了营造良好的国际市场,对全球经济起到推动作用。在此背景下,我国对自然资源管理提出了新要求。本章在梳理自然资源管理研究进展的基础上,深入剖析了我国供给侧结构性改革对于自然资源管理的新要求,并提出了自然资源管理创新思路。

第一节 自然资源管理研究进展

联合国环境规划署认为:"自然资源是在一定时间、地点的条件下,能够产生经济价值以提高人类当前和将来福利的自然环境因素的总称。"自然资源指在一定历史条件下能被人类开发利用,具有稀缺性、约束性等特征的各种环境因素和条件的总称。自然资源是有限的、稀缺的和有价值的(陈玥等,2015)。环境经济综合核算体系(SEEA)将自然资源划分为矿产和能源资源、土地资源、土壤资源、木材资源、水生资源、其他生物资源以及水资源七个类别(胡文龙和史丹,2015)。国民账户体系(SNA)对自然资源的划分与 SEEA 基本一致,区别是将土壤资源和土地资源统一为一类。《中华人民共和国环境保护法》将自然资源划分为土地、草原、森林、矿藏、湿地、水、海洋七大类。草原和森林在碳汇和生态服务上一致,海洋和湿地本质上也是水资源的延伸,能源在经济发展中起到重要的作用,和其他矿产有一些区别,因此本书在兼顾我国自然资源的实际情况以及数据的可获取性的基础上将自然资源划分为水、矿产、能源、森林以及土地资源五类,同时兼顾生态环境资源。

一、自然资源管理阶段

1. 国际自然资源管理

随着人口增长和经济活动规模不断扩大,国际上出现了资源与生态危机,部分国家才开始对自然资源进行管理。国际上对自然资源的管理大体分为三个大的阶段。

第一阶段是自然资源的供给管理,以控制自然为理念,以直接增加资源供给为目的,主要通过工程技术手段,直接开发自然资源,增加资源供应(Ohlsson,2000);土地、水、森林、矿产、化石燃料等自然资源开发管理是主要研究对象。这一阶段以集中的政府管理或集体管理模式为主,表现为对自然资源的粗放式开发利用,出现"公地悲剧"现象(Hardin,1968)。

第二阶段是自然资源的需要管理,以环境保护为理念,以减少外部性为目的,主要通过经济技术手段,提高自然资源利用效率;马歇尔的外部经济理论、庇古税和科斯定理成为研究理论基础,资源产权、环境资源税等财税制度成为研究内容(Pigou,1920;Coase,1960),自然资源内涵从生产要素扩展到一些环境资源(比如水环境、大气环境)。这一阶段以私有化的管理模式为趋势,表现为确定产权、进行资源价值评估及市场化交易等(Thielbörger,2014;Costanza & Daly,1992)。

第三阶段是供需平衡管理,以人与自然和谐为理念,以经济发展与资源利用的可持续为目的,将经济活动系统看作自然生态系统的一部分(Costanza et al.,2014),自然资源内涵扩展到整个生态系统的资源与服务,要求自然资源利用必须在其生态承载力范围内。社会手段被引入自然资源管理,通过政府干预、环境规制等社会手段,从供给和需求两个方面对自然资源进行管理。在这一阶段,研究者意识到经济繁荣的背后是严重的环境问题和健康危害(Prudham & Lonergan,1993;Daily,1997),看到了经济活动对自然资源与生态环境的严重破坏,往往让一个国家或地区出现增长的假象。因此,研究者希望将经济活动过程中的自然资源变化信息收集起来,呈现给国家或地区决策者,让他们看到这种增长假象。在此背景下,国际上提出了要进行自然资源核算,其目的是通过定量分析自然资源枯竭和退化来揭示经济活动的可持续性。自然资源核算将环境价值纳入传统经济核算体系,成为当前国际上国民经济核算主流(Hambira,2007),成为国家和地区自然资源管理创新的重要基础。

2.我国自然资源管理研究

我国自然资源管理研究起步较晚,主要集中在以下几个方面。

第一,我国学者研究了国际自然资源管理经验。我国学者自 20 世纪 80 年代后期开始关注自然资源管理,研究了澳大利亚、新西兰、比利时、美国和加拿大等国家的自然资源管理。赵绪才(1989)从土地资源、水资源、矿产资源、森林资源和渔业资源五个方面研究了澳大利亚的自然资源管理机构,为我国自然资源管理提供经验。皮卫红(1992)对新西兰自然资源管理法的全面改革进行了总结,指出新西兰自然资源管理存在的主要问题表现为资源管理法无法有效地控制水、土、大气和土壤等污染和环境恶化趋势;指出当时自然资源管理法改革是完善自然资源管理制度的重要举措。李志毅(1990)研究了比利时的自然资源管理,指出其特征为:地方化取代了人为管制;以欧洲为标准进行管理;因地制宜,根据国情区别对待各类自然资源管理。王凤春(1999)从确立所有权、合理化市场价值等方面研究了美国自然资源管理市场制度。张倩和李文军(2006)通过对加拿大公园改革的研究提出了新公共管理对中国自然保护区管理的借鉴。

第二,我国学者从地理信息系统(GIS)技术、遥感技术、测绘技术及调查方法和技术等角度讨论对自然资源管理的支撑。1986 年就有学者介绍地方自然资源数据库及相关的地理信息系统(张权雄等,1986)。桂德竹等(2019)以我国自然资源部发布的《自然资源科技创新发展规划纲要》为背景,讨论自然资源管理与自然资源科技创新的关系,研究了测绘地理信息科技创新如何服务自然资源管理,主要包括自然资源的调查与监测、生态保护修复技术以及国土空间优化管控。褚晓琳等(2016)认为海洋生态系统具有复杂性和多变性,当前人类还很难完全掌握海洋生态过程规律,需要借助可获得的最佳科学信息和预警方法进行海洋自然资源养护管理,这是一种可获得的科学信息方法,在有限的数据里获取较多的信息来进行环境预警。韩红太等(2019)利用"互联网＋"技术,探讨了自然资源管理辅助决策系统的架构与设计,认为高级加密标准(AES)、多源海量数据的集成及地理信息系统等技术是系统的关键,为自然资源管理提供服务平台。姚仁(2020)提出了测绘地理信息技术服务于自然资源管理面临的新挑战,包括服务内涵的模糊性、技术通用性和安全性等。

第三,我国实施自然资源资产核算,进行资源环境管理与经济可持续发展协调的探讨。20 世纪 90 年代,自然资源核算思想引入我国。进入 21 世纪,我国开始探讨绿色国内生产总值(绿色 GDP)核算、环境核算等问题。我国开始进行自然资源核算研究(中国 GPI 研究组,2010),并进行生态服务价值评估研究,进入自然资源管理研究的第三个阶段。盛明泉和姚智毅(2017)进行了自然资源资产负债表编制的理论探索,柴雪蕊(2016)针对具体的资源(水资源)进行资产负债表的编制,焦敏和陈新军(2014)对渔业资源的核算实践进行初步探讨。在我国供给侧结构性改革的关键时期,自然资源的科学管理模式成为管理领域中的热点研究问题(宋马林等,2016)。

二、自然资源核算方法

国际上,自然资源核算研究大体经历了思想提出、体系确立、初步实践、逐步成熟四个阶段。早在 20 世纪 40 年代中期,国际上就提出了绿色 GDP 思想,这是自然资源核算的思想萌芽。1953 年,SNA 被西方国家认可;经过之后 20 年的研究实践,为了更好地核算自然资源,物质产品平衡表体系(MPS)在 1973 年被研制出来;法国在 1977 年成立了自然资源核算委员会;挪威在 1978 年形成了较为系统的自然资源核算体系。这一时期基本确立了核算体系。20 世纪 80 年代,欧洲以及美国、加拿大等相继进行了资源环境核算实践,进入了第三个阶段。SNA 与 MPS 的提出与应用对评估与指导宏观经济运行产生了积极的作用,但两者均存在较大缺陷:MPS 以计划经济为背景,与实际经济运行不相符;SNA 只重视经济产值及其增长速度,对于经济发展过程中需要的自然资源和破坏的生态环境是忽略不计的,因而往往造成对国家经济增长估计过高,从而导致自然资源耗竭和生态环境恶化现象。为此,西方国家进行了自然资源核算和资源环境核算研究,包括核算理论、核算方法和具体核算实施方案以及相关法律的探索。随着世界自然资源耗竭和生态环境恶化逐渐严重,联合国开始关注环境与发展,1992 年联合国环境与发展大会第一次会议召开,推动了世界自然资源核算和资源环境核算工作的开展,国民经济账户体系成为众多国家的关注焦点。SEEA 在 1993 年被研制出来,它实际上是 SNA 的卫星账户体系,开启了第四个阶段。在可持续发展思想下,国民经济核算必须考虑经济发展对资源耗竭和环境破坏的影响,它是为了体现可持续发展思想而补充 SNA 的。之后,国际上不断修订 SEEA,并对 SNA 进行了详细的说明。同时,研究者开始对渔业、水资源、矿产资源等资源进行具体核算案例研究,自然资源核算形成了 SEEA 中心框架,从而走向成熟。

自然资源核算的目的是让决策者清晰地认识到经济增长与资源之间的关系,不能用耗竭资源的方式换取暂时的经济繁荣。在自然资源核算基础上进行经济增长与资源环境之间的关系研究逐渐成为自然资源管理的重要内容。流行的研究方法是基于自然资源核算的投入产出方法。在社会经济系统中,自然资源以商品和服务为载体,随着它们的流动而流动,因此可通过研究商品和服务在社会经济系统中的流动研究自然资源的经济利用和循环,投入产出模型正好反映了部门之间商品和服务的流动,国内外已开始利用投入产出法研究虚拟水循环。

自然资源核算拓展了自然资源管理理论,将生态学、资源经济学理论应用到管理实践中。自然资源管理实际上成为在保障资源利用最大提取率下,如何安排资源利用的社会经济活动。因而,能控制自然资源在可持续阈值内的社会经济政策成为自然资源管理的关键。基于自然资源核算的集成的自然资源管理(INRM)成为国际研究主流。

三、自然资源管理制度

20 世纪 90 年代,学者们开始探讨我国的自然资源管理制度。周国华(1992)认为自然资源管理是人们按经济学和生态学规律,运用行政、法律、经济、技术及教育等手段进行合理分配,对自然资源利用和保护进行组织、协调、规划与监督等活动。自然资源管理制度则是这些活动的制度安排。他提出了我国自然资源管理的必要性和面临的困难,比如自然资源系统脆弱、人口众多、经济发展模式非可持续等。自然资源产权管理制度、自然资源管理制度创新、市场与自然资源管理等都是理论探讨的重点(伍大荣,1995;肖国兴和肖乾刚,1995;徐嵩龄,1995)。周景博(1999)讨论了我国在社会主义市场经济下的自然资源管理方式,认为我国自然资源产权不够清晰、法律不够健全、市场具有短视性,指出政府在自然资源管理中的作用,提出构建自然资源有偿使用制度。之后,学者们也关注社区与公众参与自然资源管理,提出了妇女、社区、公众参与等在自然资源管理中的作用(周丕东,2009;向青和尹润生,2006;左停和苟天来,2005;董海荣等,2004;卢小丽等,2012;何思源等,2021)。宋马林等(2016)从供给侧结构性改革出发,探讨了自然资源管理改革与创新方向,提出自然资源管理制度构建思路。冯广京(2018)从资源科学视角探讨了自然资源管理改革思路,认为自然资源管理改革的本质就是自然资源可持续利用管理,即围绕土地资源实现人与山、水、林、草、湖、田系统空间的一体化健康发展。袁一仁等(2019)将我国自然资源管理体制发展阶段总结为探索阶段(1949—1977 年)、管理体制初步建立阶段(1978—1991 年)、管理体制完善阶段(1992—2011 年)和全面深化改革阶段(2012 年以来);提出了按照资源综合化管理、资源资产化管理、总量集约化管理、空间差异化管理、资源法治化管理的时代要求,健全综合性的自然资源监管机构,健全国家自然资源资产管理体制,完善资源总量管理和全面节约制度,建立健全国土空间开发保护制度,完善自然资源监管法律法规体系,不断增强自然资源管理体制改革的系统性、整体性和协同性。叶榅平(2012)从自然资源物权化视角讨论了我国自然资源管理制度的变革,指出"我国现有的自然资源立法主要是经济法、社会法或行政管理法,对自然资源的管理仍然停留在主要通过行政手段进行管理的计划经济时代",我国自然资源管理改革势在必行,在更新管理理念的同时应创新自然资源管理模式,以市场机制为基础,建立新型自然资源管理制度。中国经济步入新常态阶段后,传统的高资源消耗、高环境污染的粗放要素投入模式势将被取代。在供给侧结构性改革背景下,全面节约和高效利用资源,树立节约集约循环利用的资源观,建立健全用能权、用水权、排污权、碳排放权初始分配制度是我国发展的必然要求。通过自然资源的合理利用以实现成本节约与环境保护并举的绿色生产,对于可持续发展而言十分重要(宋马林等,2016)。我国自然资源管理制度的研究和实践亟须创新。

第二节　我国供给侧结构性改革对自然资源管理的新要求

一、我国供给侧结构性改革的实质分析

1. 供给侧结构性改革的提出背景

"十三五"以来,我国经济进入新常态,高能耗、产能过剩与环境恶化等并行,主要经济指标之间的联动性出现背离,人均收入增长但企业利润率下降,消费上升而投资下降……对照经典经济学理论,这种情况既不是传统意义上的滞胀,也非标准形态的通缩。一方面,中国经济发展进入新常态,即经济发展面临速度换挡节点、结构调整节点、动力转换节点;另一方面,当前和今后一个时期,中国经济发展面临的问题,供给和需求两侧都有,但矛盾的主要方面在供给侧。中国需要寻求供求关系的动态均衡。与此同时,中国经济的结构性分化正趋于明显。为适应这种变化,在正视传统的需求管理还有一定优化提升空间的同时,迫切需要改善供给侧环境、优化供给侧机制,通过改革制度供给,大力激发微观经济主体活力,增强我国经济长期稳定发展的新动力(韩保江,2016)。因此,党中央看到这些形势,提出了供给侧结构性改革,目的是减少无效的、低端的供给,扩大有效的、中高端的供给,提高供给的质量和水平,以及供给结构的适应性和灵活性。推进供给侧结构性改革,是解决中国经济发展长期积累的结构性、体制性矛盾的必然选择(冯志峰,2016;郝

鑫,2020)。

2015 年 11 月 10 日,习近平总书记在中央财经领导小组第十一次会议上发表重要讲话,首次提及供给侧结构性改革。在 2015 年 12 月 18—21 日召开的中央经济工作会议上,"供给侧结构性改革"成为热词之一。会议正式提出:推进供给侧结构性改革,是适应和引领经济发展新常态的重大创新,是适应国际金融危机发生后综合国力竞争新形势的主动选择,是适应我国经济发展新常态的必然要求。

2. 供给侧结构性改革的实质

供给侧结构性改革是从提高供给质量出发,用改革的办法推进结构调整,矫正要素配置扭曲;提高供给水平,增强供给结构对需求变化的适应性和灵活性;提高全要素生产率,更好地满足广大人民群众的需要,促进经济社会持续健康发展。供给侧结构性改革的实质就是管理制度供给改革,是公共政策改革。从供给方式上分析,供给侧结构性改革实质上是改革政府公共政策的供给方式,是改革管理制度和公共政策的制定、宣传、执行及调整,更好地与市场机制相协调,让市场作用成为配置资源的决定性因素。实际上,供给侧结构性改革通过市场机制的导向来规范政府管理。政府任何经济干预都要以市场机制为前提,任何损害市场在配置资源中的决定性作用的改革,都不利于经济结构和产业结构调整,也会损害已有的市场化改革成果。从供给结构上分析,供给侧结构性改革的实质是以市场化为导向、以市场所需供给约束为标准的政府改革。无论是削平市场准入门槛、真正实现国民待遇均等化,还是降低垄断程度、放松行政管制,也无论是降低融资成本、减税让利于民众,还是减少对土地、劳动、技术、资金、管理等生产要素的供给限制,实际上都是政府改革的内容。从改革目的上分析,供给侧结构性改革的实质是推进我国经济与资源环境协调发展的手段;通过供给侧结构性改革形成我国稳定经济增长下自然环境改善的全面可持续发展局面。

从供给侧结构性改革的实质上来看,在自然资源管理方面实现供给侧结构性改革必须处理好以下几个关系。

第一,自然资源利用与保护的关系。将自然资源开发规模限制在资源环境可承载的范围之内,坚持在不突破环境阈值的情况下开发利用自然资源。国家只有清楚自然资源数量、质量,才能找到阈值,才能根据自然资源和生态环境承载力确定经济活动规模,最终实现我国全面可持续发展。

第二,自然资源与经济活动之间的关系。自然资源如何在经济活动中起作用,以及如何能有效率地利用自然资源是地区经济发展必须解决的问题(李剑等,2008)。自然资源对地区经济活动具有约束,如何适应自然资源约束也是地区经济发展需要解决的问题。要解决上述问题,必须清楚自然资源和经济活动之间的关系,才能以较少的自然资源实现经济利益最大化,既保持经济稳定发展,又实现自然环境改善。

第三,经济发展与生态环境的协调关系。可持续发展是全世界发展追求的目标,可持续发展的核心是经济发展与生态环境相协调。我国供给侧结构性改革的最终目标就是实现可持续发展,解决经济发展与生态环境矛盾,实现两者的协调。

二、供给侧结构性改革要求进行全面自然资源核算

1. 全面自然资源核算有助于处理好自然资源利用与保护

全面自然资源核算可以摸清国家自然资源"家底",让相关部门掌握自然资源使用、储量及资源浪费和环境污染等情况。全面自然资源核算可以揭示政府、企业、居民等各方对各项资源的占有使用情况及负担能力,并明确相应的权利和责任主体,反映潜在的风险状况;有助于政府做出自然资源管理的科学决策,也有助于提高地方财务透明度,让上级政府、社会民众等报表使用者及时掌握该政府的经济效率和效益。

全面自然资源核算可以更好地利用自然资源,为构建自然资源市场提供基础。自然资源核算可以反映特定地区在特定时期的自然资源状况,可以定量展示各类自然资源(包括矿产资源、石油天然气资源、森林资源、土地资源、水资源、海洋资源等)开发、配置、运用、储存、保护、综合利用和再生等各个环节的情况,从而揭示自然资源价值并形成自然资源价格,为实现自然资源交易提供保障。

全面自然资源核算可以更好地保护自然资源,通过自然资源存量变化及环境负债等揭示自然环境破坏等负面影响。自然资源核算不但包括自然资源实物和价值,还包括地区自然资源负债表编制。负债反映的项目不仅包括已经造成的损失,还应包括未来可能产生的损失,以及为了治理污染或恢复生态而需要付出的代价。由此,我们可以认清楚那些不能为人类带来直接经济收益的自然资源资产和生态产品的价值;决策者对经济增长有了更深的认识,更加重视自然与经济和谐发展以及自然资源保护。

2. 全面自然资源核算有利于国民经济健康发展

在中国经济快速发展时,国内生产总值持续增加,对自然资源的使用需求不断增加,但同时环境日渐恶化,资源消耗严重。自然资源关系到国家、民族和地区的发展,具有刚性需求和不可替代性的特点。自然资源是有限的,对资源不加限制地

使用最终会导致资源的枯竭、环境的恶化。全面核算自然资源有利于国家掌握自然资源和环境现状,为良好的经济决策提供参考,避免盲目扩大生产规模导致自然环境破坏。

自然资源资产长期被视为公共资源供人类无偿使用并被排除在经济核算系统之外。自然资源资产负债表的编制,可以根据经济发展和自然资源消耗之间的关系进行定量分析,从经济视角来分析自然资源消耗,加强环境保护,控制自然资源消耗量,在适度的资源消耗量中寻求经济的良好发展,从传统的 GDP 中减去环境污染造成的损失,将自然资源消耗成本和降级成本扣除,实现经济效益和生态效益的平衡,促进绿色经济的发展(董为红和李伟,2018)。

3. 全面自然资源核算有利于自然资源利用和生态保护,从而促进生态文明建设

绿色经济逐渐渗入人们的生活观念,人们日渐关注资源和环境保护,推动了生态文明建设的发展,以破坏环境换得经济短期效益的现象明显减少。但是空气、海洋等自然资源权属不清,政府对此很难进行有效的管理。自然资源资产负债表的编制,可以对一定时期内的自然资源实物量变化进行相对客观的评估和核算,将自然资源的消耗、产生的生态效益和环境保护成本进行对比,为绿色经济发展提供依据,根据自然资源资产负债表进行科学决策,促进生态文明建设的发展。

4. 全面自然资源核算有利于创新自然资源的管理

我国自然资源种类繁多,涉及领域广,覆盖面较大,中央对自然资源进行管理需要兼顾各个地区的经济发展现状,进行协调管理。由于自然资源涉及的利益主体较多,协调分配起来比较困难,不仅中央与地方会出现博弈的情况,地方与当地企业之间也会进行利益博弈,增加了自然资源管理的难度。自然资源资产负债表的编制,可以将生态环境保护和政府绩效相结合,对政府工作进行评定,督促环境保护工作,将自然环境的管理转为自然环境的治理。过去,地方政府领导干部管理大多以地区生产总值的增长率作为绩效评估的依据,导致许多政府官员为了经济的快速发展以及各种政绩工程的建设,而不顾环境的保护,使得很多地区的环境污染愈发严重,影响了国民经济健康运行。自然资源资产负债表可以作为对领导干部考察的依据,使国家在对地方政府官员进行考核时能够根据地方自然资源的使用、消耗和保护情况进行判断,更加全面地考察地方政府对生态效益的维护情况,减少只注重经济短期效益却忽略生态保护的发展行为,不断完善领导干部离任审计制度,对造成过度环境污染的官员或者领导干部究责,加强对领导干部的

管理,约束领导干部的行为决策。只有全面核算自然资源,才能做到全面的环境保护:谁开发、谁保护,谁受益、谁补偿,谁污染、谁治理,谁破坏、谁修复。

自然资源从管理向治理的转变,改变了以往责任主体不清的状况,减少了利益主体之间的博弈,减轻了中央的管理负担,使政绩与生态保护挂钩,实现自然资源管理创新。

三、供给侧结构性改革要求经济发展与生态环境相协调

在新常态背景下,通过结构性调整以破解环境、资源问题对中国经济发展的瓶颈约束,走出一条可持续的绿色发展道路,将是全面深化供给侧结构性改革的主攻方向之一。

首先,要厘清自然资源与经济活动的关系,主要表现在以下三个方面。第一,要深化供给侧结构性改革,必须解决我国资源能源问题对经济发展的约束。资源效率和能源结构是主要问题表现,资源能源问题实际上就是自然资源高效清洁利用与经济发展之间的关系。自然资源如何影响经济发展,经济活动如何影响自然资源可持续利用,这两个方面是解决资源能源问题的关键。那么,就需要弄清楚自然资源与经济活动之间的关系。第二,要深化供给侧结构性改革,必须破解环境问题对经济发展的约束。生态环境恶化实际上是自然资源不合理利用造成的后果。如何科学合理地利用自然资源成为破解环境问题对经济发展约束的关键。第三,自然资源与经济活动关系的研究是实现可持续的绿色发展道路的必然要求。

其次,通过自然资源的合理利用实现成本节约与环境保护并举的绿色生产。合理利用自然资源可以实现企业产品成本节约和社会成本节约,从而实现绿色生产。自然资源往往具有公共属性,很容易出现不合理利用而造成自然资源浪费与社会公共成本增加。因此,合理利用自然资源是实现绿色生产的重要途径。

最后,通过供给侧结构性改革实现经济与环境的协调可持续发展。我国供给侧结构性改革的目标是实现可持续发展,解决经济发展与生态环境之间的矛盾,实现两者的协调。供给侧结构性改革涉及多个方面,对于自然资源管理来讲,主要是通过高质量发展,减少资源浪费以提高资源效率,减少环境污染以实现外部性内在化,在保护环境和生态修复的基础上持续健康发展经济。

综上所述,在供给侧结构性改革下,必须重新审视自然资源利用和管理,通过自然资源制度改革让市场机制在自然资源配置中起到决定性作用;为应对供给侧结构性改革,我国自然资源管理必须进行创新。

第三节　供给侧结构性改革视域下的我国自然资源管理创新思路

本节从核算方法、管理视角和管理制度三个方面剖析供给侧结构性改革视域下我国自然资源管理创新思路。

一、自然资源核算方法及创新

1. 传统自然资源定价方法

在经济发展过程中,决策者对自然资源的认知从无限性转向有限性之后,自然资源的经济属性显现,决策者开始对自然资源定价。传统自然资源定价主要以经济价值为参考,很少考虑生态价值或潜在环境价值等(Eisted & Christensen,2013)。市场法是传统自然资源定价的主要方法,是指根据自然资源的经济属性,观察和度量自然资源在企业生产过程中的变化,并直接或间接运用市场价格对这一变动结果进行测算的一类方法。由于自然资源的公共属性,直接采用市场法往往会出现资源价格低于实际价值、资源价格垄断等方面的问题,这样会造成自然资源浪费,并损害公共利益。市场法主要包括机会成本法、生产率变动法、条件价值法(CVM)等方法。①机会成本法,是指在无市场价格的情况下,用所牺牲的替代用途的收入来估算资源使用成本的计量方法,即用自然资源的机会成本来衡量环境质量变化所带来的损失和收益。例如,保护国家公园、禁止砍伐树木的价值,不是直接用保护资源的收益来测量,而是用为了保护资源牺牲的最大替代选择价值来测量。这种方法在实际中使用不是很多,主要是因为自然资源的机会成本比较难以准确测量。如果最终确定的机会成本不全面,会使最终结果产生较大误差。②生产率变动法,是利用生产率的变动来确定自然资源价格的方法。把自然资源作为一个生产要素,其变化会导致生产率和生产成本的变化,从而导致产品价格和产量的变化。通过直接观测产品价格和产量的变化并对其进行市场价格计量,从而确定自然资源价格,即利用市场价格计算出自然资源变化产生的经济损失或实现的经济收益。比如,清洁空气可以通过延长机器设备寿命来增加生产价值;植被减少水土流失可以保持甚至增加农作物的产量等。③条件价值法,是指通过设计量表调查居民关于保护自然资源的支付意愿,来确定没有市场的自然资源价格。这种方法可以用于自然资源定价,也可以用于环境定价等。

2.自然资源资产负债表方法

自然资源资产负债表(natural resource balance sheet)是指用于管理自然资源的统计报表,它反映在某个特定时点被评估区域或部门所拥有或控制的可确认、可计量、可报告、可核查的自然资源资产状况,在某个特定时点被评估区域或部门所应承担的自然资源负债状况,以及在某个特定时点被评估区域或部门所持有的自然资源的净资产状况。党的十八届三中全会上通过的《中共中央关于全面深化改革若干重大问题的决定》明确提出探索编制自然资源资产负债表。编制自然资源资产负债表,是以核算账户的形式对全国或一个地区主要自然资源资产的存量及增减变化进行分类核算(何利等,2018)。编制自然资源资产负债表可以客观地评估当期自然资源实物量和价值量的变化量,可以摸清某一时点自然资源的"家底",准确把握经济主体对自然资源资产的占有、使用、消耗、恢复和增值活动情况,全面反映经济发展的资源环境代价和生态效益,从而为环境与发展综合决策、政府政绩评估考核、环境补偿等提供重要依据。同时,这也是对领导干部实行自然资源离任审计的重要依据,有利于形成生态文明建设倒逼机制,改变唯地区生产总值的发展模式(李秀珠,2020)。自然资源资产负债表方法是自然资源核算创新的重要内容,从整体上系统进行自然资源资产核算。将自然资源资产负债表纳入国民经济核算系统,可以准确地定价自然资源。

我国自然资源资产负债表编制实践有江苏省苏州市吴中区自然资源资产负债表编制(2013年)、广东省深圳市自然资源资产负债表编制(2014年)、贵州省自然资源资产负债表编制(2014年)、海南省三亚市自然资源资产负债表编制(2014年)、内蒙古鄂托克前旗自然资源资产负债表编制(2015年)、浙江省湖州市自然资源资产负债表编制(2015年)、江西省自然资源资产负债表编制(2016年)、福建省连江县自然资源资产负债表编制(2018年)。这些实践为我国自然资源核算提供经验,推动了与区域生态系统特征相适应的自然资源资产核算和负债表体系构建,推进了自然资源价值量核算方法、资产资本化路径的研究进展。

二、自然资源管理视角及创新

我国自然资源一直以来是由行政单位进行管理的,重视了属地管理,忽视了自然属性管理。在传统自然资源管理视角下,自然单元往往被分割,很难从根本上解决自然资源及相关环境问题。比如,水资源以流域为单位进行自然循环,但水资源以行政单位为管理单元,这样导致每个行政单位在下游布局污染性企业,而一个行政单位的下游可能是另一个单位的上游,从而导致整条河流的污染。2013年11月9日,习近平总书记在《中共中央关于全面深化改革若干重大问题的决定》的说明中提出"山水林田湖生命共同体"理论,人的命脉在田,田的命脉在水,水的命脉在山,山的命脉在土,土的命脉在树。如果不遵循自然规律,自然资源管理各部门单独管理的话,"种树的只管种树、治水的只管治水、护田的单纯护田,很容易顾此失彼",最后会造成生态系统整体性破坏。由一个部门负责领土范围内所有国土空间用途管制职责,对山水林田湖进行统一保护、统一修复是十分必要的。强调国有自然资源资产所有权人和国家自然资源管理者相互独立、相互配合、相互监督。2018年,我国成立自然资源部,就是自然资源管理视角从传统的行政分割转为整体性管理的体现。同时,以政府为主导的自然资源管理也是传统自然资源管理特征。以政府为主导的自然资源管理往往信息不对称、国有资产产权不清晰,造成自然资源过度开发、价格不能反映价值等问题。因此,必须转变传统自然资源管理视角,进行自然资源管理创新,主要表现在以下两个方面。

1. 自然单元下的自然资源管理创新

首先,自然资源确权是以自然单元为主进行的。自然资源确权时要关注生态系统整体性,以自然单元整体性原则和资源分类原则等进行确权登记。吴恒等(2018)指出,自然资源以自然生态空间为载体,具有整体性、复合性特点;划分登记单元需要综合自然资源特点,以自然单元为主进行确权登记。梁永刚和邹胜武(2020)认为,自然资源统一确权登记是生态文明建设的重要基础,是统筹山水林田湖草系统治理、实行严格的生态环境保护制度的支撑和保障,是生态文明制度体系的基础性和前置性制度。以自然单元为主是确权登记的主要特征。

其次,以自然单元为主的区划和国土空间规划体系。以自然单元为主的功能区划,明确全国范围内的自然资源功能区,同时构建国土空间规划体系,覆盖整个国土空间,实现对城镇、农业和生态空间,陆地和海洋空间,地上、地表和地下空间等各类自然空间的有效覆盖,实现整体全空间规划,构建自然资源资产的区域协同治理机制(唐寄翁等,2020)。

最后,以自然单元为单位的自然资源监管。在自然单元整体性治理理论的指导下,构建自然资源监管体系。以自然单元为单位统一履行所有权职责,以自然资源部为主导构建全国统一的自然资源资产管理体系,整合分散的自然资源资产所有者职责,确保自然资源监管顺利进行(严金明等,2019)。以自然单元为单位统一开展自然资源资产评估及管理,建立自然资源资产统计和核算制度。打通自然资源资产调查、登记、规划、审批、利用和保护等管理环节,实现全过程的综合监督;统合各类自然资源资产监督管理职能,进行全要素监督。

2. 市场机制下的自然资源管理创新

供给侧结构性改革要求资源配置中市场机制发挥主导作用。以市场机制为主导的自然资源管理必然是我国自然资源管理创新的方向。我国自然资源分类以行政管理为主,不能全面反映自然资源经济属性。要实现自然资源可持续利用,需要以用途、功能等原则进行各种自然资源的分类管理。在自然资源管理过程中,以经济功能为主的,以市场效益为主要目标,减少行政干预进入市场;以公共环境功能为主的,以环境效益为主要目标,构建以市场机制为主的有偿使用和生态补偿制度。利用市场及价格信号合理地配置资源,建立有偿使用、生态补偿和环境管理统一的财政政策体系,以资源税、环境税和碳税纠正资源环境外部性,以补贴政策、补偿政策和赔偿政策纠正自然资源保护外部性。产权制度和交易市场构建是实现市场机制的重要内容,我国已经启动了自然资源产权的全面登记,包括土地、水、森林等多个方面,但资源交易市场还没有完全建立,需要通过建立资源交易市场等创新自然资源管理制度。

三、自然资源管理制度创新

1. 自然资源核算制度创新

我国自然资源核算虽然已经起步,但是由于我国自然资源类型复杂多样,依然存在以地方为主的自然资源统计,尚未建立完善统一的自然资源核算体系,需要进行以下方面的自然资源核算制度创新。第一,统一明确进行自然资源分类,根据自然属性、经济属性及区域属性将全国自然资源纳入一个明确的分类体系,构建统一的自然资源类型列表。第二,建立自然资源区域系数,构建一个标准统一的自然资源核算制度。由于自然资源区域性明显,相同类型的自然资源在不同区域表现不同,因此需要引入自然资源区域系数,构建我国自然资源核算标准体系。第三,统一自然资源核算方法和自然资源资产负债表编制方法,形成一套完善的自然资源核算技术方法。第四,把自然资源用途考虑到自然资源核算内容中,自然资源用途和发挥的功能不同,对于人类的价值也不同。在自然资源核算过程中关注基本的生存资源、改善资源和生态可持续资源等,区分当代和后代的价值。

2. 自然资源价格制度创新

我国自然资源价格体系逐步完善,但是依然存在以下问题。我国自然资源价格管理体制一直以商品价格作为管理重心,一般把自然资源产品的价格作为生产资源投入价格计入最终消费品价格，没有考虑其生态或潜在环境价值等价格部分，致使自然资源产品价格低于其价值，从而造成价格扭曲现象。虽然我国已经开始了自然资源价格方面的改革，比如西部开发中实施的退耕还林还草的补偿价格形式（秦艳红和康慕谊，2006），实施流域生态补偿制度，对自然生态保护区和野生动物保护区的资金投入等（王金南等，2006；赖力等，2008）；但没有上升为自然资源价格的制度化和计量测算的理论科学化，需要自然资源价格制度创新。

第一是制度理念创新，即保护和合理利用资源的工作，要按照"有序有偿、供需平衡、结构优化、集约高效"的要求来进行，以增强资源对经济社会可持续发展的保障能力。第二是自然资源价格制定管理制度，按照可持续发展的价值观认定自然资源使用过程中的劳动投入和自然资本损耗；通过这两方面确定社会必要劳动时间，形成科学价格制定制度。第三，完善二元体系的价格制定管理模式创新，按可持续发展要求实施政府与市场机制对价格运行的双重调节，实现政府与市场机制的双重调节往时间与空间的深度拓展，商品价格与自然生态资源价格并重，既促进现在的再生产，又维护未来的再生产。第四，实施价格管理制度创新，从自然资源整体出发扩大物价机构的管理和监督权，物价机构不仅应有商品价格的调控权，还应具有对自然生态资源等方面的价格制定和制约监督权。第五，自然资源有偿使用制度创新。实施以市场机制为主的自然资源有偿使用和生态补偿制度，包括收入和支出政策，收入政策为资源税、环境税和碳税，支出政策为低碳补贴、循环补贴和生态补偿等制度。第六，构建自然资源价格管理的支持系统。从宏观上确立对自然资源价格体系的支持制度，包括完善的自然资源产业管理制度、高效率的投资管理制度、技术创新制度；从技术上形成自然资源价格管理支持系统，包括自然资源价格的理论测算、国民经济核算体系中对资源价值核算指标体系以及资源资产化的会计核算方法的建立与完善。

3. 自然资源财政制度创新

自然资源财政制度可以理解为有利于节约自然资源、提高资源利用效率和保护环境并促进经济社会可持续发展的绿色财政制度。它不同于传统的某一税种，而是一系列财政制度安排，包括绿色税收制度和财政补贴与生态补偿制度（顾德瑞和熊伟，2020）。绿色税收制度安排的目的有两个方面，一是通过税收结构变化从对劳动征税转向对经济活动中使用的自然资源征税（谭宗宪，2005）；二是通过财政转移支付激励自然资源保护行为。绿色税收制度安排可以通过让生产者和消费者接收到有关自然资源方面的正确市场信息（毕超，2015），通过改变传统的自然资源的利用或者消费方式，实现自然资源管理目标与经济可持续发展目标一致。绿色税收制度创新可以让自然资源合理开发利用,有利于环境保护和可持续发展。财政补贴与生态补偿制度通过财政转移机制和生态补偿机制,激励自然资源节约和环境保护行为。比如,低碳补贴通过补贴绿色产品购买者,让更多人实施绿色消费,从而实现资源节约;在河流上下游,通过生态补偿机制激励上游居民采取保护水环境的行为,让整条河流水质变好。

我国已经开始有关自然资源税收方面的改革,2016年通过了《中华人民共和国环境保护税法》,主要包括大气污染税和废气税(硫税、碳税和氮税)、废水和水污染税(包括工业废水、生活废水、农业废水)、固体废物税(工业废弃物和生活废弃物)、噪声税、能源税等。这些税收都反映了实现节约资源、保护环境的绿色目标。在经济意义上,征税和传统的收费制度差别不大,都是将消耗自然资源的外部性内化的经济手段,但是从效率上看,征税效率要高于传统收费。征税可以防止收费的随意性和征收标准不一致等问题,征税也可以防止乱收费现象,节约社会成本,让自然资源消耗统一地体现在经济过程中。建立绿色税收制度依然是我国自然资源管理创新的任务,面临很多问题和挑战。比如,各地经济发展不平衡会制约统一的绿色税收制度的安排进程;不同经济主体的利益矛盾会影响绿色税收制度的推行;绿色税收制度涉及技术方面的限制也会影响制度建立进程。因此,在统一框架下设计差异化绿色财政制度、统一经济主体的利益,以及采用先进技术等方面是我国自然资源财政制度创新的方向。

4. 自然资源调控制度创新

自然资源调控制度创新是我国自然资源管理创新的重要内容。自然资源的公共属性决定了政府调控职能在自然资源管理中不能缺席。我国过去自然资源管理行政调控程度太高,以至于限制了自然资源的合理可持续利用。在发挥市场机制的同时必须重新调整自然资源管理中的行政调控职能,主要从以下几个方面进行:第一是国家和地方都要建立统一管理机构,对各类自然资源进行统一管理,把自然资源看作一个整体来管理;第二是加强自然资源普查、统计、监测等工作,为自然资源资产转化做好服务;第三是建立一支执法队伍,实现对自然资源使用的严格监管;第四是建立有效激励机制,让社会各界都参与自然资源管理,让保护行为得到发扬而破坏行为得到惩罚;第五是建立自然资源管理、保护和合理利用的决策信息系统,实现自然资源管理的科学决策,避免"公地悲剧"发生;第六是完善自然资源管理制度,建立一套市场和政府两者结合的管理制度体系。

第三章　自然资源核算体系与理论框架

新中国成立以来,为实现经济的飞速提升,我国付出了资源和环境的巨大代价。自然资源保护已经刻不容缓,自然资源核算成为学术界的研究热点。早在 1994 年,国务院就将可持续发展提升到国家战略层面;随后在原有的"四位一体"总体布局中新添了生态文明建设;编制自然资源资产负债表这一新决策在党的十八届三中全会上被提出;党的十九大明确提出坚决打好污染防治攻坚战,并提出要设立自然资源资产管理和自然生态监管机构。自然资源部的成立标志着国家从战略层面上关注自然资源。编制自然资源资产负债表可以直观暴露出我国自然资源利用的弊端与不足。

第一节　自然资源核算体系与发展

一、国际自然资源的核算体系探索

国际上对自然资源核算体系的探索早在 20 世纪 70 年代初期就开始了,起初是在经济发展水平评价中应用自然资源定量结果。联合国统计署于 1993 年颁布了以国民经济为核心,侧重环境支出、资产和效益的环境经济综合核算体系(SEEA)。之后,联合国又进一步将该体系的内容进行完善,把自然资源核算也纳入其中,形成了综合环境核算与资源核算的 SEEA 中心框架体系。2000 年,经济合作与发展组织(OECD)提出了一套基于压力、状态和响应模型来反映环境资源与经济之间内在联系的环境评价(PSR)框架体系。在自然资源核算研究不断深入的同时,为寻找一套适合本国国情的环境资源核算体系,各个国家及地区也在积极探索。自然资源纳入国家核算的国际研究成果如表 3-1 所示。

表 3-1　自然资源纳入国家核算的国际研究成果

国家及地区	时间	研究成果
挪威	1978 年	对资源账户进行实物资源以及环境资源的划分,形成较为系统的自然资源核算体系
芬兰	1980 年	建立其自然资源核算模式,主要考虑了森林资源的核算、环境保护支出,还考虑了空气排放情况
欧盟	20 世纪 80 年代	基于 SEEA 框架体系,提出了包含环境核算的国民经济核算矩阵
德国	1990 年	发布绿色 GDP 核算报告,涉及环境污染损失、能源资源耗费成本、环保支出等项
墨西哥	1990 年	构建经济环境框架,从经济和资源方面分析量化自然环境情况
美国	1993 年	在 SEEA 框架下,考虑了生态要素和环境要素,形成核算框架
日本	1998 年	以日本环境经济综合核算体系(JSEEA)为基础,建立了相对较为完整的 SEEA 实例体系
加拿大	2006 年	建立环境与资源账户体系(CSERA),核算了水资源、地下资源等

挪威较早对资源账户进行实物资源以及环境资源的划分,形成较为系统的自然资源核算体系。之后,芬兰建立其自然资源核算模式,具体内容包括森林资源核算、环境保护支出以及空气排放调查。欧盟基于 SEEA 框架,提出了包含环境核算的国民经济核算矩阵。1990 年,德国、墨西哥都进行了类似的实践。1993 年,美国在 SEEA 框架下加入了生态环境要素,形成核算框架。1998 年,日本以 JSEEA 为基础,建立了相对较为完整的 SEEA 实例框架。进入 21 世纪后,越来越多的国家进行了自然资源核算的实践。2006 年,加拿大建立环境与资源账户体系,核算了水资源、地下资源等。SEEA 是得到国际上普遍认同的自然资源核算体系之一,除此之外,国际上还有另外四个主要的自然资源核算体系(见表 3-2)。

表 3-2　五大现有自然资源核算体系对比研究

体系	提出	主要内容	编制范围
环境经济综合核算体系(SEEA)	1993 年出版第一本手册,2000 年出版操作手册,2003 年发布框架体系,2012 年发布综合核算体系	实物型和混合型流量账户,经济账户和环境交易,实物型和价值型资产账户,调整 SNA 总量以说明耗减、防御支出和退化	以净值法、现值法或使用者成本法计算自然资源耗损,以维护成本法或损失估算法计算环境退化

体系	提出	主要内容	编制范围
环境与自然资源核算计算（ENRAP）	由经济学家 Peskin 提出，在菲律宾实施	将自然环境作为生产部门，可生产非市场的环境服务价值，考虑了环境污染损失价值、生产负产出和净环境利益指标	环境损失成本和社会损失成本，生态服务价值
欧洲环境经济信息收集体系（SERIEE）	由欧盟统计局在 1994 年提出	自然资源使用账户、自然资源管理账户、环境保护支出账户、资源收集和处理系统	仅计算环境保护支出，不计算各种污染损害成本
包含环境账户的国民经济核算矩阵（NAMEA）	荷兰统计局提出概念和方法，1991 年荷兰编制了大气排放物系统	排放物账户、国家环境主题、全球环境主题	与环境有关部分仅计算实物量，未进行货币化
菲律宾环境与自然资源核算体系（IEESA）	1992 年开始总体设计，1994 年公布框架设想和第一阶段核算结果，1999 年获得总体肯定	资产账户、生产账户	以矿产和能源资源作为探索范围

二、国际自然资源核算发展阶段

自然资源资产负债表编制还没有形成统一的理论框架，国际上针对此进行了大量的研究探索。在编制自然资源资产负债表时，各个国家都建立了自己的体系，但是 PSR 模型和 SEEA 体系是借鉴比较多的理论。2000 年，经济合作与发展组织提出了一套基于压力、状态和响应模型，反映环境资源与经济之间内在联系的环境评价框架体系。国际上认可度比较高的有 SNA-2008 体系与 SEEA-2012 体系，很多发达国家非常重视自然资源核算，进行了积极探索。加拿大从 1961 年开始就进行土地实物账户编制，2006 年发布官方核算手册，同时建立了环境与资源账户体系，系统核算了自然资源实物量和价值。日本、美国、澳大利亚、新西兰也都相继进行了自然资源核算研究和实践。各个国家都根据自己的实际情况对国际核算账户进行了修改，让其适应本土情况，出现了众多的成果，比如经济与环境一体化卫星账户、新西兰环境经济综合核算体系等（孔含笑等，2016）。

从表 3-3 可以看出，国际自然资源核算研究进程主要分为以下三个阶段。

表 3-3　国际自然资源核算研究进程

年份	研究内容
1945	绿色 GDP 思想被提出
1953	国民账户体系(SNA)被提出
1972	挪威成立了环境部(MOE),负责建立自然资源核算体系和编制预算的工作
1973	物质产品平衡表体系(MPS)
1977	法国自然资源核算委员会成立
1983—1990	联合国欧洲经济委员会、OECD、美国、加拿大、印尼等国家和组织都进行了资源环境核算实践
1991	SEEA 概念被提出
1993	SEEA-1993
1995	GPI 指数(真实发展指数)、国家财富被提出
1997	Constanza 提出生态系统服务价值核算
2000—2003	SEEA 出现了 SEEA-2000,2002,2003
2004	SEEA-渔业
2007	SEEA-水
2012	形成了统一的 SEEA-2012 的中心框架
2012 年至今	自然资源资产负债表编制理论和实践

第一阶段是早期核算体系构建阶段,从 1945 年绿色 GDP 思想被提出至 1990 年各国开始进行核算体系探索,重点在于核算体系的理论探讨和体系构建。这个阶段的主要节点有:1953 年,国民账户体系(SNA)被提出,开启了核算体系;1972 年,受到世界环境保护浪潮影响,挪威成立了环境部,负责建立自然资源核算体系和编制预算的工作;1973 年,苏联发现资源-产品-经济关联,提出了物质产品平衡表体系;1977 年,法国成立了自然资源核算委员会,关注资源环境保护。1983—1990 年,众多国家及组织进行了资源环境核算实践。

第二阶段是 SEEA 时代,从 1991 年 SEEA 概念被提出至 2012 年 SEEA 统一框架形成,重点是 SEEA 不断完善,最终形成适应自然资源核算的统一框架。这个阶段的主要节点除了 SEEA 提出、版本更新,还有两个特殊节点,就是 1995 年国家财富概念被提出,1997 年 Constanza 提出了生态系统服务价值核算。SEEA 框架成为国际上得到公认的核算框架。

第三阶段是全面实践阶段。SEEA-2012成为国际认可的统一的中心框架,研究重点集中在自然资源资产负债表编制,各国都在研究自己的编制内容和方法。由于自然资源类型多样,相互之间关联性强,自然资源实物量和价值量很难统一核算,成为研究的焦点。

自然资源资产核算研究经历了几十年的历程,世界各国或组织机构也形成了一系列的指标数据库。较早的有芬兰建立的自然资源核算体系,主要包括森林资源和环境保护支出、空气排放指标等。荷兰的NAMEA体系包括自然资源账户和环境主体账户,它把资源与环境分开核算,自然资源账户主要聚焦于自然资源资产存量变化,环境主体账户主要是环境破坏带来的资源资产变化情况。挪威自然资源核算体系还包括能源部分,欧盟则关注大气排放账户。世界银行和联合国分别建立了国家财富体系和SEEA体系,都是比较综合的指标数据库,前者关注社会、经济、自然多个方面,理念先进,后者更关注自然资源损耗,更具有实际操作性。新西兰2018年的环境与经济综合核算体系是比较新的指标数据。

三、我国自然资源核算发展阶段

我国的自然资源资产核算虽然起步较晚,但是一直受到政府、专家学者等各界的重视,处于国际上的第三阶段,在SEEA框架基础上进行我国自然资源资产负债表编制研究。我国自然资源资产负债表的编制主要经历了如下三个阶段。

1. 准备阶段

我国于20世纪80年代末开始使用国民账户体系,用来衡量宏观经济发展水平,但是国民账户体系只反映了经济发展,并没有核算自然资源的损耗。很多地方在国民账户体系的指导下或多或少地存在过度追求经济发展和GDP总量的现象,以及忽视经济活动引起的自然资源损耗和环境退化等问题。直到1994年,我国成为"21世纪议程"主要国家,发布了中国"人口、环境与发展白皮书",提出了"建立市场机制与政府宏观调控相结合的自然资源管理体系",明确要与国际接轨,支持建立综合的环境与经济核算体系,探索我国各类自然资源资产的实物账户和价值账户。这使自然资源资产负债表的制定拥有了一个良好的开端,指明了自然资源资产负债表核算的总体方向。

2. 探索阶段

党的十八届三中全会通过了《中共中央关于全面深化改革若干重大问题的决定》,明确提出:"探索编制自然资源资产负债表,对领导干部实行自然资源资产离任审计。建立生态环境损害责任终身追究制。"这是我国第一次明确以自然资源资产负债表作为工具对资源与环境进行核算,提出了自然资源资产负债表的概念和任务(冯聪和董为红,2019),将领导干部自然资源资产离任审计和生态环境损害责任终身追究制联系起来,将自然资源的利用状况和生态环境破坏与修复的程度计入领导干部的审核之中。

2014年,我国开展了第一批生态文明先行示范区建设,确定了57个地区制度创新试点要重点"探索编制自然资源资产负债表并开展自然资源离任审计",进一步强调了建立自然资源资产负债表的重要性。2015年,国家提出了生态文明体制改革总体方案,进一步强调了自然资源资产负债表编制方法及目标任务,发布了自然资源资产负债表编制指南,提出了森林资源、水资源、矿产资源等资产和负债核算体系,建立这几类自然资源的实物量账户,确立分类标准和统计规范,从而定期评估各地及全国自然资源资产变化情况。同时,市县也进行了自然资源资产负债表编制试点(史丹,2019)。这次试点首先在浙江省湖州市、湖南省娄底市、陕西省延安市等地区进行,不断总结经验,查找不足,进一步完善资产负债表的编制,形成系统科学的编制方法和体系(孔含笑等,2016)。

3. 总结阶段

2017年,国家统计局修订了全国统一的自然资源资产负债表编制制度,同时从森林、水资源扩展到矿产资源。随后,自然资源部提出了"三定方案",并在全国范围内展开自然资源资产负债表的编制。

总体来看,我国的自然资源资产负债表的编制体系已经初步构建起来了,这为我国优化自然资源配置、构建生态文明社会提供了参照。自然资源资产和负债范围还在争论中。各个学者的意见也不相同,是将自然资源的消耗作为负债,还是将"过度消耗"的那部分作为负债(Luo et al.,2019),依然没有定论。

我国自然资源资产负债表的编制工作在近年来有了一定的发展,在学术研究上也有了丰富的成果(陈艳利等,2015),但是仍然存在一些问题,主要表现在以下两个方面。

第一,自然资源资产负债表还未清晰界定。有关自然资源资产负债表的论述并不是很明确,不同领域对自然资源资产负债的相关概念和内容也有不同认识,没有统一的理论界定框架。我国编制自然资源资产负债表的目标未能完全实现。自然资源资产负债表编制周期和领导干部离任审计的时间周期不匹配,自然资源资产负债表的编制往往滞后于审计周期。自然资源资产负债表的数据不精确,个别资源数据无法计量,需要依靠估算,为领导干部离任审计的工作提供的参考性有待提高。

第二，自然资源资产的价值构成比较复杂，其价值量的计算较为困难。自然资源类型和属性多样，计量起来是非常困难的。有些稀缺性的资源无法通过市场来反映价格，市场环境不成熟也会导致资产评估标准不一致。随着经济的发展，对资源的使用存在于社会的各个方面，资源价值和使用价值具有可增加性，使得自然资源资产的价值计算更加困难。

第二节　自然资源核算的内容与指标体系

一、自然资源核算内容

由于自然资源类型、用途、功能多样，自然资源核算是一个复杂的系统工程。自然资源核算内容可以从以下五个方面来理解。

第一是实物量核算和价值量核算。实物量核算也称数量核算，实物量是指自然资源具体的数量，用物理单位表示自然资源存量或流量，比如森林面积、水资源量等；价值量核算则用统一的价格衡量自然资源，是在自然资源实物量核算基础上通过经济学方法比如成本法、影子价格法等将自然资源价值化。一般来说，自然资源实物量核算与价值核算并不是独立的，两者缺一不可。实物量核算是价值量核算的前提，价值量核算则更全面地反映自然资源的价值。

第二是个量核算和总量核算。个量核算是指每一种具体的自然资源的数量或价值量，总量核算是指在特定空间、特定时间内所有自然资源的价值量。自然资源类型和功能不同，数量的计量单位不同，导致数量核算总量无法相加，只有价值量可以相互加总。

第三是存量核算和流量核算。存量核算是在固定的每个时期内的静态储量，流量核算是在一个时期内各类自然资源实物量或价值量的动态变化。流量核算反映了一个地区的自然资源动态变化过程，存量计算则反映了当前的自然资源的数量，两者相辅相成。两者结合才能反映出地区自然资源状况。

第四是纳入国民经济核算体系。从广义视角，自然资源核算应纳入国民经济核算体系过程。将自然资源核算与国民经济核算结合在一起，可以全面正确地反映自然资源对经济发展的支持作用，反映出自然资源与经济发展之间的相互关系。

第五是自然资源耗竭和环境负债核算。自然资源耗竭和环境污染带来的损失价值都属于自然资源核算的内容,正确地估算这些价值可以反映自然资源的真实变化,以及生态环境整体价值的波动情况等,为制定有利于区域可持续发展的自然资源管理政策提供基础。

二、自然资源核算指标体系

本书进行自然资源核算时划分了五大自然资源类型,表3-4给出了五大自然资源指标细分。水资源分为水资源类型(包括降水、地表水、地下水)和水资源量。矿产资源主要分为金属矿和非金属矿,金属矿主要有铁矿、铜矿、铅矿、锌矿、锡矿、钼矿、锑矿、金矿、银矿;非金属矿主要有普通萤石、硫铁矿、明矾石、叶蜡石、沸石、硅灰石、水泥用灰岩、高岭土、膨润土。能源资源分为可再生能源和不可再生能源,两类下又进一步细分。森林资源则分为木材储量、人工林地(包括人工林、用材林、经济林、防护林、特用林)、森林面积和森林覆盖。土地资源分为农业用地和建设用地,两类下进一步细分。

表3-4 五大自然资源指标细分

资源类型	二次分类	细分核算指标	单位
水资源	水资源类型	降水、地表水、地下水	亿 m³
	水资源量	水资源总量	亿 m³
矿产资源	金属矿	铁矿、铜矿、铅矿、锌矿、锡矿、钼矿、锑矿	万吨
		金矿、银矿	吨
	非金属矿	普通萤石、硫铁矿、明矾石、叶蜡石、沸石、硅灰石、水泥用灰岩、高岭土、膨润土	万吨
能源资源	可再生能源	水电能、核能、风能、太阳能	亿千瓦
	不可再生能源	煤	亿吨
		石油	万吨
		天然气	亿 m³
森林资源	木材储量	活立木蓄积量	万 m³
	人工林地	人工林、用材林、经济林、防护林、特用林	万公顷
	森林面积	针叶林面积、阔叶林面积、针阔混交林面积、竹林面积	万公顷
	森林覆盖	森林覆盖率	%
土地资源	农业用地	耕地、园地、林地、牧草地、其他农业用地	万公顷
	建设用地	居民点及工矿用地、交通运输用地、水利设施用地	万公顷

三、自然资源资产负债表

1. 自然资源资产

自然资源资产是指天然存在并稀缺的,能够用货币进行计量且产权明确的有价值的自然资源,具有稀缺性、有价性、可计量性和产权明确性等特征,即自然资源必须是有需求的,能参与经济活动且产权主体和边际明确。本书立足于浙江省自然资源实际情况,将水资源、矿产资源、能源资源、森林资源和土地资源账户作为核算对象,主要包括实物量核算和价值量核算,进而编制自然资源账户。

对自然资源进行实物量核算主要是指量化自然资源在某一核算期间内的期初存量、期末存量及存量变化情况(田贵良等,2018)。编制自然资源资产负债表,首先要对资源的实物量进行核算,主要对浙江省水资源、矿产资源、能源资源、森林资源和土地资源的实物量进行核算,分别核算五类资源的期初存量、期末存量以及本期内的变化。此外,本书对各类资源的核算进行细分:水资源实物量核算包括地表水量、地下水量、地表水与地下水重复量;矿产资源实物量核算主要分为两类,即金属矿和非金属矿;能源资源主要对可再生类能源和不可再生类能源进行核算,其中可再生类包括水电能、核能、风能、太阳能,由于浙江省不可再生能源匮乏,不予核算;森林资源主要对活立木蓄积量进行核算;土地资源核算主要包括农业用地和建设用地的实物量核算。总自然资源实物量核算表对核算内容进行重要性筛选,不予全部表示。

将自然资源的实物量与相对应的资源价格相乘即得出自然资源的价值量,以此进行自然资源的价值量核算。本书并没有适用于所有自然资源的核算方法,各类资源的核算方法应当根据实际情况进行改变。本书通过各种自然资源定价模型对自然资源的价格进行估算,进而得出自然资源资产的价值量变化。自然资源资产构成复杂,其使用价值、非使用价值变现形式多样,尚未形成一个统一标准的自然资源价值评估体系。自然资源价值量是自然资源资产的重要构成部分,本书从实际情况出发,根据自然资源的特殊性对各类自然资源的价值量进行核算,促进自然资源的合理利用。

2. 自然资源负债

自然资源负债是指由特定主体过去使用、破坏资源等行为导致的,预期会承担经济支出的现时义务(Edens & Graveland,2014),其前提为必须是由过去的行为产生的负债,在使用时造成了环境破坏或者资源的浪费,这种破坏和浪费必须是能够计量的。

资源耗减负债和环境负债是自然资源负债的两种类型。资源耗减负债是指人类生产活动中所消耗的自然资源,环境负债是指为弥补人类生产活动造成的环境破坏所需要支出的费用(Jakobsson & Dragun,2001)。自然资源负债的核算比较困难,并且工作量大,但是其对于政府的作用极大。自然资源资产负债表的正负,可以指导政府的工作方向,反映政府在经济发展过程中的侧重点及其对环境的影响,警醒政府注意经济发展与资源环境保护之间的平衡,促进可持续发展。

四、自然资源净资产

自然资源净资产指的是自然资源资产扣除自然资源负债后剩余的自然资源资产(何利等,2018)。本书在计算自然资源净资产时,主要根据"自然资源资产=自然资源负债+自然资源净资产"来计算。自然资源净资产可以反映环境、经济和资源之间的内在关系以及经济发展和环境保护之间的关系,还可以反映某地的实际资源状况。本书通过自然资源价值量表和自然资源资产负债表的编制,进行综合整理,计算得出自然资源净资产。

第三节　自然资源资产负债表编制方法

一、自然资源资产负债表

根据不同的划分条件,自然资源可以分为多个种类。国民账户体系将自然资源划分为矿产和能源资源、土地资源、木材资源、水生资源、其他生物资源以及水资源六个类别,SEEA将土地资源和土壤资源区别开来,认为应当划分为七个类别。本书在编制浙江省自然资源资产负债表时,主要对浙江省水资源、矿产资源、能源资源、森林资源和土地资源五大类进行核算,其中用森林资源替代生物资源和木材资源,对森林资源中的生态效益进行核算。当前海洋资源核算的理论基础和方法相对缺乏,本书没有核算。

自然资源资产负债表的整体构建可以显示政府在一定时期内的生态建设绩效、自然资源资产的整体变动情况,以及各地在经济发展时对自然资源的消耗和恢复情况,从而政府可以根据自然资源资产负债的正负情况进行相应的整改。其中正项说明政府的生态工作产生了积极影响,自然资源资产得到了增值使用;负项则说明政府的生态工作不到位,资源配置效率低,自然资源资产存在贬值的情况。这就需要政府对其领导工作进行调整,以提高自然资源的配置效率。

根据第二节所确定的自然资源核算指标体系,本节确定了自然资源资产负债表编制框架。自然资源实物量表主要进行期初的数统计和期末的数统计,然后确定变化量(增加量或减少量)。

自然资源负债指标要考虑资源耗减负债,主要有水资源耗减负债、矿产资源耗减负债、能源资源耗减负债、森林资源耗减负债和土地资源耗减负债;同时还要考虑环境负债,主要有废水排放负债、废气排放负债、工业固废排放负债、生活垃圾排放负债和噪声治理负债。

二、自然资源资产负债表编制框架

国内关于自然资源资产负债表的编制方法主要包括"四柱平衡"和"同体二分"两种,即"期初数＋本期增加数＝本期减少数＋期末数"和"自然资源资产＝自然资源负债＋自然资源净资产"(葛振华等,2020;耿建新等,2015;肖序等,2015)。编制自然资源资产负债表时应当遵循代表性原则、可操作性原则以及"由简到繁,由易到难"原则。本书综合以上两种编制途径进行编制。

编制自然资源资产负债表,主要针对水资源、矿产资源、能源资源、森林资源和土地资源的实物量进行核算,分别核算五类资源的期初存量、期末存量以及本期内的存量变化。此外,对各类资源的核算进行细分。由于自然资源资产负债表所涉及的变量因素太多,所以其编制工作极为复杂。本书在遵循自然资源资产负债表的编制原则的基础上,先编制自然资源实物量表,再进行价值量转换,编制自然资源价值量表。基于自然资源的实际情况,森林资源主要核算活立木蓄积量,水资源主要核算地下水和地表水。自然资源核算基本框架如图 3-1 所示。

三、自然资源核算方法

本书所采用的自然资源核算方法及计算公式如表 3-5 所示。主要指标分为两个方面,一个是资源,另一个是负债。资源包括水资源、矿产资源、能源资源、森林资源、土地资源,其中水资源、矿产资源、能源资源和土地资源都使用市场价格法核算,关注市场价值,用单位价格乘以具体数量;森林资源使用效益法进行核算,不但关注市场价值,更关注生态系统服务价值。负债指标包括废水排放负债、废气排放

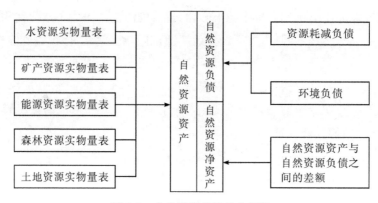

图 3-1　自然资源核算基本框架

负债、工业固废排放负债、生活垃圾排放负债和噪声治理负债,使用成本价格法核算,即治理这些污染的单位成本价格乘以具体数量。

表 3-5　自然资源核算方法及计算公式

核算指标	核算方法	计算公式	参数说明
水资源	市场价格法	$V = P_w \times Q_w$	P_w 表示不同类型的水资源价格,Q_w 表示不同使用方式下水资源的使用量
矿产资源	市场价格法	$V = P_m \times Q_m$	P_m 表示不同类型的矿产资源价格,Q_m 表示不同类型的矿产资源保有储量
能源资源	市场价格法	$V = P_e \times Q_e$	P_e 表示不同类型的能源资源价格,Q_e 表示能源资源生产量
森林资源	效益法	$V = P_{fi} \times Q_{fi}$	P_{fi} 表示不同类型的森林资源价格,Q_{fi}(万公顷)表示森林面积
土地资源	市场价格法	$V = P_i \times S_i$	P_i 表示不同类型的土地资源价格,S_i(万公顷)表示不同土地类型的面积
废水排放负债	成本价格法	$D = (Q_{ws} \times P_{ws} + C_{ws}) + (Q_{wi} \times P_{wi} + C_{wi})$	Q_{ws} 表示生活污水排放量,P_{ws} 表示生活污水治理单价,C_{ws} 表示生活污水治理项目投资额,Q_{wi} 表示工业污水排放量,P_{wi} 表示工业污水治理单价,C_{wi} 表示工业污水治理项目投资额

核算指标	核算方法	计算公式	参数说明
废气排放负债	成本价格法	$D = P_g + C_g$	P_g 表示废气治理设施运行费用（包括生活废气和工业废气），C_g 表示废气治理项目投资额
工业固废排放负债	成本价格法	$D = Q_{oj} \times P_{oj} + Q_{os} \times P_{os} + Q_{dj} \times P_{dj} + C$	Q_{oj} 表示一般工业固废处置量，P_{oj} 表示一般工业固废单位治理成本，Q_{os} 表示一般工业固废贮存量，P_{os} 表示一般工业固废贮存单位治理成本，Q_{dj} 表示工业危险废物处置量，P_{dj} 表示工业危险废物单位治理成本，C 表示工业固废治理投资
生活垃圾排放负债	成本价格法	$D = Q_c \times P_c + Q_i \times P_i + Q_b \times P_b$	Q_c 表示生活垃圾清运量，P_c 表示清运单位治理成本，Q_i 表示生活垃圾填埋量，P_i 表示填埋单位治理成本，Q_b 表示生活垃圾焚烧量，P_b 表示焚烧单位治理成本
噪声治理负债	成本价格法	$D = \sum_{i=1}^{n} Q_i$	Q_i 表示第 i 年噪声治理投资

第四章 基于自然资源资产负债表的浙江省自然资源核算

本章以浙江省为案例,尝试编制 2011—2018 年浙江省自然资源资产负债表,对 2011—2018 年浙江省自然资源实物量和价值量进行分析。这有利于浙江省掌握自然资源情况,为浙江省自然资源的可持续发展指明方向,推动浙江省自然资源管理创新和可持续发展。

第一节 浙江省自然资源分析

浙江省地处中国东南沿海、长江三角洲南翼,东临东海,南接福建,西与安徽、江西相连,北与上海、江苏为邻。浙江省东西和南北的直线距离均为 450 公里左右。据全国第二次土地调查结果,浙江土地面积 10.55 万平方公里,占全国的 1.10%,是中国面积较小的省份之一。

一、水资源分析

浙江省位于亚热带季风气候区,水资源总量丰富,但由于人口多,人均水资源占有少。浙江省境内水域面积大,有面积庞大的八大水系以及 30 多个大湖泊和狭长的海岸线,用水需求大、分配不均以及水污染导致水资源的供需矛盾日益突出。

《2020 年浙江省水资源公报》显示,全省水资源总量 1026.60 亿 m³,产水系数 0.58,人均水资源量 1589.96m³。全省 2020 年降水量 1701.00 毫米(折合降水总量 1782.69 亿 m³),较 2019 年降水量减少 12.60%,降水量时空分布不均匀。从时间上看,降水量年内分配不均,据各月降水量占全年比值,10 月最小,为 1.50%,6 月最大,为 20.90%。5 月底至 7 月中旬降水量达 546.00 毫米。汛期 4—10 月,降水量占全年的 71.20%,其他月份相对较少。从空间上看,降水量地区差异显著,总体上自西向东、自南向北递减,山区大于平原,沿海山地大于内陆盆地。全省人均综合用水量 253.90m³。

二、矿产资源

浙江省境内矿产种类繁多,根据浙江省自然资源厅公布的数据,截至 2015 年全省纳入统计矿产 93 种,其中查明资源储量矿产 83 种。浙江省煤炭资源贫乏,主要由于浙江省的地质条件不利于成煤;非金属矿产丰富,部分矿种探明储量在全国名列前茅;金属矿产不足,大多是分散的小型矿床或矿点,且矿石元素含量复杂。

三、能源资源

浙江省作为我国的能源消耗大省,能源资源匮乏,基本靠外省调入和国外进口。伴随浙江省产业结构转型升级,能源消费结构中清洁能源占据越来越重要的地位,清洁能源的比重明显提升。浙江省可再生能源拥有较大的发展潜力主要是由于特殊的地理位置以及地形因素。

四、森林资源

浙江省在植被分区上属于中亚热带常绿阔叶林北部亚地带和南部亚地带。由于自然以及人为因素,原始植被数量稀少。浙江省号称我国"东南植物宝库",植物种类繁多,森林资源丰富。浙江省林业局发布的 2020 年浙江省森林资源及其生态功能价值公告显示,截至 2019 年年底,森林覆盖率为 61.15%;2020 年全省林地面积 659.35 万公顷,其中森林面积 607.88 万公顷;活立木蓄积量为 4.01 亿 m³,其中森林蓄积量为 3.61 亿 m³;毛竹总株数 32.36 亿株。森林的群落结构较为完整,具有乔、灌、草三层完整结构以及两层较完整结构的面积分别占 58.86% 和 40.64%。森林的健康状况良好,健康等级的森林面积比例高达 93.70%。森林生态系统的多样性持续向好。

五、土地资源

浙江省地形繁杂,湖泊和河流占 6.40%,盆地和平原占 23.20%,山地和丘陵占 70.40%,土地资源稀缺。根据浙江省自然资源厅发布的 2020 年土地利用变化情况,浙江省耕地为 128.10 万公顷,其中:水田 105.64 万公顷,占 82.46%;旱地 22.47 万公顷,占 17.54%。园地 75.74 万公顷,其中:果园 37.09 万公顷,占 48.97%;茶园 17.13 万公顷,占 22.61%;其他园地 21.52 万公顷,占 28.42%。林地 608.96 万公顷,其中:乔木林地 458.63 万公顷,占 75.31%;竹林地 90.57 万公顷,占 14.87%;灌木林地 23.18 万公顷,占 3.81%;其他林地 36.58 万公顷,占 6.01%。草地 6.44 万公顷。湿地 16.43 万公顷。城镇、村庄及工矿用地 115.62 万公顷,其中:城市用地 25.91 万公顷,占 22.41%;建制镇用地 26.95 万公顷,占 23.31%;村庄用地 58.09 万公顷,占 50.24%;采矿用地 2.66 万公顷,占 2.30%;风景名胜及特殊用地 2.02 万公顷,占 1.74%。交通运输用地 25.48 万公顷。水域、水利设施用地 70.12 万公顷。

第二节　浙江省自然资源资产账户编制

一、浙江省自然资源实物量账户

1.浙江省水资源实物量账户

根据《浙江统计年鉴》和《浙江省水资源公报》,我们以 2011 年年初作为期初存量统计时点,以 2018 年年末作为期末存量统计时点,整理得出 2011 年和 2018 年浙江省水资源实物量账户(见表 4-1)。与 2011 年相比,2018 年各项指标都是增加的。2018 年降水量为 1702.42 亿 m^3,比 2011 年增加了 234.33 亿 m^3;地表水量为 848.64 亿 m^3,比 2011 年增加了 116.14 亿 m^3;地下水量为 213.92 亿 m^3,比 2011 年增加了 29.82 亿 m^3;水资源总量为 866.54 亿 m^3,比 2011 年增加了 122.33 亿 m^3。

表 4-1　2011 年和 2018 年浙江省水资源实物量账户

项目	2011 年	2018 年	变化量
降水量/亿 m^3	1468.09	1702.42	234.33
地表水量/亿 m^3	732.50	848.64	116.14
地下水量/亿 m^3	184.10	213.92	29.82
水资源总量/亿 m^3	744.21	866.54	122.33

2.浙江省矿产资源实物量账户

本节以《浙江自然资源与环境统计年鉴》中公布的浙江省主要矿产资源储量作

为数据基础,整理得出 2011 年和 2018 年浙江省矿产资源实物量账户(见表 4-2),其中将矿产资源划分为金属矿与非金属矿两类。

表 4-2　2011 年和 2018 年浙江省矿产资源实物量账户

矿产资源(保有储量)		2011 年	2018 年	变化量
金属矿	铁矿/万吨	9460.00	21200.00	11740.00
	铜矿/万吨	24.50	27.67	3.17
	铅矿/万吨	115.90	125.76	9.86
	锌矿/万吨	211.80	284.20	72.40
	锡矿/万吨	0.90	0.79	−0.11
	钼矿/万吨	3.70	5.21	1.51
	锑矿/万吨	0.05	0.06	0.01
	金矿/吨	17.60	19.15	1.55
	银矿/吨	2996.00	4051.91	1055.91
非金属矿	普通萤石/万吨	2841.00	4158.05	1317.05
	硫铁矿/万吨	6619.40	6765.84	146.44
	明矾石/万吨	9798.52	16819.60	7021.08
	叶蜡石/万吨	3355.29	4826.40	1471.11
	沸石/万吨	12704.10	12830.00	125.90
	硅灰石/万吨	594.31	844.30	249.99
	水泥用灰岩/万吨	272212.00	363847.70	91635.70
	高岭土/万吨	2669.90	3602.79	932.89
	膨润土/万吨	11513.08	12812.00	1298.92

浙江省金属矿主要有铁矿、铜矿、铅矿、锌矿、锡矿、钼矿、锑矿、金矿、银矿;非金属矿主要有普通萤石、硫铁矿、明矾石、叶蜡石、沸石、硅灰石、水泥用灰岩、高岭土、膨润土。2018 年储量较多的金属矿为铁矿,其次为锌矿和铅矿,分别为 21200.00 万吨、284.20 万吨和 125.76 万吨;金矿最少,为 19.15 吨。2018 年非金属矿储量最多的是水泥用灰岩,为 363847.70 万吨,其次为明矾石,为 16819.60 万吨;储量最少的为硅灰石,为 844.30 万吨。浙江省矿产总体上并不十分丰富,稀有矿藏不多,非金属矿储量较大,而金属矿储量较少。

从表 4-2 可以看出,与 2011 年相比,2018 年除了锡矿,其他矿产都是增加的。

锡矿从 2011 年至 2018 年减少了 0.11 万吨;金属矿增加最多的是铁矿,增加量为
11740.00 万吨,其次是锌矿,增加量为 72.40 万吨;非金属矿增加较多的是水泥用
灰岩,增加量为 91635.70 万吨。

3. 浙江省能源资源实物量账户

根据浙江省自然资源厅公布的数据,我们将浙江省能源资源划分为可再生能
源与不可再生能源,整理得出 2011 年和 2018 年浙江省能源资源实物量账户(见表
4-3),不可再生能源较少,主要以煤为主。

表 4-3　2011 年和 2018 年浙江省能源资源实物量账户

能源资源		2011 年	2018 年	变化量
可再生类	水电能/亿千瓦	161.72	236.57	74.85
	核能/亿千瓦	439.60	517.58	77.98
	风能/亿千瓦	32.20	23.74	−8.46
	太阳能/亿千瓦	3.36	24.92	21.56
不可再生类	煤/亿吨	0.90	0.93	0.03
	石油/万吨	—	—	—
	天然气/亿 m³	—	—	—

从表 4-3 可以看出,浙江省可再生能源资源 2018 年比 2011 年增加较多,除风能
之外,水电能、核能和太阳能都大幅增加。水电能增加了 74.85 亿千瓦,增加幅度为
46.28%;核能增加了 77.98 亿千瓦,增加幅度为 17.74%;太阳能增加了21.56亿千
瓦,增加了 5.42 倍。不可再生能源中煤增加了 0.03 亿吨,增幅较小,为 3.33%。

4. 浙江省森林资源实物量账户

根据浙江省林业局公布的数据,我们以 2011 年年初作为期初存量统计时点,
以 2018 年年末作为期末存量统计时点,整理得出 2011 和 2018 年浙江省森林资
源实物量账户(见表 4-4)。与 2011 年相比,2018 年增加的指标为:活立木蓄积量、
防护林、特用林、森林面积。防护林面积增加 15.04 万公顷,说明浙江省重视通过
植树造林保护生态环境。与 2011 年相比,2018 年减少的指标为:人工林、用材林、
经济林、林地面积和森林覆盖率。这主要是因为公益林增加,人工林、经济林和用
材林减少;由于城市化率快速提升,城市建设用地明显增加,因此森林覆盖率略有
下降。

表 4-4 2011 年和 2018 年浙江省森林资源实物量账户

项目	2011 年	2018 年	变化量
活立木蓄积量/万 m³	26896.13	36724.66	9828.53
人工林/万公顷	256.33	241.73	−14.60
用材林/万公顷	249.24	235.93	−13.31
经济林/万公顷	104.71	95.45	−9.26
防护林/万公顷	235.06	256.56	21.50
特用林/万公顷	16.27	19.88	3.61
林地面积/万公顷	661.12	660.95	−0.17
森林面积/万公顷	605.28	607.82	2.54
森林覆盖率/%	60.97	59.71	−1.26

5.浙江省土地资源实物量账户

根据《浙江统计年鉴》以及国土资源厅公布的数据,我们以 2011 年年初作为期初存量统计时点,以 2018 年年末作为期末存量统计时点,整理得出 2011 年和 2018 年浙江省土地资源实物量账户(见表 4-5)。与 2011 年相比,2018 年建设用地明显增加,农业用地除了牧草地没有变,其他都小幅减少。在农业用地中,园地减少了 4.55 万公顷,林地减少了 4.09 万公顷,其他农用地减少了 0.81 万公顷。居民点及工矿用地、交通运输用地、水利设施用地分别增加了 10.40 万公顷、2.77 万公顷、0.50 万公顷。

表 4-5 2011 年和 2018 年浙江省土地资源实物量账户

土地资源		2011 年	2018 年	变化量
农业用地	耕地/万公顷	198.16	197.46	−0.70
	园地/万公顷	61.27	56.72	−4.55
	林地/万公顷	567.49	563.40	−4.09
	牧草地/万公顷	0.03	0.03	0.00
	其他农业用地/万公顷	40.64	39.83	−0.81
建设用地	居民点及工矿用地/万公顷	92.9	103.34	10.40
	交通运输用地/万公顷	12.80	15.54	2.77
	水利设施用地/万公顷	13.77	14.27	0.50

二、浙江省自然资源价值账户

本节对自然资源价值量的核算主要是运用各种定价模型将前文汇总整理的实物数据,通过市场法、生态价值评估方法等进行价值量核算,形成价值账户。本节资源价格考虑了价格指数变动,其他年份转化为 2011 年的标准价格。

1.浙江省水资源价值量核算

由于水资源的定价比较困难,水资源的价值主要分为使用价值以及非使用价值。本节针对水资源使用价值进行了分类计算,非使用价值则采用市场法进行定价,具体公式为

$$P = \sum_{i=1}^{n} P_i \times Q_i + (s - \sum_{i=1}^{n} Q_i) \times a \qquad (4-1)$$

其中,P 是水价值量,i 为类型,Q_i 为第 i 种水的使用量,s 是水资源总量,a 为价格。

浙江省水资源使用量中不同类别用水的市场价格不同,居民生活用水价格为 3.20 元/m^3,非经营性用水价格为 5.95 元/m^3,一般工商企业用水价格为 5.95 元/m^3,污染工业用水价格为 6.75 元/m^3,特种行业用水价格为 12.80 元/m^3。没有市场价值的那部分水资源统一采用我国水资源费征收标准,地表水为 0.20 元/m^3,地下水为 0.50 元/m^3,从而得到 2011 年和 2018 年浙江省水资源价值量(见表 4-6)。根据表 4-6 可知,浙江省水资源价值量总体上呈现减少趋势,从 2011 年的 1337.69 亿元减少到 2018 年的 804.32 亿元,主要是地表水价值量减少造成的。从 2011 年至 2018 年地表水价值量减少了 525.43 亿元,而地下水价值量仅仅增加了 0.69 亿元,远不能弥补地表水价值量的减少。

表 4-6　2011 年和 2018 年浙江省水资源价值量

水资源价值量	2011 年	2018 年	变化量
地表水价值量/亿元	1288.90	763.47	−525.43
地下水价值量/亿元	112.68	113.37	0.69
地表水与地下水重复价值量/亿元	63.89	72.52	8.63
总价值量/亿元	1337.69	804.32	−533.37

2.浙江省矿产资源价值量核算

矿产资源的实物量主要是矿产资源的保有储量。对于矿产资源价值量的核算方法主要包括成本法、收益法和市场法三种,由于前两种核算方法会受到矿产资源

开采条件、储量等多方面因素的影响且矿产资源直接参与市场交易,本节主要采用市场法对矿产资源的价值进行评估。2011 年和 2018 年浙江省矿产资源价值量如表 4-7 所示。

表 4-7　2011 年和 2018 年浙江省矿产资源价值量

矿产资源		2011 年价值量/万元	2018 年价值量/万元	变化量/万元
金属矿	铁矿	1178905.20	2683496.00	1504590.80
	铜矿	22934.94	26310.85	3375.91
	铅矿	41011.22	45201.92	4190.70
	锌矿	63599.30	86686.68	23087.38
	锡矿	54.00	481.47	427.47
	钼矿	4219.26	6034.85	1815.59
	锑矿	25.87	31.53	5.66
	金矿	22.91	25.32	2.41
	银矿	319.05	438.31	119.26
非金属矿	普通萤石	1432602.66	2304765.53	872162.87
	硫铁矿	1028588.57	1155605.47	127016.90
	明矾石	5419659.40	10225812.21	4806152.81
	叶蜡石	246211.18	389297.42	143086.24
	沸石	616911.10	684865.40	67954.30
	硅灰石	89146.50	139208.18	50061.68
	水泥用灰岩	3906242.20	5737878.23	1831636.03
	高岭土	941299.94	1396189.21	454889.27
	膨润土	1300862.91	1591250.40	290387.49

3.浙江省能源资源价值量核算

能源资源采用市场法进行价值量核算,根据市场价格统计,2011 年煤炭平均价格为 819 元/吨,2018 年煤炭平均价格为 469 元/吨。对于可再生能源,我们根据 2011 年和 2018 年浙江省电网收费标准进行核算,由于电费价格在核算期间内征收标准一致,所以电费取 0.538 元/千瓦时。2011 年和 2018 年浙江省能源资源价值量如表 4-8 所示。

表 4-8　2011 年和 2018 年浙江省能源资源价值量

能源资源价值量		2011 年	2018 年	变化量
可再生类	水电能价值量/亿元	87.01	127.27	40.26
	核能价值量/亿元	236.50	278.46	41.96
	风能价值量/亿元	17.32	12.77	−4.55
	太阳能价值量/亿元	1.81	13.41	11.60
不可再生类	煤价值量/亿元	737.10	436.17	−300.93
	石油价值量/万元	—	—	—
	天然气价值量/亿元	—	—	—

4.浙江省森林资源价值量核算

（1）经济价值

木材资源的价值量核算方法有基于净值法简化的立木价值法和消费价值法。本书使用的是立木价值法。立木价值法也叫净价格法，以木材资源的立木蓄积量乘以木材资源的每立方米价格来计算木材资源价值。需要注意的是，不同树种的林木价格也不相同，需要区别分析。具体公式为

$$V_S = P \times Q \tag{4-2}$$

其中，V_S 表示林木存量价值，P 表示每立方米平均立木价格，Q 表示林木蓄积量。

2011 年和 2018 年浙江省森林资源价值量如表 4-9 所示。从 2011 年至 2018 年每单位的活立木蓄积量的价格是降低的，木材和竹材的价格分别降低了 62 元和 3 元。由于总量是增加的，因此价值量呈现增加趋势，从 2011 年至 2018 年浙江省森林资源价值量增加了 2703.77 亿元。

表 4-9　2011 年和 2018 年浙江省森林资源价值量

森林资源		2011 年			2018 年		
		活立木蓄积量/万 m³	单价/(元·m⁻³)	价值量/亿元	活立木蓄积量/万 m³	单价/(元·m⁻³)	价值量/亿元
类型	木材	26896.13	801	2154.38	36724.66	739	2713.95
	竹材	223476.00	13	290.52	264719.74	10	264.72
合计				2444.90			2978.67

（2）生态效益价值

森林生态效益价值主要包括以下几个部分。

①水源涵养。水源涵养是森林生态系统提供的重要生态功能,通过计算其产水量价值来计算水源涵养价值。水库建造费可以用来替代水源涵养价值。水源涵养价值等同于建造同样库容的水库的工程价值,计算公式为

$$U = 10C(P - E) \tag{4-3}$$

其中,U 为项目年调节水量价值,单位为元/a;C 为水库建设单位库容投资,单位为元/m^3;P 和 E 为经济林所在区域全年总降水量与水分蒸散量,单位为 mm/a。

②土壤保持。森林生态系统由于植被覆盖而产生阻碍水土流失的作用,此功能称为土壤保持。森林生态系统不但可以阻碍土壤流失,还可以减少土壤肥力的流失。土壤保持分为固定土壤和保持肥力两部分。固定土壤以挖取和运输土方的费用来替代其市场价值。固定土壤价值用每年因森林固定的土壤乘以单位土方的搬运费用来表征。森林每年固定的土壤量用土壤侵蚀模数和无土壤侵蚀模数之差来衡量,计算公式为

$$U_1 = AC \times (X_2 - X_1) \div \rho \tag{4-4}$$

其中,U_1 为固土价值,单位为元/a;A 为项目系数;C 为搬运费用,单位为元/m^3;X_1 为土壤侵蚀模数,单位为 t/($hm^2 \cdot a$);X_2 为无土壤侵蚀模数,单位为 t/($hm^2 \cdot a$);ρ 为林地土壤容重,单位为 t/m^3。保肥价值主要考虑氮、磷、钾三种肥力要素,用市场上的化肥价格替代肥力保持价值。氮和磷转化为磷酸二铵,钾转化为氯化钾,然后核算其化肥价格。计算公式为

$$U_2 = A(X_2 - X_1)\left(C_1 \times \frac{N}{R_1} + C_1 \times \frac{P}{R_2} + C_2 \times \frac{K}{R_3}\right) \tag{4-5}$$

其中,U_2 为保肥价值;R_1 和 R_2 分别为氮、磷在磷酸二铵化肥中的含量;R_3 为钾在氯化钾中的含量;C_1 为磷酸二铵化肥价格,单位为元/t;C_2 为氯化钾化肥价格,单位为元/t。

③释氧固碳。释氧固碳是森林生态系统的重要功能,氧气并没有市场,因此采用工业制造氧气成本和造林成本方法来计算其市场价值,固碳则采用人工固定二氧化碳成本方法来核算其市场价值。

④净化功能。森林中的植物可以吸收空气中的有毒气体。本节采用 SO_2 气体吸收和负氧离子释放两方面的成本来核算,公式为

$$U_{负氧离子} = 5.256 \times 10^{15} \times A_{PROJ} H K_{负氧离子} (Q_{负氧离子} - 600)/L \tag{4-6}$$

其中,$U_{负氧离子}$为项目竹林年提供负氧离子价值,单位为元/a;A_{PROJ}为项目系数;H为高度,单位为 m;$K_{负氧离子}$为负氧离子生产费用,单位为元/个;$Q_{负氧离子}$为竹林负氧离子浓度,单位为个/cm³;L为负氧离子寿命,单位为分。

⑤生物多样性维护。生物多样性维护价值采用香农-威纳指数法。

⑥森林旅游收入。由于科学研究和历史文化为潜在的非市场价值,本节主要用森林旅游收入替代社会收益,根据旅游部门数据计算得来。

2011 年和 2018 年浙江省森林资源生态效益价值量如表 4-10 所示。

表 4-10 2011 和 2018 年浙江省森林资源生态效益价值量

森林资源生态效益价值量	2011 年	2018 年	变化量
固碳释氧价值量/亿元	628.16	828.64	200.48
涵养水源价值量/亿元	1429.85	1735.39	305.54
固土保肥价值量/亿元	325.43	344.16	18.73
积累营养物质价值量/亿元	49.83	68.26	18.43
净化大气价值量/亿元	182.93	191.34	8.41
保护森林生物多样性价值量/亿元	931.85	1162.26	230.41
森林旅游价值量/亿元	288.69	2083.89	1795.20

5.浙江省土地资源价值量核算

土地资源分为不同类型,农业用地采用收益现值法,建设用地则采用市场法,主要以浙江省各类型用地的平均地价作为定价标准,将各类建设用地量乘以各类用地地价的总和作为建设用地的总价值,并采用综合地价水平来进行核算。

2011 年和 2018 年浙江省土地资源价值量如表 4-11 所示。2011 年浙江省农业用地现值为 59274.00 亿元,2018 年浙江省农业用地现值为 75713.43 亿元,增加了 16439.43 亿元。

表 4-11 2011 年和 2018 年浙江省土地资源价值量

年份	农业用地			建设用地		
	农林牧渔总产值(P)/亿元	农业用地还原利率(r)/%	价值量/亿元	建设用地面积/万公顷	综合地价水平/(元·m⁻²)	价值量/亿元
2011	2531.00	4.27	59274.00	119.51	3049.00	364385.99
2018	3157.25	4.17	75713.43	133.18	4335.00	577335.30

三、资源耗减负债计量

自然资源负债由资源耗减负债和环境负债组成。两类负债核算方法有所不同，资源耗减负债主要通过资源使用或消耗来核算，环境负债则主要核算废水、废气、固废等治理费用。下面介绍各类资源耗减负债计量过程。水资源的耗减负债采用其消耗导致的成本价值。本节以水资源的用水量作为水资源的耗减负债计量基础，将水资源用水量乘以水资源单价得到水资源耗减负债。矿产资源耗减负债是指由于矿产资源的耗用所形成的矿产资源的消耗成本。本节以《中国矿业年鉴》中 2011—2018 年浙江省矿产资源开采数据计算浙江省矿产资源的耗减负债。能源资源耗减负债是指能源资源的消耗所形成的能源资源的消耗成本。本节以 2011—2018 年浙江省一次能源生产量计算其耗减负债量。森林资源的耗减负债则采用森林资源减少量所形成的消耗成本，本节以《中国林业统计年鉴》中浙江省木材、竹材的生产产值计算森林资源耗减负债。土地资源耗减负债主要核算土地利用变化导致的生态环境破坏成本，采用机会成本法进行测度。

四、环境负债计量

环境负债计量主要有以下几种类型。

第一，废水排放负债。由于废水处理工艺不同，处理费也不同，因此将生活污水和工业废水分开计量。浙江省对于生活废水处理分为处理费用和投资额两部分，以单位污水处理费乘以废水排放量计算其负债值，然后加上处理设备投资额。工业废水治理费用分为"废水治理设备运行费用"和"工业废水治理项目投资额"两部分。

第二，废气排放负债。废气排放主要有工业废气排放和生活废气排放。本节将废气排放负债账户划分为"工业废气"以及"生活废气"两部分，以二氧化硫、氮氧化物、烟（粉）尘排放量作为浙江省废气排放指标，并选取废气治理设施运行费用和废气治理投资额来核算浙江省废气排放负债。

第三，工业固废排放负债。工业固废物分为一般固体废物和危险废物。由于一般固体废物和危险废物处理成本不同，因此在计量工业固废排放负债时对其分别计量。固体废物排放负债是用固体废物虚拟治理成本来计量的，一般由贮存废物虚拟治理成本和处置排放废物虚拟治理成本两部分组成。

第四，生活垃圾排放负债。生活垃圾处理成本分为清运成本、填埋成本、堆肥成本、简易处理、无害化，分别为 20 元/吨、35 元/吨、120 元/吨、8 元/吨、60 元/吨。

第五，噪声治理负债。本章根据《浙江自然资源与环境统计年鉴》中公布的工业污染源治理投资中的噪声治理项目投资成本来核算噪声治理负债。

2011—2018 年浙江省自然资源负债表如表 4-12 所示。水资源耗减实物量和价值量都在不断减少，说明浙江省重视水资源可持续利用。浙江省出台了"五水共治"等水资源管理措施，在节水型社会方面建设成效明显。矿产资源耗减在数量方面是逐渐减少的，但在价值量方面总体是增加的，说明矿产资源的价值量是不断增加的。这符合矿产资源本身特征，矿产资源是不可再生资源，随着不断开采，其经济稀缺性不断提高，其价值也不断增加。浙江省经济发达，土地稀缺性明显，土地价值明显较高。能源资源与森林资源则围绕一个均值呈现波动状态。

表 4-12　2011—2018 年浙江省自然资源负债表

单位:亿元

自然资源负债		2011	2012	2013	2014	2015	2016	2017	2018	合计
资源耗减负债	水资源耗减负债	1212.27	1208.37	1220.50	1189.92	985.07	950.49	979.10	947.96	8693.68
	矿产资源耗减负债	149.32	139.86	136.23	142.83	124.78	137.37	138.74	221.40	1190.53
	能源资源耗减负债	110.89	120.90	94.55	80.53	88.31	109.65	136.37	158.26	899.46
	森林资源耗减负债	38.41	38.35	39.22	38.57	34.75	33.10	38.70	40.77	301.87
	土地资源耗减负债	4751.87	2322.97	4707.27	4980.30	3785.88	3979.54	4167.66	5287.13	33982.62
环境负债	废水排放负债	86.66	94.25	108.01	131.08	146.25	150.38	101.37	109.73	927.73
	废气排放负债	86.63	112.87	125.83	140.18	141.97	374.78	158.21	153.82	1294.29
	工业固废排放负债	7.80	8.99	11.64	14.61	18.42	24.85	30.93	33.37	150.61
	生活垃圾排放负债	6.64	7.20	7.77	8.68	9.23	9.97	9.95	10.43	69.87
	噪声治理负债	0.15	0.14	0.10	0.04	0.07	0.01	0.16	0.06	0.73

数据来源:《浙江省水资源公报》《浙江省生态环境公报》《浙江自然资源与环境统计年鉴》。

第三节　浙江省自然资源资产负债表分析

根据第二节的数据，我们得出 2011—2018 年浙江省自然资源资产负债表(见表 4-13)。浙江省自然资源资产负债表主要分为自然资源资产账户和自然资源负债账户，自然资源负债账户又由资源耗减负债和环境负债两部分组成。下面对2011—2018 年浙江省自然资源资产负债表进行账户分析。

表 4-13 2011—2018 年浙江省自然资源资产负债表

单位:亿元

自然资源资产			自然资源负债		
项目	2011 年	2018 年	项目		2011—2018 年
水资源资产价值总量	1337.69	804.32	资源耗减负债	水资源耗减负债	8693.68
				矿产资源耗减负债	1190.53
				能源资源耗减负债	899.46
矿产资源资产价值总量	1629.26	2647.36		森林资源耗减负债	301.87
				土地资源耗减负债	33982.62
能源资源资产价值总量	1079.74	868.08	环境负债	废水排放负债	927.73
				废气排放负债	1294.29
森林资源资产价值总量	2444.90	2978.67		工业固废排放负债	150.61
				生活垃圾排放负债	69.87
土地资源资产价值总量	423659.99	653048.73		噪声治理负债	0.73
自然资源资产总价值	430151.58	660347.16	自然资源负债总价值		47511.39
自然资源净资产=期末自然资源总价值-期初自然资源总价值-自然资源负债总价值					182684.19

一、浙江省自然资源资产账户分析

浙江省自然资源资产 2018 年价值为 660347.16 亿元,较 2011 年增加 230195.58 亿元。2011 年至 2018 年浙江省自然资源价值总量是增加的,其中,土地资源和森林资源是浙江省较主要的自然资源资产,土地资源价值高达 653048.78 亿元,增加了 54.14%;森林资源价值为 2978.67 亿元,增加了 21.83%。

1.水资源资产账户分析

2011 年浙江省水资源总量为 744.21 亿 m³,2018 年增长至 866.54 亿 m³,增幅为 16.44%。其中地表水量增加 116.14 亿 m³,地下水量呈现增加趋势,其增加量为 29.82 亿 m³,降水量则增加 234.33 亿 m³。由于 2011—2018 年浙江省降水增多,森林资源指标持续向好,森林的海绵效应也更加显著,地表吸附水的能力增强,水土保持能力增强,使大量的降水渗入地下,从而导致地表水量和地下水量增加。

虽然 2018 年浙江省水资源总量较 2011 年增加了 122.33 亿 m³,但其价值量反而从 1337.69 亿元降低至 804.32 亿元,主要有两个方面的原因:第一是水资源使用量增加导致水资源生态价值降低;第二是水质等级变化导致水资源价值降低。

浙江省水质等级变化趋势为:劣Ⅴ类水减少,同时Ⅰ类水和Ⅱ类水也在减少。而Ⅰ类水和Ⅱ类水的价值更高。因此,虽然水量是在增加的,但是水质变化导致水资源价值降低。

2.矿产资源账户分析

浙江省矿产资源实物量数据主要以浙江省公布的主要矿产资源储量作为基础。2018年,浙江省矿产资源总价值为2647.36亿元,其中非金属矿产资源占比较大(89.24%),价值高达2362.49亿元,金属矿产资源资产价值为284.87亿元。非金属矿产资源主要是明矾石,其保有储量16819.60万吨,资产价值1022.58亿元,占非金属矿产资源总价值的43.28%。通过比较2011年与2018年浙江省矿产资源资产数据,浙江省金属矿产与非金属矿产储量均有所增加,非金属矿产增加104199.08万吨(增幅为32.33%),金属矿产增加12884.30万吨(增幅为100.42%)。值得注意的是,2018年浙江省金属矿产价值量反而从473.03亿元降低至284.87亿元。主要原因是浙江省不同种类金属矿产储量的比例发生了变化,价格较高的金属储量减少的同时,价格较低的金属储量增加,导致金属矿产数量上是增加的但是价值量是降低的。

3.能源资源账户分析

2018年,浙江省能源资源资产总价值为868.08亿元,其中不可再生能源和可再生能源价值量相差较小,各占比约50%,不可再生能源资产价值为436.17亿元。与2011年相比,2018年浙江省能源资源实物量整体有所增加,但其价值量略微下降,这是由于2011—2018年浙江省能源结构优化,清洁能源利用比例提高,万元地区生产总值能耗降低,以及全球煤炭价格持续下跌。

4.森林资源账户分析

2018年浙江省森林资源资产价值为2978.67亿元,较2011年的2444.90亿元增加了533.77亿元,森林资源增值是由于浙江省森林资源质量的提高以及平原绿化成效明显。2011—2018年浙江省活立木蓄积量变化浮动较大,由2011年的26896.13万 m³增长至2018年的36724.66万 m³,其他林木资源变化幅度不大,基本维持不变。浙江省森林资源在2011—2018年增长速度较大的为成熟林、过熟林,而比例比较大的是幼龄林和中龄林,从树木年龄来看偏低。浙江省意识到经济粗放式发展的弊端,特别是对森林资源的破坏会影响生态环境健康,在2011—2018年实施林木采伐限额管理政策,出台以"资源保护"为核心的生态安全保障等一系列措施。浙江省造林情况良好,因此出现了森林面积和林木数量增长但树龄偏低的现象。2011—2018年,浙江省累计完成造林总面积36.15万公顷,其中人工造林 17.78 万公顷,新封山育林 5.80 万公顷,这些林木在清查期间仍处于幼龄林和中龄林阶段。2011—2018 年,浙江省森林从"数量持续增长"向"数量增加、质量提升与结构优化并进"方向发展。

5.土地资源账户分析

浙江省土地资源各类型实物量总体上比较稳定,农业用地有所减少。2011—2018 年浙江省耕地从 2011 年的 198.16 万公顷降至 2018 年的 197.46 万公顷,减少了 0.70 万公顷。林地和园地面积减少较多,分别减少了 4.09 万公顷和 4.55 万公顷。随着浙江省社会经济以及城镇化的快速发展,特别是就地城镇化,城市建设用地占用农业用地的问题逐渐突出,土地资源价值变化趋势也随着土地利用类型转换而呈现增加趋势。与 2011 年相比,2018 年浙江省的土地资源资产价值从 2011 年的 423659.99 亿元增长至 653048.73 亿元,增加了 229388.74 亿元。其中,建设用地资产价值大幅上升,2011—2018 年共增加了 212949.31 亿元,农业用地资产价值稍有提升,增加了 16439.43 亿元。农林牧渔总产值的增加以及人民生活水平提升导致 CPI 指数降低,从而导致农业用地资产价值提升;建设用地资产价值提升主要是由于浙江省综合地价水平的提升。

二、浙江省资源耗减负债分析

资源耗减负债指为了避免自然资源过度消耗所造成的不必要的资源浪费而核算的自然资源耗减费用。2011—2018 年,浙江省自然资源耗减负债总金额为 45068.16 亿元,其中占比较大的是土地资源耗减负债,金额达 33982.62 亿元,其次是水资源耗减负债,金额为 8693.68 亿元(见图 4-1)。

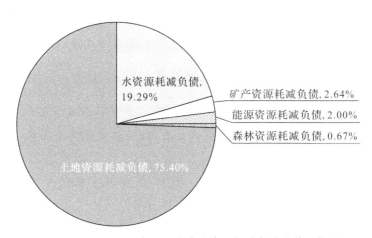

图 4-1　2011—2018 年浙江省自然资源耗减负债价值量构成

浙江省矿产资源的耗减负债计量主要依据 2011—2018 年浙江省矿产开采量，通过市场价格法进行核算。从价值量角度来看，2011—2018 年浙江省矿产资源耗减负债为 1190.53 亿元。

2011—2018 年，浙江省能源资源耗减负债中煤炭占比较大，总价值为 899.46 亿元。这意味着浙江省能源消耗结构不合理，主要耗用类型为煤炭，必须进行转型才能做到碳达峰。2011—2018 年，浙江省一次能源消耗量大幅度减少，一次能源消费结构进一步优化。2018 年，浙江省一次能源消费结构中，煤炭、核能、水电能、风能和太阳能占比分别为 50.2%、32.1%、14.7%、1.5%、1.5%，煤炭占比逐年下降，清洁能源占比提升，能源利用效率持续提高。

2011—2018 年，浙江省林木资源中木材消耗 1103.61 万 m^3，价值为 98.01 亿元，竹材消耗 160294.01 万根，价值为 203.86 亿元。为维持林木资源可持续利用，浙江省在 2011—2018 年开展森林资源与生态功能价值监测评估。由于植被的修复、生长需要周期，所以浙江省森林资源质量提高需要一个过程，因此林地萎缩对林木资源数据下降的负面影响是持久的。

2011—2018 年，浙江省耕地转建设用地面积达 94431.14 公顷，耗减成本为 33982.62 亿元。耕地的生态效益比建设用地的生态效益高，从而产生了耗减成本。

三、浙江省环境负债分析

环境负债是对自然资源消耗过程中产生的废气、废水等污染物进行综合性修复所产生的费用。2011—2018 年，浙江省环境负债总金额为 2443.23 亿元。废水排放负债、废气排放负债、工业固废排放负债、生活垃圾排放负债以及噪声治理负债的金额分别是 927.73 亿元、1294.29 亿元、150.61 亿元、69.87 亿元和 0.73 亿元。其中，废气排放负债较大，占 52.98%；最小的是噪声治理负债，占比为 0.03%（见图 4-2）。

2011—2018 年，浙江省共计排放废水 345677.3 万吨，其中城镇生活污水排放量占总排放量的 56.86%。2011—2018 年，浙江省废水排放总量基本保持不变，波动不明显。由于 2011—2018 年浙江省经济发展迅速，城市化率提高，人口增加也迅速，浙江省城镇人口从 2011 年的 3403.4 万人增长到 2018 年的 3952.8 万人，导致生活废水排放增多。2011—2018 年，浙江省城镇生活废水排放量增加了 105668.56 万吨，增幅为 44.5%。工业废水排放量减少主要是由于工业用水重复利用率提高。

2011—2018 年，浙江省废水排放负债共计 927.73 亿元，呈现出先增后减的趋

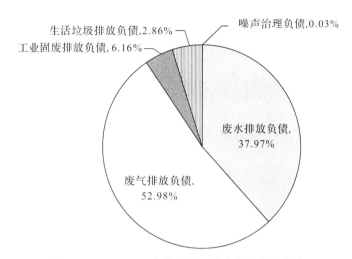

图 4-2 2011—2018 年浙江省环境负债价值量构成

势。其中,工业废水治理项目投资额呈现下降趋势,城镇生活污水治理项目投资额呈现增长趋势。为了加强水资源保护、深化"五水共治",浙江省对 33 万个入河排污口实施"身份证"式管理,启动百项千亿防洪排涝工程。在"十二五"期间,浙江省新建 82 座城镇污水处理厂,基本实现收集和处理掉每天的污水和废水。

2011—2018 年,浙江省共计排放废气总量 904.53 万吨,其中生活废气排放量合计 17.53 万吨,其余都是工业废气,其中二氧化硫是主要的污染源。2011—2018年,浙江省的废气排放量逐年下降。在"十二五"期间,浙江省为了改善空气质量,对重点污染企业进行治理,共完成第一批污染治理项目 345 个,2015 年石化行业全部完成技术改造,连续生产的化工企业也基本完成技术改造。浙江省在深化"五水共治"的同时,全面推进工业烟粉尘治理,实现"治水为主"向"水气土并重"转变,全面改善区域环境。

2011—2018 年,浙江省废气排放负债合计 1294.29 亿元,变化趋势是先增加后下降,峰值为 374.78 亿元。2016 年,浙江省为了全面实现清洁排放,开始提升废气排放标准,强化节能减排力度。浙江省 2016 年化学需氧量、二氧化硫以及氮氧化合物排放量比 2015 年都显著下降。

与废水、废气治理相比,浙江省在工业固废处置管理、费用投入以及信息披露方面滞后。2011—2018 年,浙江省对于工业固废治理项目的投资额仅为 6.60 亿元,占工业固废排放负债的 4.38%。2011—2018 年,浙江省一般工业固废处置量共计 1959.15 万吨,贮存量共计 331.53 万吨,工业危险废物处置量 927.52 万吨。2011—2018 年,浙江省工业固废排放负债合计 150.61 亿元,呈现缓慢上升趋势。主要原因是在"十二五"期间,浙江省加强工业固废回收利用的管理和监督,促进一般工业固废的利用处置,导致浙江省工业固废处置量增多。2018年,浙江省工业固废综合利用率高达92.11%,全省基本形成满足实际需要的固体废物处置能力。

2011—2018年,浙江省生活垃圾清运量总计10120.90万吨,填埋量4115.13万吨,焚烧量5870.85万吨。生活垃圾的清运量、填埋量以及焚烧量都是上升的,主要是由于2011—2018年浙江省经济的快速发展以及人口的增多导致城市生活垃圾增多。2011—2018年,浙江省生活垃圾排放负债总计69.87亿元,与此同时,浙江省对于生活垃圾治理项目的投资额为42.76亿元,占生活垃圾排放负债的61.20%,可见浙江省对于生活垃圾以及市容环境的重视。

本节以工业污染源治理投资中的噪声治理项目投资成本来核算噪声治理负债。2011—2018年,浙江省噪声治理负债总计0.73亿元,噪声治理项目投资额从2011年的0.15亿元到2018年的0.06亿元,投资额有所增加。

四、自然资源资产负债表编制的问题讨论

我国关于自然资源资产负债表编制的研究探索仍处于起步阶段,各地由于经济发展状况及自然资源储量各不相同,对自然资源资产负债表的重视程度也不同,尚未形成系统化的自然资源资产负债表编制体系,自然资源资产负债表的编制探索之路还很长。本章在编制浙江省自然资源资产负债表时还存在许多无法解决的问题,主要有以下几点。

1. 在编制过程中存在资源数据获取困难以及产权归属难的问题

各省对于核算对象的界定存在选择性,地方政府对自然资源实物量数据的更新速度较慢,有效利用难度高。各部门对自然资源的统计口径不一致,其资源数据存在偏差,无法准确核算整理浙江省自然资源实物量。自然资源种类繁多,归国家和集体所有,自然资源资产产权主要包括所有权、使用权和收益权。各区域在管理资源时采用谁占用谁拥有的管理模式,区域自然资源产权除了部分归集体所有,其余归国家所有,该模式容易造成资源的浪费与破坏。自然资源所有权按资源所属行政区的划分方法,易导致资源的重复核算。以矿产资源为例,在矿产资源核算过程中,矿产资源具体归属问题尚不明确,未开发资源的归属、探测以及使用权问题尚未解决,政府通过让渡或法定授权的方式将矿产资源使用权转让给单位、企业或个人,与产权主体相对应的权责划分模糊不清。如何明确自然资源资产产权主体结构及各主体的权责利关系,如何将资源开发、使用、保护与修复的权利和责任相关联,如何建立公有制体系下的自然资源产权体系以及如何建立自然资源有偿使

用和转让制度等,都是仍然值得深入探究的问题。

　　2.在自然资源价值量核算方面,现有价值量核算方法不够准确且不统一

　　由于自然资源利用情况各不相同,且资源要素存在经济价值和生态价值之分,部分自然资源要素不参与市场定价,无法通过市场来确定其经济价值,因此需要对自然资源采用不同的定价模型进行核算。尚未有统一的对自然资源定价的方法。在核算浙江省土地资源时,采用经济价值还是生态价值就成为一个需要解决的问题。系统性地核算自然资源价值才能使自然资源资产负债表具有更好的借鉴意义。本章在对自然资源价值量进行核算时,由于缺少对个别自然资源生态价值的核算方法,未能对自然资源的价值量进行全面的核算,关于自然资源价值量的核算方式以及生态价值评估制度的建立还有待研究。

　　3.从自然资源核算对象来看,现阶段自然资源核算体系分类尚不完善

　　浙江省自然资源种类颇多,主要划分为水资源、矿产资源、能源资源、森林资源和土地资源等几大类,划分范围宽泛,少有系统化且详细的自然资源分类系统。根据自然资源的属性进行分类,其分类系统是不同的。例如,森林资源按森林作用可分为防护林、经济林、用材林、薪炭林;按人为影响的程序可分为原始林、次生林和人工林;按自然属性可分为植被学途径、立地学途径和生态系统的综合途径。本章在核算浙江省森林资源时,其实物量和价值量主要是对浙江省活立木蓄积量进行核算,同时发现核算体系不完整,无法使森林资源各分类系统的生态效益价值和经济价值充分体现。由于各地资源禀赋不同,对自然资源的核算对象划分也不同,如何建立起系统化且适用于各地资源特色的自然资源核算内容体系,仍值得进一步讨论。

　　4.从自然资源资产负债来说,对资源负债的核算还存在重复和漏算的问题

　　自然资源的耗减过程中所带来的环境保护治理负债实际上是难以全面估量的,生态系统是一个整体,某一资源的消耗会带来一系列的连锁反应。资源消耗对生态环境造成的污染和破坏辐射面较广,各类资源的消耗产生的影响相互交错,在核算过程中难免会出现重复计算的问题,加之污染范围的宽泛和隐蔽,对污染的治理也难以做到全面覆盖,漏算问题尚未解决。各省对于自然资源负债还只是大范围地估量与核算,对监测范围内的污染和破坏进行核算。本章仅对自然资源耗减及环境保护中的几大类进行核算,未对资源消耗带来的其他损耗负债进行核算,如何完善自然资源资产负债表的核算内容和体系,减少重复核算和漏算,促进自然资

源的可持续利用,值得进一步探究。

5.从碳中和愿景目标来说,自然资源核算仍然是很重要的一环

碳吸收能力提高主要来自森林、草原等面积的增加和类型多样化。碳中和就是要通过森林碳吸收能力强的土地利用转化达到零碳。碳中和涉及自然资源生态价值的交易过程,因此要实现生态产品价值转化即"绿水青山"转化为"金山银山",必须加强自然资源价值量核算,特别是水、森林等生态价值量核算。

五、研究结论与政策建议

1.研究结论

本章以浙江省自然资源为研究对象,剖析浙江省在经济发展过程中对自然资源的开发利用情况以及给生态环境带来的治理压力,探讨浙江省自然资源资产负债表的编制对象、内容、框架和各类自然资源的核算方式,从而得出以下结论。

(1)本章对自然资源中可以产生生态效益的资源价值量以及自然资源转换过程中所带来的生态补偿价值进行核算。在资源耗减负债核算中,结合生态价值耗减与经济价值耗减,形成以生态价值耗减负债和经济价值耗减负债并重的核算体系,并将环境保护治理成本计入自然资源负债,完善自然资源资产负债表核算内容。

(2)浙江省自然资源从实物量上整体呈现增加趋势,净资产形势向好。浙江省2011年自然资源资产价值量为430151.58亿元,2018年自然资源资产价值量为660347.16亿元。2011—2018年,浙江省自然资源资产负债总计47511.39亿元,净资产为182684.19亿元。

(3)从实物量看,浙江省自然资源是不断增加的,发展良好;从资产价值结构来看,森林资源价值是浙江省自然资源资产价值的主要贡献者。从自然资源负债来看,浙江省资源耗减负债以及资源耗减过程所带来的环境保护治理问题仍十分艰巨。浙江省自然资源耗减负债是影响浙江省自然资源净资产的主要因素。浙江省提高自然资源利用效率,加大科技创新力度,放缓资源消耗速度,加强环境保护监控,对浙江省绿色社会建设至关重要。

2.浙江省自然资源管理政策建议

编制2011—2018年浙江省自然资源资产负债表有利于分析浙江省这一阶段资源利用的弊端与不足,达到实现自然资源可持续发展的目的。由编制结果可以看出,2011—2018年,浙江省水、森林等资源在数量或质量方面得到改善,但是浙江省自然资源情况离可持续发展目标还存在一些距离。为推动浙江省自然资源可

持续发展,本章提出以下几点建议。

(1)明确区域资源产权

明确区域资源产权有利于推动资源配置进一步优化,它不仅可以提升区域资源利用率,还能方便区域自然资源的管理。区域对资源的管理模式中更多体现的是谁占用谁拥有的特点,这与资源产权的管理相悖,区域资源产权除了部分归集体所有,其他归国家所有。现行的模式容易导致区域资源的破坏和浪费,不利于资源管理和可持续开发利用,更甚者会损害国家利益。从我国现实国情出发,建立健全资源产权管理制度,应从以下几个方面进行:①分离资源所有权和使用权,建立资源的有偿使用制度。②实行资源占用权的有偿转让制度。③搭建自然资源数据共享桥梁和全国性的资源管理机构。

(2)建立区域自然资源核算体系

区域发展不仅要注重经济发展,还要重视区域自然资源的提升,从而能够为构建可持续发展的自然资源的经济运行机制打下基础。区域自然资源核算体系是国民经济核算体系中的重要一环,它能够体现某地区某段时间自然资源的生态功能,揭示经济发展与自然资源之间的潜在联系,提示区域不断调整经济策略,推动资源、环境、经济协同水平提升。编制它主要包括以下几步:第一步是编制自然资源实物量表,主要通过统计自然资源期初和期末的量,来反映自然资源自身从期初到期末的变化情况,其中包括增加或减少的量。第二步是编制流向表,即记录自然资源的使用方向和具体流向,包括数量和质量变化。第三步是编制负债表,主要测度自然资源被利用、环境保护支出及资源增值情况。第四步是编制价值表,运用各种自然资源定价模型将实物量转变成价值量是自然资源资产负债表编制过程中需要突破的一大考验,选用的价值量核算方法不同会造成最终的核算结果存在差异。因此综合运用自然资源定价模型更合适,建议对同一类自然资源权衡选取恰当的核算方法作为标准,这有利于差异化比较和分析。

(3)自然资源资产市场化

自然资源资产市场化是提高资源利用效率的重要途径,是自然资源管理的重要手段。要实现自然资源资产市场化,需要做好以下三个方面的工作。第一,制定全国统一的自然资源价值量核算的标准。出台相关文件规范自然资源核算流程,精准核算自然资源资产。第二,实行"三资一体"统筹管理。以自然功能与环境属性为利用基础,以产权关系与经济属性为管理导向,以流通功能与增值属性为民生保障,建立资源、资产、资本"三资一体"统筹管理体系。在资源管理层面,推进资源调查评价、开发利用、监测监管、综合整治等;在资产管理层面,强调明晰产权与保护权益;在资本管理层面,构建自然资源资本融通体系,关注资源流转、权利抵押等资本显化和流通政策。第三,建立全国统一的自然资源市场体系。建立全国性的自然资源跨区域交易机制,促进资源高效利用、经济社会高质量发展。

(4)建立区域自然资源信息系统,推行可持续发展评价制度

由于各区域对自然资源资产信息收集不足以及信息严重滞后的现实问题,各区域应充分利用现代信息技术的优势,加强自然资源的信息流通以及对于自然资源基础数据的管理,摸清资源"家底",建立自然资源信息系统,使其完全发挥作用,为科学管理自然资源奠定基础。同时基于区域自然资源信息系统,各区域应加快研究出一种能够对区域资源可持续发展性进行评估的评价体系,对区域自然资源储量、价值以及可持续性等诸多方面定期进行评估,为政府部门提供科学决策的依据,提示区域不断调整政策,推动资源、环境与经济三者协同发展。

第五章

我国自然资源资产"家底"及资源环境负债分析

本章基于自然资源资产负债表方法,针对五大资源(水资源、矿产资源、能源资源、森林资源、土地资源)进行我国自然资源核算。在编制 2011—2018 年我国五大自然资源实物量表和价值量表的基础上进行"家底"分析,针对我国资源耗减负债和环境耗减负债进行梳理,并进行了资源环境负债分析。

第一节　我国自然资源资产"家底"分析

一、我国水资源资产分析

1. 我国水资源实物量账户

水资源包括淡水资源和海洋资源,经济发展中水资源往往指淡水资源,同时由于海洋资源比较复杂,除了水的功能还有其他功能,因此水资源资产仅核算淡水资源,包括人均水资源量、地表水量、地下水量、地表水与地下水重复量、水资源总量。本节根据《中国统计年鉴》中公布的数据,以 2011 年年初作为期初存量统计时点,以 2018 年年末作为期末存量统计时点,在统计水资源总量时扣除了地表水与地下水重复的部分,应用第三章的自然资源核算方法,得出 2011 年和 2019 年我国水资源实物量账户(见表 5-1)。从表 5-1 可知,我国水资源总量整体呈现出上升的趋势,水资源总量从 2011 年的 23256.70 亿 m^3 增加到 2018 年的 27462.50 亿 m^3。其中地表水量增长最多,增加了 4109.60 亿 m^3,增幅为 18.50%。

表 5-1　2011 年和 2018 年我国水资源实物量账户

水资源	2011 年	2018 年	变化量
人均水资源量/(m³·人⁻¹)	1730.20	1971.80	241.60
地表水量/亿 m³	22213.60	26323.20	4109.60
地下水量/亿 m³	7214.50	8246.50	1032.00
地表水与地下水重复量/亿 m³	6171.40	7107.20	935.80
水资源总量/亿 m³	23256.70	27462.50	4205.80

2. 我国水资源价值量

水资源的价值主要分为使用价值以及非使用价值。水资源的使用价值根据各使用类型下水资源价值来分类核算,非使用价值则根据水资源费来确定未利用水资源的价格。具体公式为

$$P = \sum_{i=1}^{n} P_i \times Q_i + (s - \sum_{i=1}^{n} Q_i) \times a \tag{5-1}$$

其中,P 是水资源价值,i 表示使用类型,Q_i 表示第 i 种用途的使用量,s 是水资源总量,a 为排放消耗。

在核算水资源价值量时,不但要考虑经济稀缺性,还要考虑生态稀缺性。我国水费在核算期间的征收标准一致,地表水资源费为 0.3 元/m³,地下水资源费为 0.8 元/m³。

2011 年和 2018 年我国水资源价值量如表 5-2 所示,2018 年我国水资源价值总量高达 83760.63 亿元,与 2011 年相比增加了 12827.68 亿元。除了水资源用水量价值量在 2011—2018 年有所减少,地表水价值量、地下水价值量以及地表水和地下水重复价值量都有所增加。为了减少水资源的浪费以及提高水资源的利用率,用水价格有所上涨,用水有所节制,这也是用水量价值量减少的主要原因。

表 5-2　2011 年和 2018 年我国水资源价值量

水资源价值量	2011 年	2018 年	变化量
水资源用水量价值量/亿元	35757.66	35220.75	−536.91
水资源价值总量/亿元	70932.94	83760.63	12827.69
地表水价值量/亿元	6664.08	7896.96	1232.88
地下水价值量/亿元	5771.60	6597.20	825.60
地表水与地下水重复价值量/亿元	3394.27	3908.96	514.69

二、我国矿产资源资产分析

1. 我国矿产资源实物量

本节主要以自然资源部公布的矿产资源年度报告中的主要矿产资源储量作为数据基础,整理得出 2011 年和 2018 年我国矿产资源实物量账户(见表 5-3),其中将矿产资源划分为金属矿与非金属矿两类。

表 5-3　2011 年和 2018 年我国矿产资源实物量账户

矿产资源		2011 年	2018 年	变化量
金属矿	铁矿/亿吨	743.90	108.29	852.19
	铜矿/万吨	8612.10	2831.39	11443.49
	铅矿/万吨	5602.80	3613.51	9216.31
	锌矿/万吨	11568.00	7187.67	18755.67
	锡矿/万吨	441.10	11.96	453.06
	钼矿/万吨	1935.90	1092.71	3028.61
	锑矿/万吨	229.70	97.98	327.68
	金矿/吨	7419.40	6219.00	13638.40
	银矿/万吨	18.70	14.21	32.91
非金属矿	萤石/亿吨	1.98	0.59	2.57
	硫铁矿/亿吨	56.80	6.20	63.00
	硅灰石/亿吨	1.50	0.79	2.29
	水泥用灰岩/亿吨	1098.30	334.07	1432.37
	高岭土/亿吨	22.70	12.26	34.96
	膨润土/亿吨	27.30	2.66	29.96

我国矿产资源种类丰富,本节主要对可探索、可开发和能够在市场进行交易且易定价的矿产实物量进行统计。由表 5-3 可知,我国金属矿和非金属矿资源实物量均处于增长的阶段,这主要是由于探测技术和开采技术水平的提升。在 2011年,金属矿产资源中,铁矿的保有储量较为丰富,高达 743.90 亿吨,金矿较为稀缺,仅有 7419.40 吨。非金属矿中水泥用灰岩保有储量高达 1098.30 亿吨,萤石仅有1.98亿吨。在 2018 年,金属矿中铁矿保有储量增加至 852.19 亿吨,涨幅为14.56%,金矿的保有储量则增加了 6219.00 吨,增幅高达 83.82%;非金属矿的保

有储量变化不大,整体增长幅度较小。

2.我国矿产资源价值量

本节中矿产资源的实物量主要是矿产资源的保有储量。对于矿产资源价值量的核算方法主要包括成本法、收益法和市场法三种,由于前两种核算方法会受到矿产资源开采条件、储量等多方面因素的影响且矿产资源直接参与市场交易,所以本节主要采用市场法对矿产资源的价值进行评估。矿产资源单价通过《中国统计年鉴》中的价格指标数据计算得出。2011年和2018年我国矿产资源价值量如表5-4所示。

表5-4 2011年和2018年我国矿产资源价值量

矿产资源		2011年价值量/亿元	2018年价值量/亿元
金属矿	铁矿	92704.82	107870.21
	铜矿	805.06	1084.00
	铅矿	198.16	330.68
	锌矿	348.32	573.44
	锡矿	24.00	30.47
	钼矿	216.60	347.50
	锑矿	10.35	15.77
	金矿	0.96	1.85
	银矿	2.02	3.57
非金属矿	萤石	998.43	1424.53
	硫铁矿	8826.15	10760.40
	硅灰石	225.00	377.58
	水泥用灰岩	15771.59	22588.47
	高岭土	8003.11	13548.05
	膨润土	3084.63	3721.03

由表5-4可知,2018年的金属矿中,铁矿的价值量高达107870.21亿元,相较2011年增加了15165.39亿元,是金属矿中较主要的矿产资源。2018年的非金属矿中,水泥用灰岩的价值量高达22588.47亿元,相较2011年增加了6816.88亿元,是非金属矿中较主要的矿产资源。

三、我国能源资源资产分析

1.我国能源资源实物量账户

根据国家统计局公布的数据,我国能源资源划分为可再生能源与不可再生能源,其中可再生能源主要包括水电能、核能、风能、太阳能,不可再生能源主要包括煤、石油、天然气。2011 年和 2018 年我国能源资源实物量账户如表 5-5 所示。

表 5-5　2011 年和 2018 年我国能源资源实物量账户

能源资源		2011 年	2018 年	变化量
不可再生类	原煤/万吨标准煤	259215.64	261261.00	2045.36
	原油/万吨标准煤	28915.13	27144.00	−1771.13
	天然气/万吨标准煤	13947.30	20735.00	6787.70
	能源生产总量/万吨标准煤	340178.00	377000.00	36822.00
可再生类/万吨标准煤		32657.09	67860.00	35202.91

注:可再生类主要包括水电能、核能、风能和太阳能。

由表 5-5 可知,我国能源资源实物量整体是增加的,不可再生类能源生产总量由 2011 年的 340178.00 万吨标准煤增加至 2018 年的 377000.00 万吨标准煤,增幅为10.82%,其中原油的实物量有所减少。我国石油开采主要来自陆地,由于陆上油田很多已进入二次采油、三次采油阶段,开采成本高、难度大。我国石油消费量逐年上涨,国内石油储量较少,因此在很大程度上依赖于国外进口,这也是我国原油实物量呈现下降趋势的主要原因。随着清洁能源的开发和可持续发展观的深入,可再生能源得到了快速发展,风能、核能、太阳能和水电能被开发利用,2011—2018 年可再生能源实物量增加了 35202.91 万吨标准煤,增幅高达107.80%,由此可见国家对于能源消费结构的转型升级、生态环境保护的日益重视。

2.我国能源资源价值量

本节中能源资源价值量采用直接市场价格进行核算。2011 年煤炭平均价格为 819 元/吨,2018 年煤炭平均价格为 657 元/吨。可再生能源根据 2011 年和 2018 年全国电网收费标准进行核算,由于电费在核算期间内征收标准一致,所以电费取平均值 0.59 元/千瓦时。本节主要对原煤和可再生类能源的价值量进行核算。如表 5-6 所示,我国原煤价值量 2011 年高达 21228.48 亿元,2018 年仅有

17167.41亿元,减少了4061.07亿元;可再生类能源价值量2018年相比2011年增加了2864.46亿元,翻倍增长。

表5-6 2011年和2018年我国能源资源资产价值量

能源资源		2011年	2018年	变化量
不可再生类	原煤/亿元	21228.48	17167.41	−4061.07
	原油/亿元	——	——	——
	天然气/亿元	——	——	——
可再生类/亿元		2657.31	5521.77	2864.46

四、我国森林资源资产分析

1.我国森林资源实物量账户

根据国家统计局公布的数据,本节以2011年年初作为期初存量统计时点,以2018年年末作为期末存量统计时点,对全国活立木蓄积量、林地面积、森林面积、森林覆盖率和森林蓄积量进行统计,得出2011年和2018年我国森林资源实物量账户(见表5-7)。

表5-7 2011年和2018年我国森林资源实物量账户

森林资源	2011年	2018年	变化量
活立木蓄积量/万 m³	1491268.19	1900713.20	409445.01
林地面积/万公顷	30590.41	32591.12	2000.71
森林面积/万公顷	19545.22	22044.62	2499.40
森林覆盖率/%	20.36	22.96	2.60
森林蓄积量/万 m³	1372080.36	1756022.99	383942.63

由表5-7可知,我国森林资源实物量呈现出整体增加的趋势,我国活立木蓄积量2018年相比2011年增加了409445.01万 m³,增幅为27.46%。森林覆盖率也有所增加,这主要是由于国家对于绿化的重视,退耕还林政策和绿化补助政策等国家政策的扶持,对乱砍滥伐的严厉打击,因此造林面积不断扩大,国家森林资源持续增长。

2.我国森林资源资产价值量

木材资源的价值核算方法有基于净值法简化的立木价值法和消费价值法。立

木价值法也叫净价格法,是利用木材资源的立木蓄积量乘以木材资源的每立方米价值来计算的木材资源价值,公式为

$$V_S = P \times Q \qquad (5\text{-}2)$$

其中,V_S 表示木材资源价值,P 表示每立方米价值,Q 表示立木蓄积量。

需要注意的是,不同树种的林木价格也不相同,需要区别分析。消费价值法比较复杂,实际研究操作可行性不强,不再详细介绍。

如表 5-8 所示,我国森林资源价值量有所增加,2018 年我国森林资源价值量达 140727.43 亿元,相比 2011 年增加了 29073.72 亿元,增幅为 26.04%。相比 2011 年,木材和竹材价值量在 2018 年都呈现出增长的趋势,其中木材的单价有所下降,竹材单价有所上升,木材和竹材的实物量分别增加了 409445.01 万 m³ 和 111831.59 万 m³。

表 5-8   2011 年和 2018 年我国森林资源资产价值量

森林资源	2011 年			2018 年		
	活立木蓄积量/万 m³	单价/(元·m⁻³)	价值量/亿元	活立木蓄积量/万 m³	单价/(元·m⁻³)	价值量/亿元
木材	1491268.19	748	111546.69	1900713.20	739	140462.71
竹材	152888.15	7	107.02	264719.74	10	264.72
合计			111653.71			140727.43

五、我国土地资源资产分析

1. 我国土地资源实物量账户

本节以 2011 年年初作为期初存量统计时点,以 2018 年年末作为期末存量统计时点,根据《中国统计年鉴》中的土地资源数据整理得出我国土地资源实物量。我国土地面积广阔,土地利用类型齐全,但是各类土地资源分布不均。如表 5-9 所示,相比 2011 年,我国农业用地中耕地、园地和林地在 2018 年均有增长,但是牧草地在 2018 年减少了 42.54 万平方公里。同时经济不断发展,人民生活水平提高,对建设用地的需求增加,建设用地面积整体来看处于不断增长的状态。

表 5-9　2011 年和 2018 年我国土地资源实物量账户

土地资源		2011 年	2018 年	变化量
农业用地	耕地/万平方公里	121.72	134.90	13.18
	园地/万平方公里	11.79	14.20	2.41
	林地/万平方公里	236.09	252.80	16.71
	牧草地/万平方公里	261.84	219.30	−42.54
	其他农业用地/万平方公里	25.44	23.60	−1.84
建设用地	居民点及工矿用地/万平方公里	26.92	32.10	5.18
	交通运输用地/万平方公里	2.50	3.80	1.30
	水利设施用地/万平方公里	3.65	3.60	−0.05

2.我国土地资源价值量

农业用地选择收益现值法进行评估,根据农业用地范围年度内获得的收益确定农用土地的价格。建设用地以各类型用地的平均地价作为定价标准,将各类建设用地量乘以各用地地价总和作为其总价值。2011 年和 2018 年我国土地资源价值量如表 5-10 所示。

表 5-10　2011 年和 2018 年我国土地资源价值量

年份	农业用地			建设用地		
	农林牧渔总产值/亿元	农业用地还原率/%	价值量/亿元	建设用地面积/万公顷	综合地价水平/(元·m^{-2})	价值量/亿元
2018 年	67538	4.18	1615741.63	4004.89	4335.00	17361198.15
2011 年	46122	4.36	1057844.04	3305.60	3049.00	10078774.40

由表 5-10 可知,2018 年我国农业用地价值量为 1615741.63 亿元,建设用地价值量为 17361198.15 亿元,我国土地资源价值量约为 18976939.78 亿元。2011 年我国农业用地价值量为 1057844.04 亿元,建设用地价值量为 10078774.40 亿元,我国土地资源价值约为 11136618.44 亿元。

第二节　我国自然资源负债计量过程

自然资源负债包括两个部分：一是资源耗减负债，二是环境负债。资源耗减负债主要核算的是自然资源耗减价值。本节主要把 2011—2018 年我国水资源、矿产资源、能源资源、森林资源及土地资源的耗减负债进行了计量。表 5-11 给出了 2011—2018 年我国五种自然资源的耗减负债计量结果。环境负债主要包括废水、废气、工业固废和生活垃圾。

表 5-11　2011—2018 年我国五种自然资源耗减负债

自然资源耗减		2011 年	2012 年	2013 年	2014 年	2015 年	2016 年	2017 年	2018 年	合计
水资源耗减	耗水量/亿 m³	6107.19	6131.19	6183.39	6094.89	6103.29	6040.19	6043.39	6015.49	48719.02
	价值量/亿元	35757.66	35898.18	36203.81	35685.64	35734.82	35365.37	35384.11	35220.75	285250.34
矿产资源耗减	实物量/万吨	71822.30	75388.20	81959.00	86649.90	85538.30	85696.60	88673.80	98503.60	674231.70
	价值量/亿元	9460.29	9929.90	10795.48	11413.35	11266.93	11287.78	11679.94	12974.66	88808.33
能源资源耗减	实物量/万吨	387043.00	402138.00	416913.00	425806.00	429905.00	435819.00	448529.00	463330.00	3409483.00
	价值量/亿元	31698.82	28431.16	24514.49	22056.75	17798.07	20439.91	28436.74	30440.78	203816.72
森林资源耗减	实物量/万公顷	3305.60	3525.62	3745.64	3811.42	3859.33	3909.51	3957.40	4004.89	30120.41
	价值量/亿元	30596.73	39450.91	47315.44	54032.94	59362.71	64886.04	71267.07	76272.76	443184.60
土地资源耗减	实物量增减变化/万公顷	206.41	220.02	220.02	65.78	47.91	50.18	47.89	47.49	905.70
	价值量/亿元	629344.09	703843.98	736846.98	231677.16	174296.58	191988.68	195534.87	205869.15	3069401.49

一、资源耗减负债计算

水资源耗减负债是由于水资源耗减所形成的消耗成本。本节以水资源的耗减量作为水资源的耗减负债,将水资源耗减量乘以水资源单价得到水资源耗减负债。

矿产资源耗减负债是指由于矿产资源的耗用所形成的矿产资源的消耗成本。本节主要根据国家统计局公布的矿产开采量作为矿产资源的耗减负债。

能源资源耗减负债是指能源资源的耗减所形成的能源资源的消耗成本。本节主要以全国能源消费总量作为能源资源的耗减负债。

森林资源耗减负债是指由于森林资源的减少所形成的森林资源的消耗成本,本节主要以《中国林业统计年鉴》中的林业总产值作为森林资源耗减负债。

土地资源耗减负债主要是由于土地利用类型变化而产生的价值变化。本节采用机会成本法衡量,将转换为建设用地的经济价值作为土地资源耗减负债。

二、环境负债计量

全国环境负债根据第四章的浙江省环境负债计量方法进行计量。废水排放负债主要是核算全国水资源消耗过程中所形成的污水处理费用。本书采用污水处理费用计量废水排放对环境的影响。废气排放主要为工业废气排放、生活废气排放以及其他部分废气排放,本节主要统计全国废气排放总量,其中将二氧化硫、氮氧化物、烟尘排放量作为废气排放指标。工业固体废物单位治理成本是储存废物单位治理成本与处置废物单位治理成本之和。表 5-12 给出了不同类型的工业固体废物单位治理成本。生活垃圾排放负债主要计量了以下几种成本:清运成本、垃圾填埋成本、堆肥治理成本、简易处理成本、无害化焚烧成本。根据单位处理成本得到总的成本,从而完成生活垃圾排放负债的计量。表 5-13 给出了生活垃圾单位治理成本。

表 5-12　工业固体废物单位治理成本

类型	处置废物单位治理成本		储存废物单位治理成本	
	一般工业固体废物	工业危险废物	一般工业固体废物	工业危险废物
单位治理成本/（元·吨$^{-1}$）	22	1500	4.5	15

表 5-13　生活垃圾单位治理成本

类型	清运成本	垃圾填埋成本	堆肥治理成本	简易处理成本	无害化焚烧成本
单位治理成本/（元·吨$^{-1}$）	20	35	120	8	60

表 5-14 给出了 2011—2018 年我国环境负债计量结果。2011—2018 年,废水排放负债呈现波动趋势,总增加量不到百亿元。工业固体废物排放负债和生活垃圾排放负债都呈现明显上升趋势。工业固体废物排放负债从 2011 年到 2018 年增加了约 1.06 倍;生活垃圾排放负债从 83.61 亿元增加到 147.68 亿元。废气排放负债呈现明显下降趋势,从 2011 年的 1173.06 亿元下降至 2018 年的 480.32 亿元。这与国家的环境保护政策有直接联系。近年来,我国实施清洁能源、传统工业转型升级,采暖燃料清洁化、无烟化等节能减排政策,这些政策都起到很好的作用。不但工业生产会导致废水排放,生活污水也是主要废水。虽然我国出台了严格的水资源管理制度,单位 GDP 工业废水排放有所减少,但总量是增加的,其原因有两个:一个是城市化率增加导致城市人口快速增长,生活废水排放增加;二是经济总量增加。

表 5-14 2011—2018 年我国环境负债计量结果

单位:亿元

环境负债		2011 年	2012 年	2013 年	2014 年	2015 年	2016 年	2017 年	2018 年	合计
废水排放负债		626.23	650.52	660.67	680.37	698.55	675.55	664.68	712.50	5369.07
废气排放负债		1173.06	1132.15	1087.23	1044.89	951.60	649.52	553.72	480.32	7072.49
工业固体废物排放负债	一般工业固体废物排放负债	260.68	260.26	257.14	255.66	262.81	253.69	312.75	352.61	2215.60
	工业危险废物排放负债	137.47	104.73	105.18	139.35	176.09	240.87	382.73	466.17	1752.59
	合计	398.15	364.99	363.32	395.01	438.90	494.56	695.48	818.78	3968.19
生活垃圾排放负债		83.61	92.46	99.00	105.30	115.53	126.53	135.95	147.68	906.06

第三节 我国自然资源资产负债分析

一、我国自然资源资产分析

我国自然资源资产价值 2018 年相比 2011 年增加了 68.96%,整体上来看处于递增状态。2018 年,在我国自然资源中,土地资源是主要的自然资源资产,价值量高达 18976939.78 亿元。水资源资产价值为 83760.63 亿元,矿产资源资产价值为 162677.55 亿元,森林资源资产价值为 140727.43 亿元,能源资源资产价值为 22689.18 亿元。较 2011 年,我国 2018 年能源资源价值量减少了 1196.61 亿元(降幅 5.01%),水资源价值量增加了 12827.69 亿元(增幅 18.08%),矿产资源价值量增加了 31458.29 亿元(增幅 23.97%),森林资源价值量增加了 29073.72 亿元(增幅 26.04%),土地资源价值量大幅提升,增加了 7840321.34 亿元(增幅 70.40%)。

1.水资源账户分析

如图 5-1 所示,2011 年我国水资源总量为 23256.70 亿 m³,2018 年增至 27462.50 亿 m³,增幅为 18.08%。其中地表水量增加了 4109.60 亿 m³,地下水量增加了 1032.00 亿 m³,地表水与地下水重复量增加了 935.80 亿 m³,2018 年的人均水资源量较 2011 年也有所增加。我国水资源价值量整体呈上升趋势,增幅平稳。随着科学技术的不断发展,水资源的利用率提高,水资源的用水价格在近年来有所增加,用水量也有所节制。

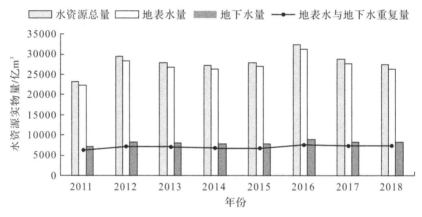

图 5-1　2011—2018 年我国水资源实物量情况

2.矿产资源账户分析

2018 年我国矿产资源总价值为 162677.55 亿元,其中金属矿产资源总价值 110257.49 亿元,占 67.78%。金属矿产资源中铁矿保有储量高达 852.19 亿吨,总价值量为 107870.21 亿元,占金属矿产资源总价值的 97.83%。非金属矿产资源总价值为 52420.06 亿元,在非金属矿产资源中水泥用灰岩保有储量较多,共计 1432.37 亿吨,总价值为 22588.47 亿元,占 43.09%。金属矿和非金属矿资源单价在近年来呈上升趋势,工业的发展对矿产的需求量增加,我国矿产资源的开采量也有所增加。

3.能源资源账户分析

2018 年我国能源资源总价值为 22689.18 亿元,较 2011 年减少了 1196.61 亿元,其中不可再生能源占 75.66%,是主要的能源资源。可再生能源资源价值量不断增加,较 2011 年增加了 2864.45 亿元,增幅高达 107.80%。其中值得注意的是可再生能源价值量不断增加而不可再生能源资源价值量不断下降的原因。我国能源消费结构主要以煤炭和石油等高碳能源消费方面为主,煤炭消费量大,而且不可再生类能源资源的消费对环境的污染大。原煤实物量增加而价值量减少是全球煤炭价格的持续下跌导致的。建立高效、清洁、低碳的能源工业体系,以及改变能源结构、节能减排将是我国今后重要的任务。

4.森林资源账户分析

2018 年我国森林资源资产价值量 140727.43 亿元,相比 2011 年增加了 29073.72 亿元,增幅为 26.04%。与 2011 年相比,2018 年我国林地面积变化不大,基本维持在 3 亿公顷左右,森林资源实物量账户中的活立木蓄积量增加量高达 409445.01 万 m^3,森林覆盖率有所增加,绿化工作持续向好。

我国造林面积持续增加,从 2011 年的 599.66 万公顷至 2018 年的 729.95 万公顷,造林面积增加 130.29 万公顷,累计造林面积 5310.95 万公顷(见图 5-2)。我国加大了对森林资源的开采限制,加强对森林的管理。2011—2018 年人工造林累计 3230.91 万公顷,飞播造林累计 116.31 万公顷,新封山育林累计 1404.59 万公

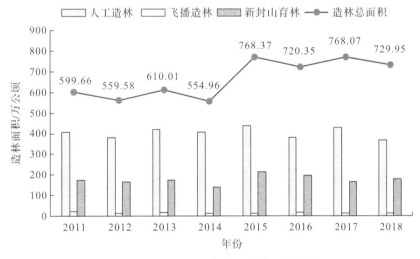

图 5-2　2011—2018 年我国造林面积情况

顷,不断扩大我国的绿化面积,实现林木采伐的"放管服",加大"十二五"期间的森林建设,保护生态环境,促进经济社会和生态系统的协调发展。

5. 土地资源账户分析

我国的土地面积广阔,利用类型多样。已利用土地主要以耕地、林地和牧草地三种类型为主,其中林地和牧草地的面积远大于耕地的面积。虽然土地总量丰富,但是人均较少,同时土地资源分布不均衡,土地资源供给压力大。

比较 2011 年与 2018 年我国土地资源实物量数据,可得知我国建设用地有所增加,增幅为 19.44%,其中居民点及工矿用地占比最大。我国农业用地有所减少,面积减少了 12.08 万平方公里,其中牧草地减少较多,减少了 42.54 万平方公里,降幅为 16.25%。牧草地的减少是过度放牧、不适当的开垦、管理不当、草地使用和管理权限不明等造成的。随着经济的发展,国家对建设用地的需求加大,农业用地逐渐被侵占,占比降低。在土地资源资产价值量核算方面,2018 年建设用地价值量高达 17361198.15 亿元,相比 2011 年建设用地的价值量增加了 7282423.75 亿元,增幅为 72.26%,农业用地价值量的增幅为 52.74%,总价值量达 1615741.63 万亿元。建设用地总价值量上涨的主要原因是综合地价水平的上升,农业用地总价值量增长的主要原因是农林牧渔总产值的增加。

二、我国资源耗减负债分析

2011—2018 年,我国资源耗减负债累计 4090461.48 亿元。2011—2018 年,我国水资源累计负债 285250.34 亿元,能源资源累计负债 203816.72 亿元,森林资源累计负债 443184.60 亿元,矿产资源累计负债 88808.33 亿元,土地资源累计负债 3069401.49 亿元。

1. 水资源耗减负债

2011—2018 年我国水资源耗减累计 48719.02 亿 m³,总价值为 285250.34 亿元,2011—2018 年的水资源用水量变化较小(见图 5-3),用水量指标主要包括农业用水、工业用水、生活用水和生态用水。从图 5-3 可以看出,总用水实物量基本处于稳定不变的状态,说明我国用水效率在不断提高。图 5-4 给出了我国累计用水量结构。2011—2018 年农业用水总量累计 30516.30 亿 m³,工业用水量累计 10786.40 亿 m³,生活用水量累计 6359.40 亿 m³,生态水量累计 1056.90 亿 m³,分别占总用水量的 62.64%、22.14%、13.05%、2.17%。农业用水和工业用水是用水的两个主要方面,在 2011—2018 年有下降的趋势,生活用水和生态用水则呈现出上升的趋势。农业用水和工业用水量下降的主要原因是灌溉技术和工业节水工艺改进升级,水资源的利用率提高。

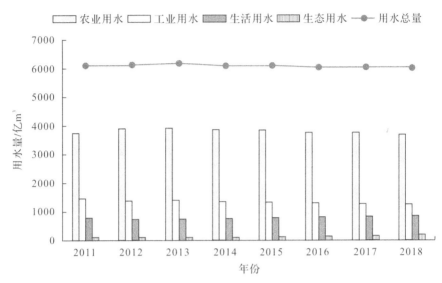

图 5-3　2011—2018 年我国用水量变化情况

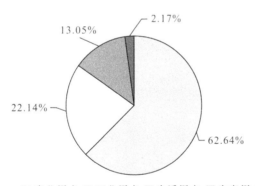

图 5-4　2011—2018 年我国累计用水结构

2.矿产资源耗减负债

2011—2018 年我国矿产资源耗减呈现出逐年增长的趋势(见图 5-5),累计耗减 88808.33 亿元,矿产资源耗减主要以粗钢以及有色金属的消耗为主。矿产资源耗减负债主要通过市场价格来核算。我国对矿产资源的需求逐渐增加,矿产资源面临枯竭,资源短缺与人口增长及经济发展的需求之间的矛盾将继续存在,资源供需形势将出现周期性波动。我国矿产资源综合利用水平不断提高,许多矿山开展了综合勘查、综合评价以及综合利用,利用水平提高。但工业发展的需求量持续增加,矿产资源耗减负债逐渐上涨。

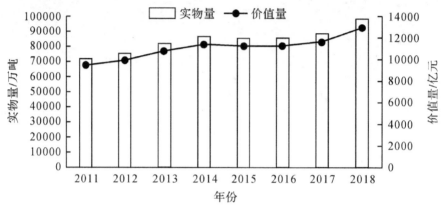

图 5-5　2011—2018 年我国矿产资源耗减负债情况

3.能源资源耗减负债

2011—2018 年我国能源资源耗减负债累计 203816.72 亿元(见图 5-6),其中煤炭资源是主要的耗用类型。

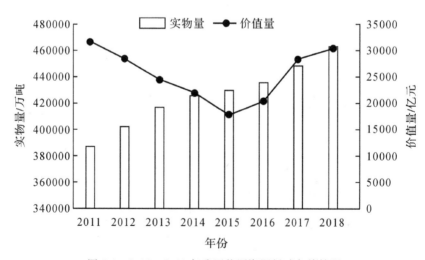

图 5-6　2011—2018 年我国能源资源耗减负债情况

我国煤炭资源开采量大,使用量大,同时对环境的污染程度也大。近年来,煤炭的价格呈现出下降的趋势,对煤炭的需求量减少,煤炭产能过剩。我国原油消耗主要依靠进口,国内原油资源损耗较大,面临枯竭。一次电力及其他能源(包括风能、水电能、核能和太阳能)耗用量明显增加,这是由于生态文明社会的建设以及能源消费结构的不断优化,可再生能源发电量不断增加,清洁能源日渐走进人们的生活之中。煤炭、石油、天然气等不可再生能源虽然在全国能源耗减中仍然是重要的一部分,但是在未来可再生能源以及清洁能源的开发和发展中,会逐渐缩小比例,这不仅有利于保护国家的生态环境,更能实现经济效益和生态效益的统一,实现双赢。

4.森林资源耗减负债

2011—2018 年我国森林资源耗减负债累计 443184.60 亿元,图 5-7 给出了2011—2018 年我国森林资源耗减情况。

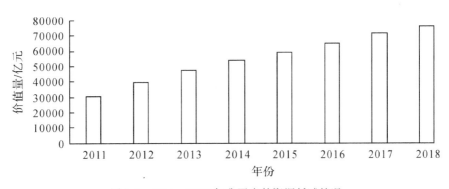

图 5-7　2011—2018 年我国森林资源耗减情况

从图 5-7 可以看出,森林资源耗减呈现增加趋势,从 2011 年的 30596.73 亿元,增加到 2018 年的 76272.76 亿元,增加了一倍多。在第八次全国森林资源普查和第九次全国森林资源普查数据中,森林资源有增加的趋势,但是我国要在碳达峰时完全实现碳中和还需要更多地植树造林,因而造林绿化、改善生态任重而道远。对林木资源的使用需要与造林工作协调起来,造林工作应当持续跟进。林木的成长不是一个短期的过程,需要经过长时间的培育,这就需要与林木的消耗构成平衡的状态,否则会导致森林资源的耗减增加,水土难以保持,对环境造成恶劣的影响。全面深化林业改革,完善林业治理体系,提高林业治理能力,进行生态修复,稳步扩大林地面积,同时大力退耕还林和植树造林,都是森林资源持续增长的路径。

5.土地资源耗减负债

2011—2018年我国土地资源累计耗减负债3069401.49亿元（见图5-8）。在土地资源耗减负债计量中主要采用的是建设用地的每年实物量的变化面积的价值量。由于社会经济的发展和城镇化速度的加快，不少农业用地被占用，城市住房需求及其他类型用地增加，在这个过程中则存在农业用地向建设用地转化时对生态造成的影响，以及土地价值的变化。由于生产力水平的提高和物价的上涨，以及我国对建设用地扩张的限制，建设用地地价呈现出上升的趋势，加上建设用地面积的增加，土地资源耗减负债也就成为我国资源耗减负债中的主要部分。

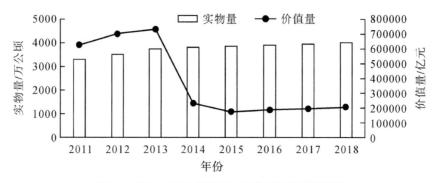

图 5-8　2011—2018年我国土地资源耗减负债情况

三、我国环境负债分析

我国环境负债分析主要是对我国自然资源耗减过程中所产生的废气、废水、工业固废以及生活垃圾进行治理需负担的费用。2011—2018年，我国环境负债累计17315.81亿元，其中废气排放累计负债高达7072.49亿元，占比为40.84%；废水排放累计负债5369.07亿元，占比为31.01%；工业固废排放累计负债3968.19亿元，占比为22.92%；生活垃圾排放负债最少，累计负债906.06亿元，仅占5.23%。

1.废水排放负债

2011—2018年，我国废水排放总量累计5651.65亿吨，废水排放累计负债5369.07亿元。2011—2018年我国废水排放量整体有所上升，呈缓慢增长趋势（见图5-9）。我国城镇化和工业化加快，污水排放量日渐增加，其中主要是生活污水和工业污水的排放，由于我国废水排放数据收集困难，本节主要以废水排放总量为依据进行分析。

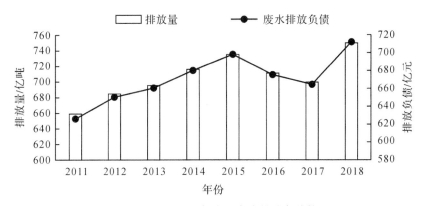

图 5-9 2011—2018 年全国废水排放负债情况

我国出台了相关政策来限制废水的排放量,这也是排放量缓慢增加的一个重要原因。2015 年我国出台的《水污染防治行动计划》标志着我国水环境治理进入了新阶段,2017 年出台的《全国农村环境综合整治"十三五"规划》以及《"十三五"全国城镇污水处理及再生利用设施建设规划》都对我国处理废水排放的工作产生了极大的推动力。在生活污水排放方面,相比于城镇,农村水体污染有 60% 来自生活污水。我国于 2008 年开始对农村生活废水排放进行治理,地方政府以及水务局等都对农村的用水排放进行了指导和规划,在完善农村排水基础设施方面也花费了大量人力、财力和物力。不过仍然存在废水处理工作滞后的状态,治理设备、管网建设等的选址不当也会造成投资浪费的情况。村民合理用水排水的意识不够也会造成废水排放量的增加。我国各地农村都存在水体环境管理运作资金缺乏问题。

据统计,我国污水处理厂 2018 年增加到 2321 座。我国对环保日益重视,将节能环保产业作为战略性新兴产业,不仅增加了污水处理厂的数量,在废水处理工艺上也有所提高。2018 年,我国废水处理能力提升至 16881 万 m^3/日,处理量高达 500 亿 m^3,污水处理率 95.49%。

另外,我国污水处理区域发展不平衡。在经济发达地区,如东南沿海,经济发展较快,人们对于环境的要求较高,政府财力比较雄厚,城镇化水平较高,污水处理设施的建设和技术较为先进,发展比较完善。中西部出于在财力、技术和政策支持等方面的原因,污水处理设施的建设仍存在滞后的情况。

2. 废气排放负债

图 5-10 给出了 2011—2018 年我国废气排放负债情况。

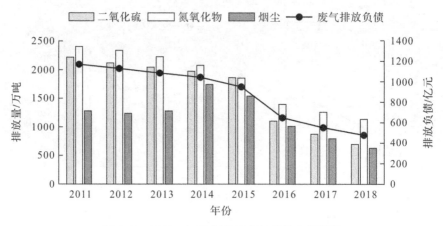

图 5-10　2011—2018 年我国废气排放负债情况

　　从图 5-10 可以看出,2011—2018 年我国废气排放累计负债 7072.49 亿元,其中二氧化硫排放 12886.33 万吨,氮氧化物排放 14687.44 万吨,烟尘排放 9505.79 万吨,氮氧化物是较主要的污染源。废气排放包括生活废气排放和工业废气排放,工业废气排放是主要部分。早在 1978 年,我国财政政策对废气就采取收费政策,即对超标部分提高收费标准,以限制废气排放;1992 年之后,我国减少了小排量汽车的消费税,并对新能源汽车企业和购买新能源汽车的个人给予一定的财税补贴,将排污费纳入财政预算,加大了对废气治理的财政资金的投入;2003 年之后,政府加大了节能产品的采购力度,重点支持可再生能源技术的开发和使用,转变能源消费结构,减少有害废气的排放;2013 年至今,中央政府加大对地方政府大气污染防治专项资金的支付力度,重新修订《中华人民共和国大气污染防治法》,明确了废气排放收税政策。

　　国家对于废气排放的防治措施正在不断完善,无论是在工业废气处理设施建设上、政策约束上还是在技术提升上,都有了很大的改进。这也是我国废气排放总量不断下降的重要原因。一方面说明了我国对环境保护的日益重视,另一方面也说明了我国科学技术的不断进步。

　　3. 工业固体废物排放负债

　　2011—2018 年我国工业固体废物排放负债累计 3968.19 亿元。

　　工业固体废物排放主要包括一般工业固体废物和工业危险废物,工业固体废物排放负债计量主要采用固体废物虚拟治理成本,即固体废物储存量和处置量的虚拟治理成本之和,危险废物虚拟成本则主要核算其中的处置量成本。工业固体废物排放中的一般工业固体废物 2011—2018 年累计处理量 616284.85 万吨,储存量 491311.39 万吨,虚拟治理成本累计 2215.60 亿元(见图 5-11);工业危险废物 2011—2018 年累计处置量 11684.05 万吨,虚拟治理成本累计 1752.59 亿元(见图 5-12)。

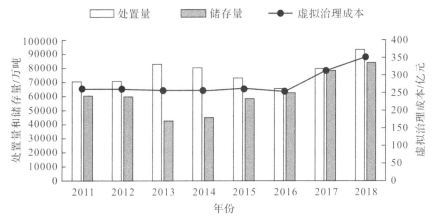

图 5-11　2011—2018 年我国一般工业固体废物排放负债情况

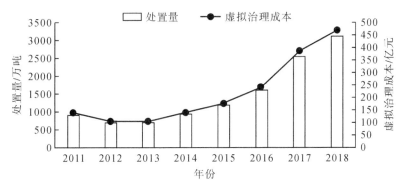

图 5-12　2011—2018 年我国工业危险废物排放负债情况

　　一般工业固体废物在 2016 年前的治理成本整体趋平,在 2016 年以后涨幅明显;工业危险废物整体呈现出上升趋势,逐年增加,且在 2016—2017 年涨幅较大,涨幅为 58.89%。究其原因,2015 年是"十二五"与"十三五"规划的中间阶段,在两个规划阶段之间对于固废的处理方式和处理成本管理有所变化。在"十二五"期间,我国高度重视固体废物的污染防治工作,展开了一系列的规范化管理,强化固体废物治理的监督执法。在"十三五"期间,我国加大了对固体废物排放的超标处罚,工业的迅速发展使得固体废物量不断增加,我国提高了固废排放治理成本,以限制工业过量排放。

我国工业危险废物的治理成本负债呈现大幅上涨的趋势。2018 年相比 2011 年的工业危险废物处置量增加了 2191.32 万吨。危险废物排放量的增加,体现了工业危险废物的预防和治理意识不强,同时治理技术水平有待提升。造纸、石化、钢铁等行业的发展加大了固体废物处理的压力。固体废物对环境会产生严重的影响,不仅侵占土地、污染土地、污染水体和大气,还影响环境卫生和景观。我国的固体废物处理技术主要包括卫生填埋、焚烧和堆肥技术,虽然能够对固体废物进行一定的处理,但是会对环境造成一定影响。我国要开展一般工业固体废物堆存场所调查,全面掌握污染情况,加强管控;提高对储存工业固体废物的处置、利用效率;加强对堆存场、封场及生态修复的管控。2011—2018 年我国工业固体废物排放负债情况如图 5-13 所示。

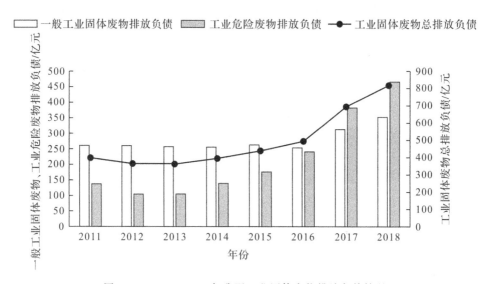

图 5-13 2011—2018 年我国工业固体废物排放负债情况

4. 生活垃圾排放负债

2018 年我国生活垃圾清运量为 22801.80 万吨,填埋量为 11706.00 万吨,焚烧量为 10184.90 万吨(见图 5-14)。

整体来看,我国生活垃圾排放量不断增加,这主要是因为人们生活水平提高,生活物品需求增加,固体废物增加,导致处理成本增加并形成污染。生活垃圾主要包括城市生活垃圾和农村生活垃圾。

我国生活垃圾处理还存在一些问题,如社会参与度不高、部门配合不够等。城市生活垃圾尚未全部进行无害化处理,生活垃圾处理中填埋比例过大;农村生活垃圾处理则存在垃圾处置场所建设滞后、设施建设经费缺口大、农民缺乏环保支付能

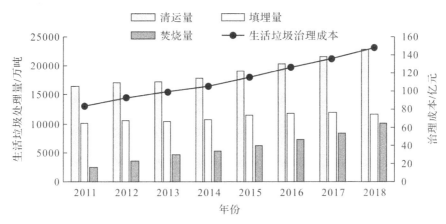

图 5-14　2011—2018 年我国生活垃圾排放负债情况

力和支付意愿、规划设计缺乏科学规范的技术审查等问题。这主要是由生活垃圾管理体制不顺,财政支持力度不够以及生活垃圾处理技术不成熟等造成的。

2011 年,我国针对城市生活垃圾处理提出了工作意见,主要是进行垃圾分类,减少末端处理量,尽量进行废物再利用,形成社会大循环。我国垃圾分类主要有四类:可回收物、有害垃圾、厨余垃圾、其他垃圾。垃圾分类处理将是我国环境治理的重要措施,可以减少垃圾处理成本,节约资源,减少污染,提高资源循环利用效率。

综上分析,可以得出以下结论。

第一,我国自然资源价值量增加迅速。我国自然资源价值量在 2011—2018 年增加了 68.96%,主要贡献来自土地资源价值增加量。出现这样的结果主要有三方面的原因:第一是核算方法,在计算我国自然资源价值时采用的是市场价格法,通过直接市场价格来衡量自然资源价值。随着我国经济快速发展,建设用地的市场价格越来越高。第二是土地价格标准,在设定土地资源价格时,并没有从生态价值上考虑,而是直接根据城市建设用地的出让价格来确定,可能过于偏重经济价值属性。第三是我国城市建设用地迅猛增加。随着我国经济发展,城市化率提高明显,城市常住人口增加迅速,从而导致建设用地增加快,那么在直接市场法核算方法下,其他土地价值基本很小,城市建设用地价值量远远大于其他土地类型。这也导致土地资源价值在整个自然资源价值量方面贡献特别大。土地资源价格和核算方法也是本书进一步探讨研究的问题。

第二,我国自然资源负债耗减量大。在环境负债指标中,除了废气排放,其他指标都呈现上升趋势,累积量很大。也就是说,我国自然资源负债会拉低自然资源净资产,让自然资源的质量不断下降,影响经济发展。比如我国水资源在数量上呈现增加状态,但是水资源环境负债呈现更大幅度的增加,导致水资源的质量是下降的,那么水资源净资产是减少的。因此,必须在供给侧结构性改革视角下制定政府、市场相互配合的政策体系来加强水资源管理。

第三,我国自然资源的资产转化还不够。我国自然资源作为基础生产资料,其利用方式依然以消耗为主,比如矿产开采、水资源开采和森林的木材加工等。这种利用方式会加剧生态环境与经济发展的矛盾。同时我国自然资源产权体系还未完全建立,虽然土地、森林资源产权已经形成体系,但是其权责分属问题及资源转化为资产问题都还未解决,那么也就很难转变自然资源利用方式。当前需要创新管理方式,盘活资源利用,让产权所有者真正享受到资源资产带来的收益。

第六章

自然资源约束下的浙江省经济
增长路径分析

本章重点着眼于资源约束对经济增长路径的影响,将自然资源作为生产要素引入索洛(Solow)经济增长模型,以浙江省为研究区,探求自然资源对经济增长路径的影响,讨论如何在供给侧结构性改革视域下高效、合理地使用自然资源来缓解供给和需求不平衡、不协调的矛盾,从而为浙江省经济增长路径提供理论参考和更加明确的经济发展路径,也为我国统筹各地经济发展提供方向。

第一节　自然资源约束与经济
增长关系研究

自然资源约束与经济增长关系研究是自然资源管理研究的重要话题,国际上主要有资源视角、环境视角和经济增长视角三个方面,我国 20 世纪 80 年代末就有学者提出自然资源与经济增长关系研究(余福建和王文臣,1989),2000 年之后这一话题逐渐被关注(李剑等,2008)。

一、资源视角

资源视角主要有"资源禀赋"和"资源诅咒"两方面观点。Brunnschweiler(2007)以一个地区人均矿产资源价值以及自然资源价值两个要素作为衡量当地自然资源丰裕度的指标,验证"资源诅咒"假设是否成立,并认为该方法比此前学者们采用初级产品在出口产品中的占比指标来衡量某地区自然资源丰富程度会更加准确。Bringezu(2015)探讨了自然资源稀缺地区的经济长期增长的原因,发现自然资源较为短缺的地区,尤其是一些资源净进口国,无论是在哪种自然资源约束的条件下都能够形成高新技术产业集群的系统,然后凭借较高的技术水平和创新能力,有效解决自然资源约束的问题。Barbier(1999)将自然资源约束定义为环境约束而使社会付出的成本,考虑资源供给创新的情况下试图通过内生增长克服资源约束。薛俊波等(2004)率先测度了水土资源消耗对中国经济增长的制约程度。自然资源富集地区分为土地资源富集地区和海洋资源富集地区两类,这两类资源富集地区经济发展状况和路径不同。研究表明,土地资源富集地区的经济发展水平不如海洋资源富集地区的经济发展水平。

二、环境视角

研究者把由资源约束导致经济增长速度降低的程度称为增长阻尼,在 Solow 模型基础上纳入资源环境要素,分别建立了有资源约束和无资源约束的新古典增长模型,定量测度了资源环境要素对国家潜在经济增长的制约程度(胡健和董春诗,2009)。Neumayer(2000)的研究认为资源禀赋在各国之间存在巨大差异,资源在各国之间必须遵循市场机制重新进行配置。资源供给不足将导致资源价格在短期急剧上升,从而对资源进口国的经济形成冲击。资源对经济增长的约束可以通过在技术进步基础上的资源替代以及价格机制的作用来改变经济结构,突破资源数量的硬约束而实现长期经济增长(Sriket & Suen,2022;Stürmer & Schwerhoff,2012)。研究者将自然资源开采的技术创新等因素引入内生增长模型,分析自然资源是否对经济的长期增长有约束作用(彭皓玥和王树恩,2008);也将自然资源的开采技术因素应用到内生经济增长模型中,得出约束经济长期增长的关键因素是不可再生资源开采技术进步及其可能遭受的边际回报递减的结论(王士红等,2015)。薛俊波等(2004)采用罗默(Romer)的分析框架并结合我国实际情况,分析土地、水和能源资源对我国经济增长的长期制约情况,结果表明自然资源对我国经济增长的制约程度较高。韩保江(2016)认为经济增长离不开土地、石油、水利、矿产等自然资源。没有资源的持续供给,经济发展就难以实现。只有对自然资源实行严格的保护措施,自然资源才能为经济增长提供持续的供给。

三、经济增长视角

自然资源与经济增长关系研究在理论方面取得了很大进展。郝玉柱和敖华(2014)研究了自然资源与经济增长关系研究范式的形成和演进;李影(2009)分析了自然资源与经济增长关系;李影和沈坤荣(2010)分析了能源对中国经济增长的制约。刘耀彬和陈斐(2007)分析了城市化与资源消耗,又将能源、土地、水等自然资源作为侧重点,研究它们对中国城市化进程的阻碍,得出资源对经济增长的阻碍在我国是存在的。王成(2010)认为经济增长的物质基础和条件就是自然资源。自然资源丰裕度会影响一个地区的经济发展,资源和经济两者之间既会相互促进,也会形成阻碍关系。李发昇和张维(2011)基于"消费优势"解析自然资源与经济增长的关系。刘来会等(2017)认为在西部地区自然资源仍是促进经济增长的重要力量,对于东部、中部、东北地区来说,自然资源则严重阻碍了经济增长。质量约束是指在自然资源丰裕的地区,资源数量上的优势对当地经济增长不仅没有起到推动作用,还会产生一定的阻碍,也称为"资源诅咒"。质量约束是由各生产部门投入不均衡,或人力资本投资不足,从而对某种相对丰富的资源的过分依赖导致的。资源短缺国家无论在何种自然资源约束下都会形成高新技术产业集群的系统,能够凭借创新能力有效克服自然资源约束问题。资源数量并不是推动经济发展的硬性要求,如何更好地利用现有自然资源,调整和升级产业结构,是地区发展摆脱自然资源约束的重要途径,从而避免因资源数量优势引起的产业结构单一化和低级化(谢书玲等,2005)。此外,还要充分利用政治制度、文化及其他社会因素对自然资源开发利用的影响,同时通过技术进步发挥资源替代、资源集约、资源再生效应,为经济发展提供强劲动力(罗浩,2007;丁菊红和邓可斌,2007;杜心灵,2013;孙永平,2011;耿康顺,2014)。卢小丽和李卉(2017)以 Romer 模型为基础,以绿色增长理论为支撑,将自然资源及环境因素同时投入生产,构建这种双约束条件下的六部门内生增长模型,求解经济的绿色增长路径及均衡增长率。刘耀彬等(2015)通过面板数据分析了中国自然资源对绿色增长效率的影响,发现自然资源禀赋通过不同的技术进步方式影响绿色增长效率的情况。自然资源禀赋在对创新这一技术进步方式具有挤出效应的同时,对技术引进具有增进效应,而创新有利于地区绿色增长效率提升,技术引进则不利于地区绿色增长效率提升(孟望生和张扬,2020)。

综上所述,自然资源约束与经济增长之间的关系研究重点侧重某一方面,较少同时考虑多方面相互关系,经常是侧重经济增长,很少站在自然资源管理视角。本书从资源、环境与经济多方面考虑这些关系,并找出经济增长与自然资源协调路径。

第二节　经济增长中的自然资源
约束实证分析

约束理论认为,事物的产生与发展都不是孤立存在的,是由许多种因素共同作用形成。其中对事物产生和发展方向以及最终结果起到决定性作用的不是全部因素,而是个别主导事物发展的关键因素,在解决问题的时候重点关注主导因素会更高效地达到预期目标。任何事物在数量上都存在一个限度,当数量超过或者低于这个限度时就会对事物的发展产生约束。将经济增长和自然资源代入约束理论,会发现自然资源正是经济增长过程的主导因素,是不可替代的。它对经济增长的约束也体现在一定限度内。自然资源约束是指:在经济社会发展过程中,当自然资源的投入高于产出,开发技术不足导致自然资源供需的不平衡,或者对资源的数量优势太过依赖而对经济发展形成阻碍。

一、供需视角的自然资源约束模型构建

1. Solow 模型

卢小丽和李卉(2017)将自然资源作为一种生产要素引入经济增长的 Solow 模型,考虑供给侧结构性改革中的供给与需求要素,研究在自然资源约束下经济增长的问题,探讨缓解自然资源约束的对策。模型假定劳动力和资本不变,考虑自然资源和技术因素,建立产出的供给与生产函数。

(1)产出的供给与生产函数为

$$Y = F(R, L) \qquad\qquad (6\text{-}1)$$

其中,Y 为总产出,R 为自然资源量,L 为人口规模。假设生产函数规模收益不变,则

$$zY = F(zR, zL) \qquad\qquad (6\text{-}2)$$

设 $z = 1/L$,则

$$Y/L = F(R/L, 1) \qquad\qquad (6\text{-}3)$$

该式表示,人均产出 Y/L 是人均自然资源量 R/L 的函数。在经济规模一定的情况下,人均值表述更为精确。

设 $y=Y/L$ 是人均产出,$r=R/L$ 是人均自然资源量。这样,生产函数变为

$$y=f(r) \tag{6-4}$$

(2)自然资源消耗和技术进步决定产出的需求。那么可以表示为

$$y=h+t \tag{6-5}$$

其中,y 为人均产出,h 为人均资源消耗,t 为技术进步。

如果每年部分产出 g 是用于技术创新的,$(1-g)$ 为资源消耗,那么有

$$h=(1-g)\times y \tag{6-6}$$

由式(6-6)可得

$$y=(1-g)\times y+h \tag{6-7}$$

那么有

$$h=g\times y \tag{6-8}$$

模型表明技术创新对资源储存量有正向影响。在技术发展较快时期,促进经济发展的资源存量就会增加,进而提高产出水平。在技术发展较慢时期,经济发展以资源存量消耗为主,会带来产出水平的降低。技术进步可以促进产出增加和经济增长。技术创新与经济发展呈现 S 形曲线关系,即技术创新会随着经济的增长达到一个稳定的状态。此外还要考虑自然资源自身的供给特征,对于可耗竭的资源,技术进步会是经济增长中能够掌控的推动因素。浙江省正处于经济结构转型、优化能源供给的重要时期,对自然资源利用的探索不可避免。

2.自然资源约束下的经济增长模型

将自然资源代入经济增长理论,与自然资源供给视角中构建的模型不同,本次模型构建主要考虑资本因素。首先生产函数可以用公式表达为

$$Y(t)=K(t)\alpha R(t)\beta[A(t)L(t)](1-\alpha-\beta) \quad (\alpha>0,\beta>0,\alpha+\beta<1) \tag{6-9}$$

其中,Y 表示产出,K 表示资本,R 表示自然资源,L 表示劳动力,A 表示综合技术水平。资本、劳动和技术的累计方程为

$$K(t)'=sY(t)-\delta K(t) \tag{6-10}$$

$$L(t)'=nL(t) \tag{6-11}$$

$$A(t)' = gA(t) \tag{6-12}$$

取对数,得到

$$\ln Y(t) = \alpha \ln K(t) + \beta \ln R(t) + (1-\alpha-\beta)[\ln A(t) + \ln L(t)] \tag{6-13}$$

其中,s 为储蓄率,δ 为资本折旧率,n 为劳动增长率,g 为技术增长率。

当 R、L、A 速率一定时,K 与 Y 的增长速率也是不变的。$gK(t) = sY(t)/K(t) - \delta$ 可以表示为资本增长率。$gY(t) = gK(t)$ 时,经济增长路径会处于平衡状态,有

$$gy' = [(1-\alpha-\beta)(g+n) + \beta gR]/(1-\alpha) \tag{6-14}$$

其中,$gR = b - \varepsilon$,gy' 是自然资源约束下经济的均衡增长率,ε 是自然资源可再生率。

经济的发展会稳定在这种平衡增长路径上。自然资源对地区经济增长的约束,具体表现为阻尼系数:

$$\mathrm{drag}R = \gamma n(1-\alpha) \tag{6-15}$$

其中,γ 为具体自然资源的产出弹性,此外技术进步、人口增长和自然资源再生率对经济的增长也有推动作用,阻尼系数分别为 $(1-\alpha-\beta)g/(1-\alpha)$、$(1-\alpha-\beta)n/(1-\alpha)$ 和 $\beta\varepsilon/(1-\alpha)$。增长的具体状况取决于两种作用力的大小。经济增长过程对每种影响因素的依赖程度不同。在自然资源约束的情况下,不同生产要素的投入比重会产生不同的资源约束力量。资源要素组合不同,则产出效率不同,产业结构可以影响产出效率,进而影响经济增长。因此,地区要在自然资源约束的条件下实现经济增长,调整生产要素比重、优化产业结构是必要手段。

二、自然资源约束下的浙江经济增长模型结果

1. 研究区介绍与数据来源

浙江省人口众多,经济发达,用水需求量大,同时存在污染问题。《2019 年浙江省国民经济和社会发展统计公报》显示,浙江省 2019 年年末常住人口 5850 万人,比 2018 年年末增加 113 万人,自然增长率为 4.99‰,城镇化率为 70.0%。2019 年地区生产总值 62352 亿元,比 2018 年增长 6.8%。其中,第一产业增加值 2097 亿元,第二产业增加值 26567 亿元,第三产业增加值 33688 亿元,分别增长 2.0%、5.9% 和 7.8%,第三产业对地区生产总值增长的贡献率为 58.9%。人均地区生产总值为 107624 元(按年平均汇率折算为 15601 美元),增长 5.0%。2019 年浙江省能源消费总量为 22392.77 万吨标准煤,电力消费量为 4706.22 亿千瓦时。

供给侧结构性改革继续深化。规模以上工业企业产能利用率为 81.3％。规模以上工业中,高耗能行业增加值增长 7.1％,按可比价计算占 35.3％。

本节以地区生产总值为因变量,社会从业人员总数、能源消费总量、水资源、土地资源为自变量,并将综合技术水平 A 反映在劳动力 L 中。其中,地区生产总值是以 1985 年为基准换算的不变价格。估算固定资本年折旧率为 5％,采用永续盘存法计算浙江省各年的资本存量的公式为

$$K_t = I_t + 0.95 K_{t-1} \tag{6-16}$$

其中,K_t 是资本存量,K_{t-1} 是上一年的资本存量,I_t 是固定资产投资。

2. 数据的平稳性及协整性检验

由于 Solow 模型中的变量都是时间序列的数据,统计结果会因为时间的变动而改变,出现不平稳的现象,因此要先对各变量进行平稳性的检验(陈艳华,2010)。此外,为了进一步探讨自然资源对经济增长的影响,本节在回归分析中将自然资源分为矿产资源、土地资源和水资源三部分。本节采用单位根检验法(ADF)对变量进行回归分析。如果数据不平稳,就要检验单整阶数。若单整阶数一致,就要检验变量是否存在协整关系,这是各变量关系长期均衡的表现,也是回归分析的意义所在。最后对变量数据进行对数化处理和单位根检验。

表 6-1 给出了平稳性检验结果。结果表明,LnY、LnK、LnR、LnL、LnT、LnW 在一阶差分前呈现不平稳状态,但在一阶差分后得到各序列平稳,因此可能存在协整关系,选取这六个变量的时间序列进行 Johansen 协整检验,如表 6-2 所示。根据最大特征根检验和协整检验,结果表明,LnY、LnK、LnR、LnL、LnT、LnW 这六个时间序列在 5％ 的显著性水平下有长期协整关系。

如表 6-3 所示,资本产出弹性 α 为 0.291,能源产出弹性 β 为 0.282,土地产出弹性为 0.201,水资源产出弹性为 0.145。根据公式(6-13),可以求出能源、土地、水资源的阻尼系数,它们的值分别是 1.67％、0.83％、0.46％。相比土地资源和水资源,能源资源对浙江省经济增长约束较为显著,能源约束占总自然资源约束的43.8％,浙江省自然资源消费结构却又以煤炭、石油、天然气及一些矿产能源为主。由结果可知,自然资源的阻尼系数与产出弹性系数呈现一种正比关系,那么降低资源弹性是解决地区自然资源约束问题的途径之一。

表 6-1 平稳性检验结果

序列	LnY	ΔLnY	LnK	ΔLnK	LnR	ΔLnR	LnL	ΔLnL	LnT	ΔLnT	LnW	ΔLnW
ADF	-3.527	-3.936	-2.987	-3.175	-2.124	-3.882	-2.529	-3.981	-3.716	-1.241	-2.312	-4.167
1%临界值	-3.281	-3.173	-2.819	-2.603	-5.112	-2.906	-3.891	-2.901	-4.029	-1.903	-4.378	-3.273
5%临界值	-3.301	-1.682	-2.821	-1.799	-3.242	-1.743	-2.811	3.219	-3.523	-1.079	-3.173	-2.178
10%临界值	-3.183	-1.438	-2.74	-1.442	-2.882	-1.394	-2.741	-2.285	-3.063	-1.142	-3.213	-2.017
概率	0.3570	0.0012	0.6250	0.0010	0.9120	0.0005	0.8250	0.0003	0.5290	0.0036	0.7360	0.0001
是否平稳	否	是	否	是	否	是	否	是	否	是	否	是

表 6-2 Johansen 协整检验

	原假设 / 特征根	无协整关系	至多一个协整关系	至多两个协整关系	至多三个协整关系	至多四个协整关系	至多五个协整关系
	特征根	0.813	0.761	0.667	0.591	0.471	0.382
协整检验	迹统计量	108.215	83.921	46.785	29.127	14.038	5.791
	5%临界值	90.734	75.006	49.801	34.705	20.032	5.036
	概率	0.0031	0.0027	0.0606	0.2063	0.3272	0.0623
最大特征根检验	最大特征根	43.791	38.309	25.966	19.818	8.986	6.402
	5%临界值	40.803	38.785	22.673	20.412	12.562	2.792
	概率	0.0115	0.1002	0.2036	0.3821	0.4063	0.0326

表 6-3　回归结果

变量	参数估计	t 检验	显著性水平
LnK	0.291	0.786	0.324
LnR	0.282	1.846	0.125
LnL	0.155	1.935	0.014
LnT	0.201	1.895	0.06
LnW	0.145	3.435	0.001
方程回归系数	0.850		
检验回归系数	0.730		
方差检验	78.540		
Durbin-Wastson 检验（自相关检验）	5.630		

第三节　自然资源约束下的浙江经济增长路径

本节分析了浙江省经济形势,剖析了自然资源对于浙江经济发展的约束,并给出了自然资源约束下的浙江经济增长路径选择。

一、浙江省经济形势分析

1.消费结构升级

2019 年浙江省城镇居民的家庭恩格尔系数已达到富裕水平。随着居民生活水平的不断提高,消费支出逐步从基本的生理需求转向更高层次的需求。居民生活水平的提升,带动了消费市场的增长和消费结构的升级,消费结构升级表现为消费大类变化及异质化产品消费结构变化。消费结构呈现出两大特点:第一是居民追求高品质的实物消费不断升级;第二是居民对高端服务消费偏好逐渐加强。根据国际研究经验,随着人均收入增加,居民消费支出不断增长,在实物消费和服务消费种类增加的同时,居民对消费品质的要求提高。

据统计,2019 年,浙江省城乡居民在医疗保健、文体娱乐、旅游、交通信息等方面的支出较全国平均水平高出 50% 左右,说明居民的消费结构不断向高品质消费转变。2019 年,浙江省人均地区生产总值已达 1.5 万美元,支出状况已由生产转向消费,从物质产品转向服务。总体来看,浙江省消费领域正处于升级加速期,逐步形成层次化、多样化、个性化等全新的消费格局。消费升级要求生产产品多样化,原材料也更加多元化,对自然资源量和质的需求更加多元化。同时,居民的环境保护意识增强,生态产品价值转化让经济增长更加依赖自然资源及其相关的生态环境。

2. 国际形势倒逼经济转型

气候变化是人类面临的全球性问题,随着各国二氧化碳排放,温室气体猛增,对生命系统形成威胁。1992 年,联合国环境与发展大会上达成了《联合国气候变化框架公约》,碳排放控制问题即碳达峰成为全球关注的问题。2020 年的气候峰会上,我国承诺了减排任务,党的十九届五中全会把碳达峰碳中和作为"十四五"乃至 2035 年国家战略目标。浙江省印发《浙江省碳达峰碳中和科技创新行动方案》(以下简称《方案》),这是在全国率先出台的碳达峰碳中和科技创新行动方案。依据"4+6+1"总体思路,《方案》提出了具体的技术路线图和行动计划,争取用好科技创新关键变量,抢抓碳达峰碳中和技术制高点,到 2025 年和 2030 年,高质量支撑浙江省先后实现碳达峰碳中和。

在此国际形势下,浙江省必须实施经济转型。浙江省经济增长中能源消耗依然较大,2019 年,全省能源消费量为 22392.77 万吨标准煤,全省电力消费量为 4706.22 亿千瓦时,比 2018 年分别增加了 3.31% 和 3.81%;浙江省碳排放量依然是增长趋势,浙江省要实现碳达峰碳中和目标,必须走经济转型道路。

二、自然资源约束分析

1. 自然资源国际市场依赖度增加

根据第四章浙江省自然资源实物核算可知,浙江省一次性能源产量较少,浙江省经济增长中的能源主要依赖进口。《2020 浙江统计年鉴》显示规模以上工业企业能源消费都依赖进口,2019 年原煤进口量为 13260 万吨,消耗量为 13145 万吨,原油进口量为 3765 万吨,消耗量为 3472 万吨。能源消费弹性系数虽然逐渐降低,但相比发达国家依然较高,2019 年为 0.49。

随着经济全球化不断加快,国际市场中资源的流通和消耗也日益增加,经济发展对外依存程度也越来越大。国际市场中的资源变动会对浙江经济发展造成非常大的影响。浙江省的煤炭、石油、天然气等储量不大,导致关键性资源对外部市场的依赖性强。如果国际市场资源价格有所上涨,那么会对浙江省经济发展有一定影响。在这样的国内、国外形势下,怎样能够突破资源数量以及质量约束是浙江省未来经济发展的巨大挑战。

2.资源利用效率低并且耗减大

浙江省经济正处于快速发展和转型阶段,对资源消费结构的优化虽然取得一定成效,但是资源利用效率与国际先进水平相比仍较低。在资源供需矛盾严重、自然资源数量匮乏的背景下,资源利用效率低会造成资源浪费,从而对经济增长产生一定阻碍。据统计,2019 年,浙江省总耗水量 91.64 亿 m^3,平均耗水率55.30%;人均综合用水量 286.20 m^3,人均生活用水量 49.60 m^3;农田灌溉亩均用水量 325m^3,农田灌溉水有效利用系数 0.60;万元地区生产总值用水量 26.60 m^3;单位地区生产总值能耗为 0.36 吨标煤/万元。总体上,资源利用效率相对较低。同时根据第四章结果可知,2011—2018 年浙江省资源耗减也比较大(见表 6-4)。

表 6-4　2011—2018 年浙江省资源耗减量

项目		2011 年	2012 年	2013 年	2014 年	2015 年	2016 年	2017 年	2018 年	合计
水资源耗减	用水量/亿 m^3	222.24	222.31	224.75	220.24	186.06	181.15	179.50	173.81	1610.06
矿产资源耗减	实物量/万吨	69437.07	57798.99	53763.69	52373.00	44397.64	55337.06	55427.57	53000.00	441535.02
能源资源耗减	实物量/万吨标煤	1354.00	1710.00	1608.00	1554.58	2133.00	2338.00	2150.88	2407.37	15255.83
森林资源耗减	木材 实物量/万 m^3	176.26	156.93	154.37	136.77	123.68	108.18	123.42	124.00	1103.61
	竹材 实物量/万根	18681.15	19345.86	19923.62	20512.31	19744.69	21184.90	20246.48	20655.00	160294.01

2011—2018 年,虽然每年的水资源耗减量有减少趋势,但总量大,水资源耗减合计为 1610.06 亿 m^3,价值 8693.68 亿元。矿产资源耗减量大,平均每年耗减 55191.88 万吨,合计耗减 441535.02 万吨。能源资源耗减呈现增长趋势,从 2011 年的 1354.00 万吨标煤,增长到 2018 年的 2407.37 万吨标煤,增加了近一倍,合计消耗 15255.83 万吨标煤。

森林资源主要有木材和竹材,木材年耗减量是减少的,但竹材年耗减量是增加的。2011—2018 年,木材合计耗减 1103.61 万 m^3,竹材合计耗减 160294.01 万根。

3.环境污染

根据第四章环境负债核算可知,2011—2018 年浙江省环境污染负债很大(见表 6-5)。浙江省环境负债主要有废水排放、废气排放、工业固废排放、生活垃圾排放和噪声治理,除此之外,还有土壤污染、碳排放等。从表 6-5 可知,废水排放、工业固废排放、生活垃圾排放负债呈现逐年增加趋势,废气排放和噪声治理负债则呈现为波动状态。其中废气排放负债最多,为 1294.29 亿元;噪声治理负债最少,为 0.73 亿元。

表 6-5　2011—2018 年浙江省环境污染负债

单位:亿元

项目	2011 年	2012 年	2013 年	2014 年	2015 年	2016 年	2017 年	2018 年	合计
废水排放负债	86.66	94.25	108.01	131.08	146.25	150.38	101.37	109.73	927.73
废气排放负债	86.63	112.87	125.83	140.18	141.97	374.78	158.21	153.82	1294.29
工业固废排放负债	7.80	8.99	11.64	14.61	18.42	24.85	30.93	33.37	150.61
生活垃圾排放负债	6.64	7.20	7.77	8.68	9.23	9.97	9.95	10.43	69.87
噪声治理负债	0.15	0.14	0.10	0.04	0.07	0.01	0.16	0.06	0.73

三、自然资源约束下经济增长路径选择

自然资源是浙江省经济发展中的基础生产要素,包括所有水资源、矿产资源、土地资源等。至 2019 年,浙江省能源消费总量已经达 22392.77 万吨标准煤,由第二节实证分析可以看出自然资源对浙江省经济可持续增长的影响十分显著。其中主要依靠外部市场的一些主要矿产资源对经济增长的约束作用较大,其次土地资源也是影响经济可持续增长的要素之一。2019 年,浙江省人均耕地占有量仅 0.34 亩,为全国人均占有量的 23.3%,远远不及国家所规定的粮食安全范围内人均 1.5 亩的标准。因此,在自然资源约束下的浙江省经济增长路径首先要解决资源配置和资源供需的问题,主要通过以下途径实现。

1.资源能源效率之路

第一是加快经济的转型升级,调整高耗能产业比重,提高能源使用效率。浙江省发展改革委、能源局印发了《浙江省节能降耗和能源资源优化配置"十四五"规划》,指出了浙江省"十四五"期间的能源效率战略,主要集中在以下几点:一是提升产业能效水平并深化结构节能,结构节能是在自然资源约束下,提升资源效率的重

要途径;二是通过建立健全国际一流、国内领先的能效技术创新体系,有效促进重点区域产业结构优化;三是推动产业创新驱动、绿色复苏和效率变革,有效推动管理节能和技术节能;四是创新重大平台能效治理机制,实现全产业能效水平提升。第二是以产业绿色低碳高效转型为重点,着力提升地区产业发展能级。杭州要严格控制化纤、水泥等高耗能行业产能,适度布局大数据中心、5G 网络等新基建项目。宁波、舟山要严格控制石化、钢铁、化工等产能规模,推动高能耗工序外移,降低对化石能源的高依赖性。绍兴、湖州、嘉兴、温州要严格控制纺织印染、化纤、塑料制品等制造业产能,采用先进生产技术,提升高附加值产品比例,大幅提升单位增加值能效水平。金华、衢州要着力控制水泥、钢铁、造纸等行业产能,推动高耗能生产工序外移,有效减少能源消耗。第三是重视土地资源集约利用。做好国土空间规划建设,必须走生态效益与经济效益为一体的新型城乡协调发展道路,对非农业用地在可持续发展的限度内提高投资和使用效率,提高土地资源综合效益。这也是当下供给侧结构性改革的重点,即通过技术创新和经济增长方式的转变,追求高质量、高效率的经济产出。

2. 自然资源产权制度之路

自然资源是促进经济和各个要素增长的重要基本条件。地区经济可持续发展要依赖自然资源可持续发展,即在开发利用自然资源的同时要保护自然资源。自然资源公共属性导致其开发的外部性存在,从而使得自然资源开发的同时产生资源耗竭和环境污染问题。归根结底,资源环境问题是由产权不清晰导致的。产权制度可以从经济学视角解决这一问题。因此,要完善产权制度,让自然资源发挥较大的经济功能,同时得到保护,主要包括以下内容。

第一,建立自然资源资产产权体系。根据自然资源社会、经济、自然等多属性特征,与国土空间规划和用途管制相衔接,推动自然资源资产所有权与使用权分离,加快构建分类科学的自然资源资产产权体系,着力解决权力交叉、缺位等问题。处理好自然资源资产所有权与使用权的关系,创新自然资源资产全民所有权和集体所有权的实现形式。第二,明确自然资源资产产权主体。以自然资源用途为前提探索省级和市(地)级政府代理行使自然资源资产所有权的资源清单和监督管理制度,完善全民所有自然资源资产收益管理制度,合理调整中央和地方收益分配比例和支出结构,并加大对生态的保护修复支持力度。推进农村集体所有的自然资源资产所有权确权,增强对农村集体所有自然资源资产的管理和经营能力,确保农村集体经济组织成员对自然资源资产享有合法权益。第三,强调自然资源整体保护。要划定并严守生态保护红线、永久基本农田、城镇开发边界等控制线,建立健全国土空间用途管制制度、管理规范和技术标准,对国土空间实施统一管控,强化山水林田湖草整体保护。针对有重要生态功能的自然资源,构建以国家公园为主体的自然保护地体系。健全自然保护地内自然资源资产特许经营权等制度,构建以产业生态化和生态产业化为主体的生态经济体系。第四,健全自然资源资产监管体系。发挥政府部门、社会各界的监督作用,创新管理方法,形成监管合力,实现对自然资源资产开发、利用和保护的全程动态有效监管。建立科学合理的自然资源资产管理考核评价体系,开展领导干部自然资源资产离任审计,落实完善党政领导干部自然资源资产损害责任追究制度。完善自然资源资产产权信息公开制度,强化社会监督。充分利用大数据等现代信息技术,建立统一的自然资源数据库,提升监督管理效能。完善自然资源资产督察执法体制,加强督察执法队伍建设,严肃查处自然资源资产产权领域重大违法案件。

3. 生态创新之路

在工业化时期,经济增长与自然资源可持续之间存在不可调和的矛盾。环境库兹涅茨曲线理论显示,只有经济发展到一定程度,才能通过发挥人类能动性,提高科技水平来实施新能源战略,从而解决两者的矛盾。浙江省面临自然资源约束,可以通过实施新能源战略,实现经济转型,走高质量发展之路。第一,污染控制技术和节能技术水平不断提高,通过"五水共治"等战略使得环境污染得到控制。第二,生态创新水平不断提高,地区创新成果层出不穷,既包括新开发的高科技材料,又包括资源的回收和新兴替代品的开发等,使自然资源的利用和经济的可持续发展不再成为主要矛盾。在现有自然资源的约束之下,要实现经济的可持续发展,就必须有针对性地重点开发那些具有较大推广意义的自然资源替代技术、梯级能量利用技术,并大力发展经济可持续发展产业链以及相关技术产业,还要对废品的回收处理技术,尤其是废品二次利用技术等进行专业化的研究和推广。

积极推动生态创新。第一,对于可耗褐的自然资源,技术进步会成为经济增长中能够掌控的推动因素,技术的创新最终会突破资源约束,使经济增长达到一个持续稳定的状态。第二,自然资源作为生产要素进入经济活动中存在供给量和利用效益的限制。在自然资源约束条件下,只有资源的供给量和净效益得到保障,自然资源才能推动经济的增长。第三,探讨经济有效增长或发展问题的重点就在于重新认识自然资源供给现状、资源持续利用、能源结构优化等问题,不能只关注制度、技术、人力、资本等传统变量,更应当充分关注自然资源这一基础变量。

4. 环境治理之路

下面以水资源为例介绍环境治理策略。水资源是浙江省重要的自然资源之一，由第四章和本章的分析可知，浙江省由于环境污染而产生了水质性水短缺。本章根据水污染根源提出水环境治理的"四化"战略，即减量化、清洁化、节约化和生态化。

（1）减量化，即减少污染排放。农业上，减少现代农药化肥使用，而增加有机肥料的使用，如将农村家庭人畜粪便、秸秆等制作成有机肥料，实现农业上的生态循环。城镇生活上，可以使用化粪池等技术减少生活污水排放，并实现污染资源化，城镇生活用水分管排放也是减少污水排放的重要途径。工业上，提高清洁技术水平，减少污水产生量，建立工业园区，实现闭路循环系统，减少废水排放量，在优势比较原则下尽可能地生产灰色水足迹小的产品，还可以通过贸易进口本地灰色水足迹高而外地灰色水足迹低的产品来实现减量化。

（2）清洁化，即污水治理。污水治理是钱塘江流域面临的首要任务，也是减少灰色水足迹较快捷的途径。无论是农业、生活还是工业，全面截污纳管是污水治理工程的第一步；建立污水处理厂进行污水集中处理是关键一步，把各个地方的污水集中起来，集中处理，单独排放；污水厂出水排放标准和监督也是污水治理的重要一环。城乡平原河道污水整治是清洁化的重要环节，工业排污口管理是清洁化的关键环节。通过实现位于水源保护区的畜禽养殖场规模集约化经营，减少畜禽废水直接向环境水体排放；通过关闭、搬迁、规模化提升改造等途径，对重点污染企业进行整治，特别是加大对蓄电池、电镀、印染、造纸、造革、化工等重点行业污水排放的整治力度。

（3）节约化，节约用水是应对水短缺的重要途径。生产、生活中都存在很多水资源浪费现象，如农业生产中的漫灌、工业生产中一次性使用、生活中长流水式使用、城市公共事业大面积用水等。针对这些浪费，可从以下几个方面进行水资源的节约化：农业生产中尽量使用绿色水资源，发展滴灌等技术；在工业生产中实现技术节水、重复使用等；生活中开展节水教育，发动"关闭水龙头行动"（即改变长流水式方式，在洗涤过程中关闭水龙头）；在城市公共事业中，推进雨水回收利用项目，将雨水初步处理用于就近范围内的绿化灌溉、公厕冲洗、河道配水等。

（4）生态化，即水体生态功能修复。在城乡建设和工农业生产过程中，很多水体的自然状态被改变，如水库拦截、城市水景观建设等，使得自然水体生态功能不能充分发挥，影响水体的自然降解能力，降低了纳污能力。通过河道疏浚、清淤，打通断头河，使河水变活水，从而修复水体的自然生态功能。

5.资产转化之路

在"绿水青山就是金山银山"理论指导下发挥自然资源资本要素功能是发展经

济学迫切需要探索的问题。自然资源资产化是发挥自然资源资本要素功能的前提。我国现行自然资源管理制度为开发利用自然资源、保护生态环境、保障经济社会发展发挥了重要作用。但是,自然资源产权制度不健全,资源资产化制度不完善,严重制约了经济社会可持续发展,对生态安全、资源安全和经济安全构成不利影响。通过自然资源资产转化可以解决自然资源可持续发展问题。下面主要从以下几个方面构建自然资源资产化路径:①在政府主导下进行自然资源价值量核算,并根据自然资源属性和用途确立产权登记;②由政府、企业和资源产权参与者确定自然资源价格;③整合自然资源进行市场化运行和企业投资运营,共同运营自然资源和自然资产,从而有效实现自然资源资产化;④实施政府为主、居民监督、第三方参与的严格监管,从而保证地区绿色安全发展;⑤构建资产化政策体系,包括自然资源核算制度、自然资源产权制度、自然资源资产交易制度、自然资源用途管制制度以及相关法律体系。推动所有权和使用权分离,将自然资源资产有偿使用逐步纳入统一公共资源交易平台工作,建立健全市场主体信用评价制度。

第七章 基于上升性理论的浙江经济发展中水资源可持续利用研究

本章从资源视角研究经济增长与自然资源的关系。在编制浙江省水资源投入产出表基础上,引入上升性理论,构建工业经济水循环网络,进行经济上升性分析,探讨水资源在经济发展中的可持续利用对策。

第一节 浙江省水资源投入产出表编制

投入产出方法由美国经济学家 Leontief 创立,具有整体性的特点。投入产出方法将国民经济各个部门放进一个系统中,可以得到部门间的相互关系,常用来研究经济系统。投入为部门生产产品前所投入的原材料等,通常以货币为衡量单位;产出则是部门产品生产出来后,再分配的流向。利用投入产出方法分析具有两种形式,第一种是常见的编制投入产出表,第二种则是建立投入产出模型。常见的投入产出表实质就是矩阵,利用线性代数研究经济部门之间的相互关系、各个部门之间产品分配与再分配的问题。投入产出表大部分以资金为单位,而水资源投入产出表则以实物为单位,由此分为价值型投入产出表和实物型投入产出表。

一、投入产出表的编制方法

投入产出表的编制方法有直接分解法和间接推导法等。

直接分解法顾名思义就是对部门的经济数据进行直接编制,属于较早的编制方法。主要思想是将经济系统分为几个部门,并将数据分类整合在一个表格内。在不同部门中,由于部门性质的差异,相应的计算方法不同。某些部门在产品生产过程中除了消耗的原材料等初始投入还存在一部分别的人工或者产品损耗,这一部分称为增加值。要想最终总产出等于总投入，在计算过程中就需要进行相关调整。由于直接分解法需要具体的实际数据，在编制过程中需要向基层单位收集数据，然后进行编制，这一方法准确性高但劳动工作量大。为了减少劳动工作量，研究者研制出了间接推导法。

间接推导法是利用数学推导编制投入产出表。统计部门向基层单位收集相关年报，计算不同部门的原材料消耗以及分配流向，将各个部门得到的数据进行整合，编制使用表和供给表，若在编制过程中发现数据不平衡，可以适当调整数据，做到数据平衡、表格平衡。投入产出模型见表 7-1。

表 7-1　投入产出模型

投入	产出								
	部门 1	部门 2	…	部门 n	中间使用合计	最终使用	流出	流入	总产出
部门 1	X_{ij}					Y_i			X_i
部门 2									
…									
中间投入合计									
增加值	N_{ij}								
总投入	X_j								

注明：X_{ij} 表示部门 i 投入部门 j 生产的消耗量，X_i 与 X_j 相对应。

根据我国工业部门划分，浙江省工业 27 个部门[①]可划归为 12 个工业部门：煤炭、石油、冶金、食品、纺织、森林、造纸、化学、机械、电力、建材、其他。本书利用投入产出模型中的平衡关系，即总投入－增加值＝中间投入，中间使用合计＝中间投入合计，总产出－中间使用合计－最终使用合计＝净流量合计，总投入＝总产出，根据《2019 浙江统计年鉴》，以 2015 年为基准，编制 2018 年浙江省工业部门水资源投入产出表（见表 7-2）。

———————————

① 煤炭采选产品，石油和天然气开采产品，金属矿采选产品，非金属矿和其他矿采选产品，食品和烟草，纺织服装鞋帽皮革羽绒及其制品，纺织品，造纸印刷和文教体育用品，木材加工品和家具，石油、炼焦产品和核燃料加工品，化学产品，金属冶炼和压延加工品，金属制品，非金属矿物制品，通用设备，专用设备，电气机械和器材，通信设备、计算机和其他电子设备，交通运输设备，仪器仪表，其他制造产品，废品废料，金属制品、机械和设备修理服务，电力、热力的生产和供应，燃气生产和供应，水的生产和供应，建筑。

单位:万 m³

表 7-2　2018 年浙江省工业部门水资源投入产出表

项目	煤炭	石油	冶金	食品	纺织	森林	造纸	化学	机械	电力	建材	其他	中间使用合计	最终使用流量	流出	流入	总产出
煤炭	504.88	—	1279.02	109.20	406.94	34.65	233.49	2272.41	372.03	3980.44	831.56	145.58	10170.20	7531.16	3834.60	14420.49	7115.47
石油	4757.55	—	161.68	10.75	27.23	3.54	4.19	1208.91	53.20	1129.55	0.21	0.05	7356.86	56.69	0	7413.55	0
冶金	2.72	—	27395.25	477.06	338.23	471.94	1448.37	1694.22	22316.04	28.69	22594.22	253.98	77020.72	14738.55	5557.17	45837.78	51478.66
食品	1.97	—	20.30	4394.88	179.45	21.12	96.94	319.67	24.68	3.35	18.69	17.01	5098.06	18064.87	1653.27	3521.73	21294.47
纺织	3.57	—	122.73	40.61	29793.84	333.57	702.79	1115.72	220.57	24.10	209.52	147.07	32714.09	43350.33	13574.41	16788.62	72850.21
森林	1.65	—	83.35	6.23	221.20	2304.64	465.90	109.02	251.35	1.29	1216.57	19.01	4680.21	4655.34	944.22	2742.34	7537.43
造纸	1.04	—	412.14	675.53	685.10	184.06	6267.59	710.36	852.97	21.17	171.54	47.86	10029.36	6635.82	3409.15	127.87	19946.46
化学	194.92	—	1536.69	1122.55	9804.63	460.58	1906.89	28985.75	4439.10	51.82	1755.01	399.65	50657.59	28102.45	12742.59	31215.21	60287.42
机械	12.18	—	1818.93	112.37	568.94	225.41	467.40	1059.38	47467.59	367.55	2662.68	83.88	54846.31	65.81	24970.26	35104.40	114435.24
电力	32.11	—	2316.76	615.79	1768.35	130.41	800.24	2179.96	1475.00	7404.15	836.16	108.61	17667.54	3588.11	2530.32	1775.65	22010.32
建材	0.66	—	22.72	9.56	18.23	2.56	8.09	25.89	33.64	16.82	1104.59	1.13	1243.89	66814.98	163.83	13094.07	55128.63
其他	3.57	—	1794.64	42.16	315.51	28.32	526.36	269.04	561.27	136.54	18.51	712.21	4408.13	2536.24	594.13	4034.87	3503.63
中间投入合计	5516.82	—	36964.21	7616.69	44127.65	4200.80	12928.25	39950.33	78067.44	13165.47	31419.26	1936.04					
增加值	1598.65	—	14514.45	13677.78	28722.56	3336.63	7018.21	20337.09	36367.80	8844.85	23709.37	1567.59					
总投入	7115.47	—	51478.66	21294.47	72850.21	7537.43	19946.46	60287.42	114435.24	22010.32	55128.63	3503.63					

数据来源:《2018年浙江省水资源公报》《2019浙江统计年鉴》。

二、计算各部门用水系数

为了明确各个工业部门用水的具体情况,水资源投入产出可以通过各部门之间的联系反映出来。由于受到多种因素的影响,实际用水量同理论用水量存在一定差距,在此,不考虑通过节水技术净化的二次用水,只考虑部门流入、流出的水资源。同时,部门生产过程中产生的污水也不放进部门用水计算中。各部门工业用水量则通过《浙江省水资源公报》以及浙江省水利厅获取,并编制 2018 年浙江省混合型水资源投入产出表。混合型投入产出表与投入产出表只加了一行各部门用水总量,其结构与水资源投入产出表无太大差异。直接用水系数为部门用水量/部门总产出,如表 7-3 所示。

表 7-3　直接用水系数

项目	总产出/万元	用水量/万 m³	直接用水系数/ (m³ · 元⁻¹)
煤炭	6824	2.73	0.0004
石油	17348242	7112.78	0.0004
冶金	119385668	51478.67	0.0021
食品	35490806	21294.48	0.0006
纺织	129601745	72850.20	0.0011
森林	1884530	7537.41	0.0004
造纸	38358572	19946.46	0.0005
化学	143541523	60287.44	0.0004
机械	254147895	114435.25	0.0027
电力	46137546	22010.33	0.0014
建材	122508129	55128.66	0.0004
其他	9653874	4103.87	0.0013

数据来源:《2018 年浙江省水资源公报》《2019 浙江统计年鉴》。

三、编制水资源投入产出表

混合型水资源投入产出表在原有投入产出表中加入各部门用水量,通过直接用水系数将原来的资金流转换成水量,就得到水资源投入产出量。本书编制的水资源投入产出表不代表实际用水量,而是代表各部门之间水资源流动的价值关系,间接地反映经济系统中的水资源使用情况。

第二节　上升性理论及工业经济
水循环网络分析

工业经济水循环网络是典型的自然-经济复合生态系统。采用上升性理论可以清晰地定量描述工业经济水循环网络,从而揭示水资源在自然-经济系统中的流动规律。

一、上升性理论

美国生态学家 Ulanowicz 从生态系统的角度出发提出的上升性理论可以清晰地定量描述经济与生态系统的关系,从而被广泛应用(肖强等,2010;黄茄莉和徐中民,2007;黄茄莉等,2010)。比较流行的是生态服务价值评价和自然资源资产负债表相结合进行生态资源核算。

上升性理论是热力学的重要研究内容,结合信息论与网络分析等理论,可以作为分析生态系统以及经济系统是否可持续的标准评判。其研究内容主要为系统的增长与发展。广义上来说,增长是在一定范围内从某一水平达到另一水平,在上升性理论中体现的是系统吞吐量的增加以及网络流中经济部门的增加,其中系统吞吐量的增加显得尤为重要。发展不同于增长,不是由系统大小决定,而是由系统内部的组成决定。发展速度取决于系统内部相关部门之间进行物质、能量、信息交换的能力,能力强则发展快,能力弱则发展慢。

上升性理论自 Ulanowicz 提出以来,进行了不断的实验,证实了其可行性。在热力学与网络流理论的支持下,Ulanowicz 通过制定相关指标来体现系统的增长与发展能力,主要分为四类指标,分别是上升性、发展能力、恢复力以及可持续性。通过计算这些相关指标,可以得出系统是否处于可持续状态,并根据相关数据情况进行对策分析。

上升性理论被引入经济领域,研究经济系统的上升性、发展能力、恢复力以及可持续性,最终判断经济系统能否可持续发展。如何判断经济系统可持续性也成为关键。根据生态系统的规律,在系统初期,系统总吞吐量是快速增加的,但到了成熟期,如果系统的总吞吐量增加而系统不确定性减小,系统上升性增大,恢复力减小,系统则处于不可持续状态。

二、上升性计算原理

信息论为上升性计算提供基础。在信息论中,事件 a 和事件 b 的平均相互信息可以用它们发生的不确定性来表示,有

$$I(b;a) = k \sum_{i=1}^{n} \sum_{j=1}^{m} p(a_j, b_i) \log[p(b_i/a_j)/p(b_i)] \tag{7-1}$$

其中,b_i 表示事件 b 发生的不确定性,a_j 表示事件 a 发生的不确定性。在一个完整的网络流系统中,当物质或能量在节点之间流动时,在时间 t 离开节点 j 的流量为 T_j,在时间 $t+\theta$ 内,这些节点接收的信息量即其概率,有

$$T = \sum_{j=1}^{n} T_j = \sum_{i=1}^{n} T_i' \tag{7-2}$$

$p(a_j)$ 代表流量媒介在时间 t 离开节点 j 的概率,即 T_j/T,其中 $T_j = \sum_{j=1}^{n} T_{ji}$,$T_{ji}$ 表示从节点 j 流入节点 i 的流量,$p(b_i)$ 代表一定数量的流量媒介在时间 $t+\theta$ 进入节点 i 的可能性,即 T_i/T,其中可得知 $T_j' = \sum_{j=1}^{n} T_{ji}$,时间 $t+\theta$ 时节点 i 所接收的由节点 j 在时间 t 流出的信息量可以表示为

$$k\log[p(b_i/a_i)/p(b_i)] = k\log(T_{ji}T/T_iT_{ii}) \tag{7-3}$$

这种信息量反映了从一个节点流出的信息对另一个节点的影响。

$p(a_j, b_i)$ 可用 T_{ji}/T 表示,由式(7-1)和式(7-3)就可以得到

$$I(A;B) = k \sum_{i=1}^{n} \sum_{j=1}^{m} f_{ij} Q_j \log(f_{ij}/Q_i) \tag{7-4}$$

其中,$f_{ij} = T_{ji}/T_j$,f_{ij} 就是从 j 室流入 i 室的量在所有从 j 室流出总量中的占比;$Q_j = T_j/T$,则表示从 j 室流出的总量占系统总吞吐量的比例;$Q_i' = T_i'/T$,表示流入 i 室的总量在系统总吞吐量中的占比。

在上升性理论中,平均相互信息由 Shannon 指数来表达,但由于受到实际情况

的影响,所以在运用过程中将 Shannon 指数划分为两部分,即 $H(A) = I(A;B) + H(A|B)$。$I(A;B)$ 可使用的平均相互信息为 $I(A;B)$,不可使用的无效信息为 $H(A;B)$,有

$$H = I(A;B) + H(A|B) = -\sum_{i=1}^{n}\sum_{j=1}^{m} Q_i \log Q_j \tag{7-5}$$

在 Ulanowicz 看来,要表达真实的生态系统特性,还是以平均相互信息 $I(A;B)$ 为主,k 只是一个参照物,所以在 k 与系统吞吐总量 T 相等时,(7-4)式变成

$$A = T \times I(A;B) = T\sum_{i=1}^{n}\sum_{j=1}^{m} f_{ij} Q_j \log(f_{ij}/Q_i) \tag{7-6}$$

其中,A 就是上升性,作为系统是否具有活力的标准。通过分室数目 n 的变化信息加上系统总吞吐量 T 的变化信息可以判断出整个系统的大小。系统增长和系统发展可以用网络系统中的流量和组织表示,上升性定量表达了增长与发展之间的关系,有

$$A = -T\sum_{i=1}^{n}\sum_{j=1}^{m} Q_j \log Q_j - \left[-T\sum_{i=1}^{n}\sum_{j=1}^{m} f_{ij} \log(f_{ij} Q_j / Q_i')\right] \tag{7-7}$$

发展能力 C 由系统总吞吐量 T 和多样性 H 的乘积决定,受这两部分影响,公式为

$$C = T \times H = -T\sum_{i=1}^{n}\sum_{j=1}^{m} Q_i \log Q_j \tag{7-8}$$

上升性 A 也受系统总吞吐量 T 和多样性 H 的影响。由于上述公式中的函数是对数函数,根据对数函数的性质,得到 $C \geqslant A \geqslant 0$,也就是说,上升性 A 在系统发展中的上限是发展能力 C。所以,系统总是处于不断的发展过程中,逐渐向理论中的上限靠近,但受到外在条件的影响,现实世界中系统的上升性与发展能力很难相等,总是存在一个差距 Φ(也被称为杂项开支)。

三、工业部门经济水循环网络

浙江省工业水循环系统中,网络节点设置为 12 个工业部门,流动介质为水量。由第一节计算出来的投入产出表,根据上升性理论方法,本节将网络节点中的流分为四类:第一类流是由其他节点流入部门 i 的水量,用 T_{li} 表示;第二类流是由部门 j 流入其他部门 i 的水量,用 T_{ji} 表示;第三类流是部门 i 本身增加值需要的水量,用 T_{in1} 表示;第四类是部门 i 最终使用需要的水量,用 T_{in2} 表示。根据

投入等于产出,得

$$T_{in1} + T_{ji} + T_{li} = T_{in2} + T_{ij} \qquad (7\text{-}9)$$

根据 2018 年浙江省工业部门水资源投入产出表(见表 7-2),可勾勒出 2018 年浙江省 12 个工业部门组成的经济系统水循环网络,见图 7-1。图 7-1 中每个部门都有 4 种流量:一种是从部门 j 流向部门 i 的量,一种是流出的量,一种是流入部门

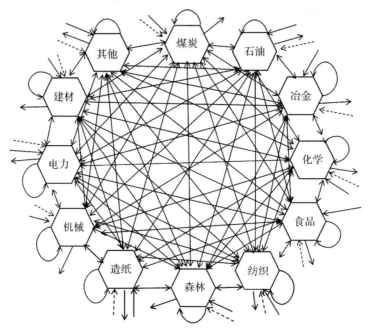

图 7-1　浙江省经济系统水循环网络

注:直线双箭头表示两部门相互流入流出水量,虚线单箭头表示增加值引起的量,实线单箭头表示流入的量和流出的量,弧线箭头为内部使用的水量。

j 的量,一种是部门自身使用的量。经济系统水循环网络由以下四个部分组成:第一是部门之间相互流入的量,表明了部门之间的水资源依赖性;第二是外部流入部门的量,表征了部门对水资源的利用;第三是部门增加值引起的水量,值越大表明耗水量越大,用水效率越低;第四是自身消耗的量,值越大表明对本部门内部消耗越大。图 7-2 是 4 个部门标有流量的经济系统水循环示意图。

煤炭部门流入纺织、森林及电力部门的水量分别为 406.94 万 m^3、34.65 万 m^3、3980.44 万 m^3;纺织部门流入煤炭、森林和电力部门的水量分别为 3.57 万 m^3、333.57 万 m^3、24.10 万 m^3;森林部门流入煤炭、纺织和电力部门的水量分别为 1.65 万 m^3、221.20 万 m^3、1.29 万 m^3;电力部门流入煤炭、纺织和森林部门的水量

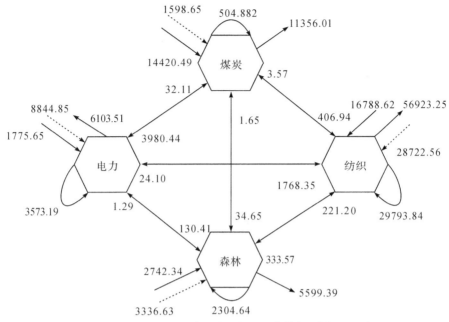

图 7-2　4 个部门工业经济系统水循环网络数据（单位:万 m³）

注:直线双箭头表示两部门相互流入流出水量,虚线单箭头表示增加值引起的量,实线单箭头表示流入的量和流出的量,弧线箭头为内部使用的水量。

分别为 32.11 万 m³、1768.35 万 m³、130.41 万 m³。

煤炭、纺织、森林和电力 4 个部门自身投入水量分别为 504.88 万 m³、29793.84 万 m³、2304.64 万 m³、7404.15 万 m³;4 个部门从外部流入的量分别为 14420.49 万 m³、16788.62 万 m³、2742.34 万 m³、1775.65 万 m³;由增加值引起的水量分别为 1598.65 万 m³、28722.56 万 m³、3336.63 万 m³、8844.85 万 m³;最终流出的量分别为 11356.01 万 m³、56923.25 万 m³、5599.39 万 m³、6103.51 万 m³。

工业经济系统水循环网络具有以下规律。第一是相互流入的水量越大,表示相互作用越大、依赖性越强;第二是从外界流入越多,说明对水资源自然系统依赖越强,同时也是用水量大的部门,对水资源自然系统影响也越大;第三是由增加值引起的水量越大,说明部门耗水能力越强,用水效率越低;第四是流出量越大,说明产品虚拟水含量越大,在贸易过程中水资源优势明显,水资源输出量越大。这里以 4 个部门为例对 4 种作用情况进行分析。

从相对作用来看,煤炭部门对电力部门影响较大,纺织部门对森林部门影响较大,森林部门对纺织部门影响较大,电力部门对纺织部门影响也较大。从作用强度来看,煤炭部门对电力部门影响较强烈,其次是电力部门对纺织部门的影响,影响较小的是森林部门对电力部门的作用。

从依赖性看,4个部门对自身的依赖性都比较强,特别是纺织部门,数值是自身依赖性最小部门的上千倍。煤炭部门除自身外,对石油、化学和电力部门依赖性较强;纺织部门除自身外,对化学、电力和造纸部门依赖性较强;森林部门对自身依赖性较强,其余分别是化学、冶金和纺织部门;电力部门则对自身及煤炭和石油部门依赖性较强。

由 $f_{ji}=T_{ji}/T_j$ 可求得 f_{ji},由 $Q_j=T_j/T$ 可求得 Q_j,由 $Q_i=T_i/T$ 可求得 Q_i。

f_{ji} 值表示由 j 室流入 i 室的量占所有从 j 室流出的量的份额,即各部门及系统总投入和总增加值的使用情况。以煤炭部门为例,有 0.05 用于自身,0.13 用于冶金部门,0.01 用于食品部门,0.04 用于纺织部门,0.02 用于造纸部门,0.22 用于化学部门,0.04 用于机械部门,0.39 用于电力部门,0.08 用于建材部门,0.01 用于其他部门。

第三节　浙江省水资源的上升性结果分析

本节从工业用水利用率、工业用水开发程度及其上升性特征等几个方面进行浙江省水资源的上升性研究结果分析。

一、工业用水利用率分析

由浙江省工业部门 f_{ji} 值可知各个部门的实际水资源使用情况。投入产出表中,f_{ji} 相当于直接消耗系数,可以作为评判部门之间联系的标准:若第 j 部门对第 i 部门的联系强,则该值大;若第 j 部门对第 i 部门的联系弱,则该值小。

由浙江省工业部门投入产出表可知有 8 类主导产业为经济发展做主要贡献,分别为食品和烟草、纺织品、纺织服装鞋帽皮革羽绒及其制品、化学产品、通用设备、交通运输设备、电气机械和器材、建筑。

在煤炭部门中,总投入中用于自身的为 2.35%,用于冶金部门的为 5.94%,用于食品部门的为 0.51%,用于纺织部门的为 1.89%,用于森林部门的为 0.16%,用于造纸部门的为 1.08%,用于化学部门的为 10.56%,用于机械部门的为 1.73%,用于电力部门的为 18.49%,用于建材部门的为 3.86%,用于其他部门的为 0.68%,最终使用为 52.75%。这说明煤炭工业部门水资源投入中,约一半用于最终使用。从投入比例可以看出煤炭部门与其他部门的联系。与煤炭部门联系最紧密的是电力部门,其次为化学部门,然后是冶金部门、建材部门、煤炭部门、机械部门、造纸部门等。这符合实际的工业部门联系规律。

在石油部门中,用于煤炭部门的最多,为 64.18%,其次是化学部门,为16.31%,然后是电力部门,为 15.24%,其他部门和最终使用都较少,低于 1.00%。这说明与石油部门联系紧密的部门主要有煤炭、化学、电力等。

在食品部门中,总投入中 17.71% 用于自身投入,用于纺织部门的有 0.72%,用于化学部门的为 1.29%,用于造纸部门的有 0.39%,最终使用为 79.46%。食品部门很大一部分水资源投入自身产品生产,其次用于化学部门、纺织部门以及一些所占比重较小的部门。完全用水系数较高而直接用水系数较低,说明该部门以间接用水为主,并不十分依赖本地资源,在交通等技术条件的许可下,利用外省调配的水资源可以减少本地的水资源利用压力。

在纺织部门中,总投入中 33.24% 用于自身投入,最终使用为 63.50%。对比用水系数发现,其完全用水系数远离于直接用水系数,说明它的用水形式以间接用水为主。

在化学部门中,31.68% 用于自身投入,投入比较多的部门为纺织、机械、造纸,分别为 10.72%、4.85%、2.08%,最终使用为 44.63%。这说明化学部门除自身外与纺织、机械、造纸等部门联系紧密,对其依赖性强。

各部门的直接用水系数相差较小,因为工业部门并不过分依赖于当地水资源。总体来说,浙江工业用水利用率较高,不依赖于当地水资源,但还存在一些问题,如工业存在一定污染,排污净化技术还存在局限性等。

二、工业用水开发程度分析

2018 年浙江省工业用水量为 44.00 亿 m³,占全省年总用水量的 25.31%,列出的工业部门使用了 43.62 亿 m³,全省水资源总量为 866.54 亿 m³,工业开发利用率为 5.00% 左右,说明开发程度并没有超过限度,还可以稍微提高开发程度。

随着经济社会发展,浙江省主要用水部门集中在轻工业,通过利用自然界的水资源,将水资源转化为经济原材料,在利用过后产生相关污水,经过净化后重新进入水资源循环系统,减轻了水资源开发压力,工业部门可以减少天然水资源开采量。

在工业用水中,占比最大的为化学产品,最小的为煤炭采选产品,同时化学产品产出也在总产出中占较高比重,属于高投入高产出行业,依赖于水资源。

Q_j 表示从 j 室流出的量在系统总吞吐量中所占的份额,排在前三的为化学产品、建筑、纺织品。化学产品的 Q_j 为 0.14，建筑的 Q_j 为 0.13，纺织品的 Q_j 为 0.10，占总量的 36.71%，说明其产业在全部工业部门中经济贡献大，总产值较多，可以同步比较其用水程度，其用水量也排在前列，说明这三个产业用水程度较高，产值同投入呈正比例增加。水资源可持续利用要做到在不改变原有水资源投入量的基础上，创造更高的产值，或者在不改变原有产值的基础上，减少水资源投入量，做到资源节约化、可持续化。

从 2011—2018 年《浙江省水资源公报》可知，浙江省供水总量先上升后下降，但是工业用水量逐年下降，下降 8 亿 m³ 左右。相关污染产业以及高耗能产业的可利用工业供水量在减少，说明在浙江省水资源政策的引导下，工业用水开发利用程度较高，水平较高。一些高用水产业逐渐提高水资源重复利用率，减少新鲜用水的消耗，为居民以及其他产业的发展增强续航能力。

三、上升性特征分析

2018 年浙江省工业部门水资源投入产出表可转化成矩阵形式，如表 7-4 所示。由表 7-4 并根据公式（7-2）可求得 2018 年浙江省工业用水系统总吞吐量 $T=436188.29$ 万 m³。

根据第二节的计算公式得出平均相互信息为 1.75 比特，上升性 A 为 76.40×10^8 m³/（a·比特），发展能力 C 为 172.92×10^8 m³/（a·比特），多样性 H 为 3.96 比特。由 C 和 A 的值可计算出恢复力 98.54×10^8 m³/（a·比特）。

根据 Ulanowicz 的生态系统研究成果，一个系统的发展可划分为四个阶段。第一个阶段是增长阶段，在此阶段，系统的资源丰富，系统以较快速度提高其总吞吐量。第二个阶段是发展阶段，在此阶段，可获资源相对减少，系统总吞吐量开始有所下降。第三个阶段是成熟阶段，在此阶段，发展能力会达到最大值，然后开始慢慢下降。如果要使系统稳定性上升，必须减少恢复力；如果要大力增加吞吐量，系统弹性将会减弱。第四个阶段是衰老阶段，在此阶段，系统的上升性和发展能力均会降低。

2011—2018 年浙江省工业用水呈现逐年下降的趋势，浙江省工业用水系统总吞吐量在降低，同时恢复力大于上升性，可以判断出浙江省工业经济水系统处于发展阶段。发展阶段特征是资源相对减少，系统总吞吐量开始下降，为防止自然资源枯竭，必须合理制定资源开发政策，防治环境污染，正确设置系统水资源总量，实现可持续利用。

单位：万立方米

表 7-4　浙江省经济（工业）用水循环网络 T 矩阵

j	i 煤炭	石油	冶金	食品	纺织	森林	造纸	化学	机械	电力	建材	其他	最终使用	T_i
煤炭	504.88	0	1279.02	109.20	406.94	34.65	233.49	2272.41	372.03	3980.44	831.56	145.58	11356.01	10170.20
石油	4757.55	—	161.68	10.75	27.23	3.54	4.19	1208.91	53.20	1129.55	0.21	0.05	55.55	7356.86
冶金	2.72	—	27395.25	477.06	338.23	471.94	1448.37	1694.22	22316.04	28.69	22594.22	253.98	20155.56	77020.72
食品	1.97	—	20.30	4394.88	179.45	21.12	96.94	319.67	24.68	3.35	18.69	17.01	19717.85	5098.06
纺织	3.57	—	122.73	40.61	29793.84	333.57	702.79	1115.72	220.57	24.10	209.52	147.07	56923.25	32714.09
森林	1.65	—	83.35	6.23	221.20	2304.64	465.90	109.02	251.35	1.29	1216.57	19.01	5599.39	4680.21
造纸	1.04	—	412.14	675.53	685.10	184.06	6267.59	710.36	852.97	21.17	171.54	47.86	10042.33	10029.36
化学	194.92	—	1536.69	1122.55	9804.63	460.58	1906.89	28985.75	4439.10	51.82	1755.01	399.65	40839.47	50657.59
机械	12.18	—	1818.93	112.37	568.94	225.41	467.40	1059.38	47467.59	367.55	2662.68	83.88	94627.52	54846.31
电力	32.11	—	2316.76	615.79	1768.35	130.41	800.24	2179.96	1475.00	7404.15	836.16	108.61	6103.51	17667.54
建材	0.66	—	22.72	9.56	18.23	2.56	8.09	25.89	33.64	16.82	1104.59	1.13	66978.82	1243.89
其他	3.57	—	1794.64	42.16	315.51	28.32	526.36	269.04	561.27	136.54	18.51	712.21	3691.11	4408.13
流入	14420.49	7413.55	45837.78	3521.73	16788.62	2742.34	127.87	31215.21	35104.40	1775.65	13094.07	4034.87		
增加值	1598.65	—	14514.45	13677.78	28722.56	3336.63	7018.21	20337.09	36367.80	8844.85	23709.37	1567.59		
T_j	5516.82	—	36964.21	7616.69	44127.65	4200.80	12928.25	39950.33	78067.44	13165.47	31419.26	1936.04		435587.94

第四节　浙江省水资源可持续利用对策

一、水资源开发对策

浙江省位于中国东部，属于亚热带气候，降水量集中且总体水量多，具有天然水资源优势。2018 年浙江省平均水资源利用率为 20.10％，略高于全国水平，实际上浙江省水资源开发已经处于较高水平，水环境处于较为脆弱的状态，在接下来的开发过程中要适度开发。同时，由于浙江省全年降水量集中，且大部分河流流向海洋，实际存储水量比理论上的少得多，对于流入海洋的这一部分水资源，可以利用拦蓄手段，增加可利用水量。还可以针对不同地区实施不同的开发对策，例如，在浙江东部沿海地区，可以利用每年的汛期，将洪水转化为可利用水资源，在浙西地区则做到充分利用当地地下水资源，杜绝浪费，避免水资源的过度开发。各级部门积极调研各地区水资源量，针对地下水资源的开采，必须具有政府许可的监管权力，严禁私自开采，造成地下空洞情况。同时，可以对流域内水资源进行适度调配，建立健全水资源管理体系，减少管理断层情况的发生。

二、水资源污染防治对策

工业造成的水污染也是浙江省面临的一大问题，在水资源污染问题上，主要有两个方面：一是预防，二是治理。在预防方面，积极引进先进工业生产技术，同时淘汰落后的生产工艺，呼吁创新，减少水资源浪费现象、在生产过程中的需水量以及工业废水排放量，将固有的工业生产技术同高新技术结合起来，注重清洁生产，积极响应浙江省治水政策，将污染防治的重点转到源头控制上。在治理方面，积极研发污水处理新技术，将污水排放量降低到环境可容纳范围。新建污水处理厂，有效提高污水处理率，避免资源浪费现象。同时也减少污水以及相关污染物的排放量，保障当前可利用水资源不被污染与破坏，要积极引进先进污水处理技术，降低污水处理成本。

另外，将污水资源化处理，将经过处理的二次污水转化为对水质要求不高的工业用水，通过重复利用，可以大大缓和水资源紧张，也减少了污水的排放量，同时对周边的环境以及水资源具有一定的保护作用，在生态与发展的这杆秤上达到平衡状态。从产业角度出发,将污染产业同非污染产业进行合理布局,建设节水型企业,减少纯净水的消耗量,促进生态用水的普及,将生态污染、环境恶化扼杀在摇篮中,有效改善生态环境,提高水资源保护效率。政府对积极落实的企业给予奖励,对违规排放污水的企业进行制裁。

三、水资源保护与可持续发展对策

转变固有观念是当前水资源保护工作的重中之重,水是众多资源中的一种,若无节制地使用,水资源也将面临枯竭。浙江省有很大一部分水资源难以储存,例如雨季的洪水,汇入河道最终流入海里,实际可用水量是有限的,所以树立节水的观念至关重要,加强政府部门对节水的宣传,促使居民培养良好的生活习惯,人人争做节水模范。

现实工业布局中,水资源利用存在一些时空分布不均的情况,可以将联系紧密的产业布局到一起,增加产业集聚效益,同时为需水量较多的企业节省了人力、物力上的投入,也减少水资源运送途中的浪费。水资源管理部门针对企业过度用水的情况实施水价制度,针对用水超过行业标准的企业额外收费,通过高额水价将水资源价值成本化,从而起到节约用水的效果。

与此同时,要加强水资源管理,建立健全水资源管理机制,改变推诿责任、无序管理的状态,浙江省出台的河长制很好地改变了之前的无序状态。加强法治建设,严格处置不按环保要求排放废水的企业,制定黑名单,将违法排污的企业列入其中,增加检查次数以及加大罚款力度。水资源管理部门应综合管理水资源,统一规划,避免缺少全局发展意识。制定相关行业发展法规,贯彻有法可依、有法必依、违法必究、责任到人的原则。坚持可持续发展原则,积极管理相关污染企业,将水资源利用同生态保护相结合,争取做到双赢。

第八章　供给侧结构性改革视域下的自然资源管理创新研究

供给侧结构性改革的目标是实现可持续发展，要求在自然资源不退化的情况下实现经济持续增长。这需要创新自然资源管理视角，从生态系统功能价值出发，这样有助于消除其外部性，让决策者看到自然资源的本质，为科学决策提供科学支持。本章通过典型的自然资源管理创新案例研究，总结自然资源管理创新经验。

第一节　基于生态系统服务价值评估的
生态补偿政策研究

生态系统及生态过程不仅创造与维持了地球生命支持系统，形成了人类社会与发展所必需的条件，还为人类提供了生活与生产所必需的食品、木材、医药及工农业生产的原材料，生态系统的产品与原料是人类生存与发展的基础。在经济社会发展的过程中，资源开发、土地开发利用、大规模工程建设、环境污染等导致生态系统破坏与生态服务功能退化，成为人类社会可持续发展和人类生存条件的威胁。

从 1990 年开始，生态学家开始逐步认识到生态系统服务对于地球生命系统和人类生存发展的支撑作用，并评价各类生态服务价值对于人类社会的福祉和对经济社会的推动。生态系统服务价值评估是生态经济学的前沿领域和全球热点领域，许多研究对全球、不同国家和地区展开了生态系统服务价值的评价（赵同谦等，2004）。这些研究初步建立了生态系统服务价值评价理论框架，探索不同类型的生态系统服务价值，促进了人们对生态系统等不具备市场价值事物的认识（赵同谦等，2003；雷金睿等，2020）。

生态服务价值评估一直是生态补偿研究的核心问题。国际上，生态服务价值评估主要是从生态学、经济学及交叉学科视角进行的。生态学视角强调生态系统功能价值(杨海乐等,2020),Costanza 和 Daly(1992)较早提出生态系统服务分类,将全球生态系统功能分为 17 类;在此基础上,Costanza 等(2014)将其归纳为调节功能、栖息功能、生产功能和信息功能 4 类,同时又将生态服务功能细分为 23 类。采用的评估方法可以大致归为三类:直接市场法,主要包括费用支出法、市场价值法、机会成本法、恢复和防护费用法、影子工程法、人力资本法等;替代市场法,主要包括旅行费用法、享乐价值法;模拟市场法,主要包括条件价值法(CVM)。经济学视角重视生态资源和服务的经济价值,采用较多的是基于稀缺资源的数学和经济模型方法,比如投入产出方法、CGE 模型及国际流行的环境核算中的自然资源资产负债表方法等(Bartelmus et al.,1991;Harris & Fraser,2002;Gundimeda et al.,2007;UN,et al.,2014)。资源和环境经济学等交叉学科则综合考虑生态价值与经济价值,采用生态学和经济学结合的方法,根据区域发展水平用经济学理论修正生态学评估结果(戴君虎等,2012)。

本节基于生态经济学以及环境经济学领域当中的研究成果,采用当量因子法,对全国各类生态系统进行价值评估,最后以货币形式展现生态系统服务价值总量,并确定生态补偿相关标准,为我国生态补偿措施提供相关的参考与数据指标。研究表明,生态补偿标准与生态系统服务价值相关,但是考虑到公平性需要,必须增加区域补偿指数,才能真正实现生态补偿效果。

一、生态系统服务价值核算方法

生态系统服务价值核算方法可以大致分为两类,即基于单位服务价格的方法(以下简称价值法)和基于单位面积价值当量因子的方法(以下简称当量因子法)。

价值法即基于生态系统服务量的多少和其单位价格得到总价值,通过建立单一服务功能与局部生态环境变量之间的生产方程来模拟小区域的生态系统服务(毕晓丽和葛剑平,2004)。价值法的缺点在于:输入参数较多,计算过程较为复杂,对每种服务价值的评价方法和参数标准也难以统一。

当量因子法是比较流行的生态系统评估方法,它区分生态系统服务价值,基于可量化的标准构建不同类型生态系统各种服务的价值当量,然后结合生态系统的分布面积进行评估。当量因子法较为直观易用,数据需求小,特别适用于区域尺度生态系统服务价值的评估,在生态保护补偿标准计算时具有非常好的作用(谢高地等,2015)。

采用千年生态系统评估方法,生态系统服务分为供给服务、调节服务、支持服务和文化服务四大类,并进一步细分为食物生产、原料生产、水资源供给、气体调节、气候调节、净化环境、水文调节、土壤保持、维持养分循环、生物多样性和美学景观 11 种服务功能。其中,水资源供给功能是生态系统提供水资源功能;水文调节功能是指通过截留、吸收和贮存降水,调节径流,调蓄洪水,减少旱涝灾害;净化环境功能是生态系统中的生物降解和去除污染物;维持养分循环功能是指对 N、P 等元素与养分的储存、内部循环、处理和获取。

粮食产量价值主要依据主要农产品计算。其计算公式为[①]

$$D = \frac{1}{7} \sum_{i=1}^{n} S_i \times P_i \times A_i / Q \tag{8-1}$$

其中:D 表示 1 个标准当量因子的生态系统服务价值量(元/hm²);S_i 为第 i 种产品的单位产量;P_i 为第 i 种产品的价格;A_i 为第 i 种产品的播种面积;Q 为总面积。

二、我国生态系统服务价值核算

表 8-1 给出了 2019 年我国主要农作物播种面积、产量、产品价格。2019 年我国播种面积最多的是玉米,其次为稻谷和小麦,分别为 41284.00 千公顷、29694.00 千公顷、23728.00 千公顷;产量最少的是烟叶,仅 215.30 万吨;棉花价格最高,为 15360.00 元/吨。

表 8-1　2019 年我国主要农作物播种面积、产量、产品价格

项目	稻谷	小麦	玉米	豆类	薯类	棉花	花生	油菜	糖料	烟叶
播种面积/千公顷	29694.00	23728.00	41284.00	11075.00	7142.00	3339.00	4633.00	6583.00	1610.00	1027.00
产量/万吨	20961.40	13359.60	26077.90	2131.90	2882.70	588.90	1752.00	1348.50	12166.10	215.30
产品价格[②]/(元·吨⁻¹)	1657.00	1229.40	1463.70	2683.30	808.30	15360.00	4361.00	2751.50	276.40	808.30

数据来源:《2020 中国统计年鉴》。

根据式(8-1),我们可以计算出我国 1 个标准当量因子的生态系统服务价值量。根据计算结果可知,我国 1 个标准当量因子的生态系统服务价值量为 97.90 元/hm²。根据改进当量因子表,可以计算出我国不同省区市的各类生态系统的价值量,可以作为生态补偿标准定价的参考。表 8-2 给出了我国各类生态系统服务价值量。

---

① 1/7 指没有人力投入的自然生态系统提供的经济价值占现有单位面积农田提供的食物生产服务经济价值的比例。

② 当年的市场价格。

表8-2 我国各类生态系统服务价值量

单位:元/亩

生态系统分类		供给服务			调节服务				支持服务			文化服务
一级分类	二级分类	食物生产	原料生产	水资源供给	气体调节	气候调节	净化环境	水文调节	土壤保持	维持养分循环	生物多样性	美学景观
农田	旱地	55.50	26.12	1.31	43.74	23.50	6.53	17.63	67.25	7.83	8.49	3.92
	水田	88.79	5.88	-171.71	72.47	37.22	11.10	177.59	0.65	12.41	13.71	5.88
森林	针叶	14.36	33.95	17.63	110.99	331.02	97.28	218.07	134.50	10.45	122.74	53.54
	针阔混交	20.24	46.36	24.16	153.43	458.99	129.93	229.17	186.73	14.36	169.75	74.43
	阔叶	18.93	43.09	22.20	141.68	424.38	126.01	309.47	173.02	13.06	157.35	69.21
	灌木	12.41	28.07	14.36	92.06	276.18	83.57	218.72	112.30	8.49	102.51	45.05
草地	草原	6.53	9.14	5.22	33.30	87.49	28.73	63.98	40.48	3.26	36.56	16.32
	灌草丛	24.81	36.56	20.24	128.62	340.16	112.30	249.41	156.70	11.75	142.33	62.68
	草甸	14.36	21.55	11.75	74.43	197.18	65.29	144.29	90.75	7.18	82.92	36.56
荒漠	沙地和戈壁	0.65	1.96	1.31	7.18	6.53	20.24	13.71	8.49	0.65	7.83	3.26
	裸地	0.00	0.00	0.00	1.31	0.00	6.53	1.96	1.31	0.00	1.31	0.65
水体与湿地	水系	52.23	15.02	541.25	50.27	149.51	362.36	6675.23	60.72	4.57	166.49	123.40
	冰川积雪	0.00	0.00	141.03	11.75	35.26	10.45	465.52	0.00	0.00	0.65	5.88
	湿地	33.30	32.64	169.10	124.05	235.04	235.04	1581.97	150.82	11.75	513.83	308.82

数据来源:《2020中国统计年鉴》。

在食物生产这一类生态服务价值量中,水田最高,旱地第二,分别为88.79元/亩和55.50元/亩;裸地和冰川为0。这符合现实规律,说明耕地是粮食安全的保障,在土地资源管理中设置耕地红线是非常必要的。在原料生产、生物多样性和美学景观这三类生态服务价值量中,森林生态系统普遍较高,最高的是针阔混交林;在气体调节、气候调节、土壤保持、维持养分循环这四类生态服务价值量中,最高的也是针阔混交林;在水资源供给、净化环境、水文调节这三类生态服务价值量中,最高的都是水域。

从全国各生态系统服务价值结果可以看出以下规律。

第一是各项生态系统服务价值分布不均衡。农田生态系统的11种生态服务功能中,水文调节的生态服务价值是最高的,其次才是食物生产、气体调节。旱地生态系统中,土壤保持价值和食物生产价值相当,价值量最小的是水资源供给;水田生态系统中,土壤保持价值较小,几乎接近于0,最小的是水资源供给,为负值。这说明,在干旱地区良好的农田生态系统有助于减少水土流失,裸地是水土流失的较重要原因;在湿润地区,处理好农田生态系统与水资源之间的关系是维持生态系统平衡的关键。如图8-1所示,森林生态系统中四种类型生态系统各功能分布规律一致,气候调节、水文调节、生物多样性、气体调节、美学景观价值比较高。令人诧异的是森林生态系统中维持养分循环价值相对较低,这可能与当量因子系数较小有关。

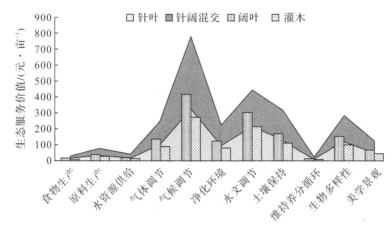

图8-1　森林生态系统服务价值分布

第二是生态系统服务价值与农业经济价值不同。无论是农田生态系统还是森林生态系统,食物生产和原料生产都不是最高的。农业经济价值测度更注重供给服务和经济属性,生态系统服务价值更多的是关注生态系统功能价值。平时越容易被人类忽视的生态系统价值量越高,而产生经济价值的农田生态系统的功能价值排在后位,仅高于荒漠,与最高的水系相差近 20 倍。农田生态价值远低于水系、湿地、森林、草地等生态系统。根据核算结果可知,不同类型生态系统的生态服务价值相差很大,土地利用性质的变化将是生态系统服务价值变化的关键因素。如果生态系统服务价值从高的变为低的,将会破坏生态系统,反之会起到保护的作用。合理的土地利用变化才能保证生态系统平衡。

第三是生态系统具有独特的功能价值。针对 11 种生态系统服务来讲,不同生态系统表现出各自独特的功能价值。表 8-3 给出了每类功能服务价值排名前三的生态系统。食物生产主要依赖农田和水系,原料生产、气体调节、气候调节、土壤保持等功能主要依赖森林、草地生态系统,维持养分循环主要依赖森林、草地和湿地,水资源供给、水文调节主要依赖水系和湿地,维持生物多样性则依赖湿地、水系和森林(针阔混交)。荒漠的生态系统服务价值相对很低,不合理的人类活动将森林变为裸地或把农田变成荒地将会损失很多生态系统功能价值,从而造成生态系统破坏甚至崩溃。

表 8-3　每类功能服务价值排名前三的生态系统

排序	食物生产	原料生产	水资源供给	气体调节	气候调节	净化环境	水文调节	土壤保持	维持养分循环	生物多样性
1	水田	针阔混交	水系	针阔混交	针阔混交	水系	水系	针阔混交	针阔混交	湿地
2	旱地	阔叶	湿地	阔叶	阔叶	湿地	湿地	阔叶	阔叶	针阔混交
3	水系	灌草丛	冰川积雪	灌草丛	灌草丛	针阔混交	冰川积雪	灌草丛	灌草丛、湿地	水系

根据 2019 年全国各省区市的主要农作物播种面积和农作物产品产量,我们运用式(8-1)可以计算出各省区市 1 个标准当量因子的生态系统服务价值量,从而得到全国各省区市的各类型生态系统服务价值量。根据计算结果可知,水田、森林、湿地和水域价值量相对较高,全国各地区单位面积价值量并不相同。

表 8-4 给出了 31 个省区市各类生态系统单位面积价值量分布情况。单位面积上的生态服务价值在地区分布区域一致;整体上沿海高于内陆,南部、东部较高,中西部和北部较低。这说明,生态系统服务价值量与自然资源分布和人口分布相关。自然资源主要与土地资源、森林资源及气候资源三方面相关。

单位：元/亩

表 8-4 31 个省区市各类生态系统单位面积服务价值分布情况

地区	旱地	水田	森林	灌木	草原	灌草丛	荒漠	裸地	水系	湿地
北京	253.70	246.11	1340.62	962.92	320.76	1245.72	69.59	12.65	7946.93	3291.13
天津	279.06	270.71	1474.61	1059.16	352.82	1370.23	76.55	13.92	8741.20	3620.07
河北	244.27	236.96	1290.79	927.13	308.84	1199.42	67.01	12.18	7651.53	3168.80
山西	188.27	182.64	994.87	714.58	238.04	924.45	51.65	9.39	5897.39	2442.34
内蒙古	236.42	229.34	1249.30	897.33	298.91	1160.86	64.85	11.79	7405.59	3066.94
辽宁	305.73	296.58	1615.55	1160.39	386.54	1501.19	83.87	15.25	9576.63	3966.06
吉林	298.38	289.45	1576.71	1132.49	377.25	1465.09	81.85	14.88	9346.39	3870.70
黑龙江	243.77	236.48	1288.16	925.24	308.21	1196.97	66.87	12.16	7635.96	3162.35
上海	371.21	360.10	1961.58	1408.93	469.33	1822.72	101.83	18.51	11627.84	4815.54
江苏	293.40	284.62	1550.39	1113.59	370.95	1440.64	80.48	14.63	9190.38	3806.10
浙江	270.71	262.61	1430.49	1027.47	342.27	1329.23	74.26	13.50	8479.68	3511.77
安徽	236.02	228.95	1247.18	895.80	298.40	1158.89	64.74	11.77	7393.03	3061.74
福建	256.60	248.92	1355.95	973.93	324.43	1259.96	70.39	12.80	8037.78	3328.76
江西	261.27	253.45	1380.61	991.64	330.33	1282.88	71.67	13.03	8183.99	3389.31
山东	270.30	262.21	1428.33	1025.92	341.75	1327.22	74.15	13.48	8466.87	3506.46
河南	271.19	263.08	1433.06	1029.31	342.88	1331.62	74.39	13.53	8494.88	3518.06
湖北	254.45	246.84	1344.61	965.79	321.72	1249.43	69.80	12.69	7970.58	3300.93

续表

地区	旱地	水田	森林	灌木	草原	灌草丛	荒漠	裸地	水系	湿地
湖南	261.58	253.75	1382.24	992.82	330.72	1284.40	71.75	13.05	8193.67	3393.32
广东	297.55	288.65	1572.34	1129.35	376.20	1461.04	81.62	14.84	9320.51	3859.99
广西	327.95	318.14	1732.98	1244.74	414.64	1610.31	89.96	16.36	10272.76	4254.35
海南	259.17	251.41	1369.51	983.67	327.67	1272.56	71.09	12.93	8118.17	3362.05
重庆	207.91	201.68	1098.64	789.11	262.86	1020.87	57.03	10.37	6512.50	2697.08
四川	226.33	219.56	1196.01	859.05	286.16	1111.34	62.09	11.29	7089.68	2936.11
贵州	147.64	143.22	780.15	560.35	186.66	724.93	40.50	7.36	4624.58	1915.22
云南	197.49	191.58	1043.59	749.57	249.69	969.71	54.17	9.85	6186.17	2561.93
西藏	208.36	202.12	1101.01	790.82	263.43	1023.07	57.15	10.39	6526.57	2702.91
陕西	169.12	164.06	893.67	641.89	213.82	830.41	46.39	8.43	5297.48	2193.89
甘肃	174.70	169.47	923.14	663.06	220.87	857.79	47.92	8.71	5472.20	2266.25
青海	146.24	141.86	772.78	555.06	184.90	718.07	40.12	7.29	4580.87	1897.12
宁夏	243.76	236.47	1288.12	925.21	308.20	1196.94	66.87	12.16	7635.71	3162.24
新疆	577.33	560.06	3050.79	2191.27	729.94	2834.83	158.37	28.79	18084.45	7489.48

注：冰川积雪属于特殊生态，表中未列数据。

图 8-2、图 8-3、图 8-4、图 8-5 分别给出了 31 个省区市水田、森林、湿地和水域单位面积价值量分布。在一般情况下,水土资源匹配较好的地区单位面积生态服务价值量都比较高,气候相对干旱地区水土资源匹配相对较差,单位面积生态服务价值量就比较低,但是人口会降低自然资源条件的影响。在相同干旱气候下,单位面积人口较少的地区会比单位面积人口较多的地区的单位面积生态服务价值量高,比如新疆高于甘肃,内蒙古高于宁夏和陕西;在相同湿润气候下,人口和经济规模较大的地区单位面积生态服务价值量就较少,比如浙江低于福建,河北低于辽宁。

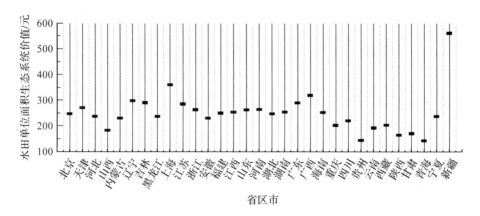

图 8-2　31 个省区市水田生态系统单位面积价值分布

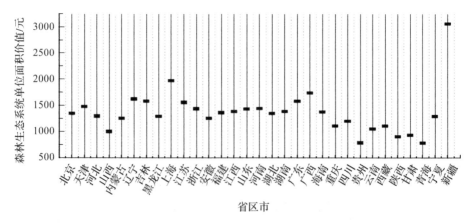

图 8-3　31 个省区市森林生态系统单位面积价值分布

广东、广西、海南、江苏、吉林和辽宁这六个省份单位面积上的生态服务价值量较高,同样位于沿海的浙江和河北的生态服务价值量却处于相对较低的水平。在

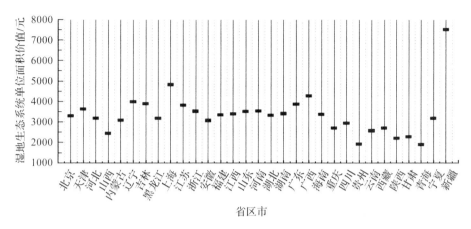

图 8-4 31 个省区市湿地生态系统单位面积价值分布

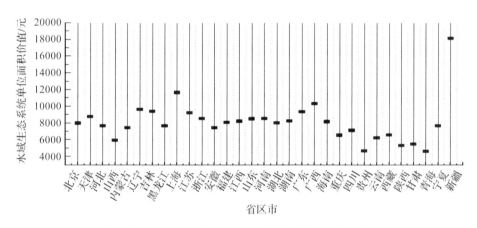

图 8-5 31 个省区市水域生态系统单位面积价值分布

东部沿海地区,浙江相对较低,和新疆和西藏处于同一水平。这可以用以下原因解释:第一是人口多、耕地面积较少。由于耕地较少,区域发展精细农业,单位面积投入多。第二是经济发达、耕种少。地区居民收入排在全国前列,民营经济和第三产业发达,导致土地耕种少,因此总体产量少。

综上分析,生态服务价值不但与地区自然资源禀赋相关,同时受到人口、经济规模的决定性影响。人类生态服务价值与生态环境容量相关。在一般情况下,地区自然资源禀赋越好,生态环境容量越大,单位面积生态服务价值就越高(曹牧和薛建辉,2016)。当人口、经济规模较大时,需要消耗自然资源,同时自然环境需要消纳人类生产生活的污染排放物,从而导致生态环境容量减小,单位面积生态服务价值就降低,如果降低到一定程度就会出现生态系统的崩溃。因此,保护生态系统、提高生态系统服务价值是自然资源管理的重要任务。

三、全国生态补偿政策制定参考

生态补偿是利用经济手段进行生态系统保护的重要途径。图 8-6 是基于生态系统服务价值测算的 31 个省区市生态补偿标准参考。农田生态系统和森林生态系统的生态补偿标准如图 8-7 和图 8-8 所示。如表 8-5 所示，31 个省区市农田生态系统中旱地和水田的生态补偿标准在地区分布区域一致，验证了根据核算方法得出来的结果是符合现实规律的。云南省的补偿标准最低，新疆的补偿标准最高，这是由于在核算生态系统服务价值时更多考虑土地而对于气候影响考虑较少。因而，农田生态系统的生态补偿标准仅仅考虑了生态系统服务价值，经济价值需要根据当地情况来定。森林生态系统中四类生态系统在各地的补偿标准分布一致，针阔混交林的补偿标准最高。

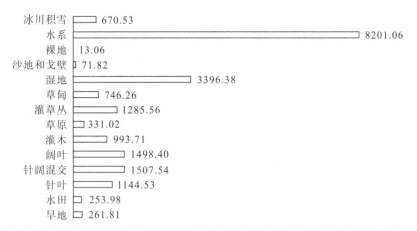

图 8-6　基于生态系统服务价值测算的 31 个省区市生态补偿标准参考（单位：元/亩）

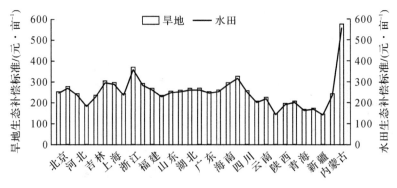

图 8-7　农田生态系统的生态补偿标准参考

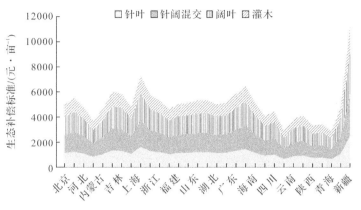

图 8-8　森林生态系统的生态补偿标准参考

生态保护补偿的目的是激励人们在生产生活中保护生态环境的行为,补偿不是目的,保护生态环境才是真正的目的,因此根据改进当量因子法计算出的生态补偿标准虽然没有考虑生态系统分布情况,但是由于考虑了各地区土地的差异,对于当地政府来讲是具有参考性的。农村地区生态环境保护与农业生产方式密切相关,农村居民收入也与土地生产能力相关。在考虑土地生产能力背景下计算出的生态系统功能价值对于生态补偿标准制定具有参考价值。每个地区生态系统的特殊性分布特征是下一步进行拓展的研究内容。

此补偿标准是在生态系统服务价值下给出的,但是生态补偿的目的是内化自然资源开发负外部成本或激励人们保护生态环境,它是一种经济手段,因而具体的补偿标准需要根据区域情况而定。由于全国各地区人均收入有很大不同,在考虑效率和公平的情况下,需要有一个区域系数。不同区域经济水平不同,如果用相同的补偿标准会带来低效率。经济收入高的地区,如果按照此补偿标准的话,会影响他们的收入公平,应该由地方受益者出资补齐他们的损失。地区补偿标准的计算公式为

$$E_j = \sigma\beta \sum_{i=1}^{n} e_i \times a_{ji} \qquad (8\text{-}2)$$

其中:E_j 为地区补偿标准,$j=1,\cdots,31$;σ 为区域系数;β 为经济稀缺系数;e_i 为第 i 种生态系统补偿标准;a_{ji} 为地区人均占有第 i 种生态系统面积。区域系数主要是和地区人均收入相关,如果地区人均收入低于全国人均收入则为 1,如果地区人均收入高于全国人均收入则为地区人均收入除以全国人均收入的商。经济稀缺系数则与地方经济水平相关,一般经济越发达,经济稀缺系数越大。因此,本书给出的生态补偿标准只是基于生态系统服务测算的参考标准,具体情况需要根据地区或流域情况来定。如何确定一个地区的生态补偿标准也是今后研究的延伸和下一步研究的计划。

单位:元/亩

表8-5 31个省区市生态系统补偿参考标准

省区市	旱地	水田	针叶	针阔混交	阔叶	灌木	草原	灌草丛	草甸	荒漠	裸地	水系	冰川积雪	湿地
北京	253.70	246.11	1109.06	1460.83	1451.97	962.92	320.76	1245.72	723.14	69.59	12.65	7946.93	649.75	3291.13
天津	279.06	270.71	1219.91	1606.83	1597.09	1059.16	352.82	1370.23	795.41	76.55	13.92	8741.20	714.69	3620.07
河北	244.27	236.96	1067.84	1406.53	1398.00	927.13	308.84	1199.42	696.26	67.01	12.18	7651.53	625.60	3168.80
山西	188.27	182.64	823.03	1084.08	1077.50	714.58	238.04	924.45	536.64	51.65	9.39	5897.39	482.18	2442.34
内蒙古	236.42	229.34	1033.52	1361.32	1353.06	897.33	298.91	1160.86	673.88	64.85	11.79	7405.59	605.49	3066.94
辽宁	305.73	296.58	1336.50	1760.40	1749.73	1160.39	386.54	1501.19	871.43	83.87	15.25	9576.63	783.00	3966.06
吉林	298.38	289.45	1304.37	1718.08	1707.66	1132.49	377.25	1465.09	850.48	81.85	14.88	9346.39	764.17	3870.70
黑龙江	243.77	236.48	1065.67	1403.66	1395.15	925.24	308.21	1196.97	694.84	66.87	12.16	7635.96	624.32	3162.35
上海	371.21	360.10	1622.77	2137.46	2124.50	1408.93	469.33	1822.72	1058.09	101.83	18.51	11627.84	950.70	4815.54
江苏	293.40	284.62	1282.60	1689.40	1679.16	1113.59	370.95	1440.64	836.29	80.48	14.63	9190.38	751.41	3806.10
浙江	270.71	262.61	1183.42	1558.76	1549.31	1027.47	342.27	1329.23	771.62	74.26	13.50	8479.68	693.31	3511.77
安徽	236.02	228.95	1031.76	1359.01	1350.77	895.80	298.40	1158.89	672.74	64.74	11.77	7393.03	604.46	3061.74
福建	256.60	248.92	1121.74	1477.53	1468.57	973.93	324.43	1259.96	731.41	70.39	12.80	8037.78	657.18	3328.76
江西	261.27	253.45	1142.15	1504.41	1495.28	991.64	330.33	1282.88	744.71	71.67	13.03	8183.99	669.13	3389.31
山东	270.30	262.21	1181.63	1556.40	1546.97	1025.92	341.75	1327.22	770.45	74.15	13.48	8466.87	692.26	3506.46
河南	271.19	263.08	1185.54	1561.55	1552.09	1029.31	342.88	1331.62	773.00	74.39	13.53	8494.88	694.55	3518.06
湖北	254.45	246.84	1112.37	1465.18	1456.29	965.79	321.72	1249.43	725.29	69.80	12.69	7970.58	651.68	3300.93
湖南	261.58	253.75	1143.50	1506.18	1497.05	992.82	330.72	1284.40	745.59	71.75	13.05	8193.67	669.92	3393.32

续表

省区市	旱地	水田	针叶	针阔混交	阔叶	灌木	草原	灌草丛	草甸	荒漠	裸地	水系	冰川积雪	湿地
广东	297.55	288.65	1300.76	1713.32	1702.94	1129.35	376.20	1461.04	848.13	81.62	14.84	9320.51	762.05	3859.99
广西	327.95	318.14	1433.66	1888.37	1876.92	1244.74	414.64	1610.31	934.78	89.96	16.36	10272.76	839.91	4254.35
海南	259.17	251.41	1132.96	1492.31	1483.26	983.67	327.67	1272.56	738.72	71.09	12.93	8118.17	663.75	3362.05
重庆	207.91	201.68	908.88	1197.15	1189.89	789.11	262.86	1020.87	592.61	57.03	10.37	6512.50	532.47	2697.08
四川	226.33	219.56	989.43	1303.25	1295.34	859.05	286.16	1111.34	645.13	62.09	11.29	7089.68	579.66	2936.11
贵州	147.64	143.22	645.40	850.10	844.95	560.35	186.66	724.93	420.82	40.50	7.36	4624.58	378.11	1915.22
云南	197.49	191.58	863.33	1137.16	1130.26	749.57	249.69	969.71	562.92	54.17	9.85	6186.17	505.79	2561.93
西藏	208.36	202.12	910.84	1199.73	1192.46	790.82	263.43	1023.07	593.89	57.15	10.39	6526.57	533.62	2702.91
陕西	169.12	164.06	739.31	973.80	967.89	641.89	213.82	830.41	482.05	46.39	8.43	5297.48	433.13	2193.89
甘肃	174.70	169.47	763.69	1005.92	999.82	663.06	220.87	857.79	497.95	47.92	8.71	5472.20	447.41	2266.25
青海	146.24	141.86	639.30	842.07	836.96	555.06	184.90	718.07	416.84	40.12	7.29	4580.87	374.54	1897.12
宁夏	243.76	236.47	1065.63	1403.62	1395.11	925.21	308.20	1196.94	694.82	66.87	12.16	7635.71	624.30	3162.24
新疆	577.33	560.05	2523.85	3324.34	3304.18	2191.27	729.94	2834.83	1645.61	158.37	28.79	18084.45	1478.60	7489.48

第二节　基于全成本定价方法的居民用水定价 政策研究——以浙江省为例

自然资源有偿使用和生态补偿制度是自然资源管理中重要的制度,是将自然资源使用外部性内化的重要手段。本节以水资源为例,进行了有偿使用定价模型构建和自然资源有偿使用定价研究,表明在自然资源定价过程中只有兼顾效率和公平,才能真正实现自然资源可持续利用。

一、城市居民水价组成

水价一般是由水资源费、工程水价以及环境水价三个部分共同构成的。水资源费,即资源水价,是用以反映生态价值的,指的是政府对取用水资源的生产者以及消费者所征收的费用,其中的水资源主要指可以直接用以生产和生活的淡水资源,包括地表水与地下水。工程水价指水资源从自然界中演变为产品所产生的成本。环境水价主要指的是水资源排放到大自然的过程中所产生的污染价格。下面主要介绍水资源费和污水处理费。

(1)水资源费。水资源费在水资源的管理中是一种经常被使用的经济手段。简单来说,它就是稀缺资源的租金。很多国家都是用取水费的形式进行征收,但不同的国家在不同的目的驱使下采用的费率标准也是不同的,还有一些国家是将征收的水资源费收入用于取水相关的环境基金。而且水源的特点、水的用途或者水源地点的不同,都会影响水资源费的费率,例如工业用水和居民用水的费率就不一样。

水资源费的征收是以产权和水的稀缺性作为依据的。在市场经济中,产权总是影响交易中人们的受益、受损或者补偿。产权制度是经济制度中的一个重要基本因素,它对资源的配置以及经济制度的效率有重要影响。关于水资源产权的安排存在多种方式:有自由进入的,所有人都能从中获取利益;有作为集体的财产的,确定由一个管理集团来占有资源并且对资源进行管理掌控;有个人占有资源作为私人财产的;也有产权由政府拥有,水资源作为国家财产被国家管理,为广大公众提供服务的。理论上,开发利用水资源,必须获取水资源的所有权,获得水资源所有权的人有权利使用水资源,但是没有获得水资源所有权的人依然需要水资源,使用水资源的人需要支付一定的费用给拥有水资源所有权的人来获得使用水资源的权利,法律制度保证了国家对水资源的所有权,同时也提出了水资源占有与使用以及收益之间的分离。国家赋予了开发者取水权以及使用水资源并赢利的权利,开发者就要向国家支付一定的补偿,这就是水资源费。水资源稀缺性致使水具有经济价值,因而产生了水资源费。

(2)污水处理费。污水处理费是用水户购买城市污水处理的服务所支付的费用。水污染治理受到越来越多的重视,本来的使用排水设施的费用渐渐过渡成为污水处理费用,其征收的性质由行政事业性收费转变成为经营性收费,征收对象逐渐扩展到向市政排水设施排放污水的单位和个人。污水处理费一般是包含在水价之中的。如果污水处理费定价过低,城市污水处理工作会难以可持续地发展下去,并且公共财政的负担也会有所增加;如果污水处理费定价过高,会超过用水户的承受能力,因此需要科学合理地制定污水处理费的价格,避免增加用水户的经济负担。

二、我国水资源价格问题

随着国民经济的迅速发展,我国水资源的需求量也呈线性增长。水价的偏低造成水资源相对于其他社会资源的低比价,弱化了水资源在社会分配中本应该具有的作用及地位,影响了社会对水资源重要性的必要认识,也阻碍了人们节约用水意识的培养。我国大部分的省份水资源费的征收水平都比较低,很难发挥水价的经济杠杆作用。与国外的水资源费占人均收入的比重相比较,我国的水资源费征收标准是偏低的。偏低的水资源费无法有效地发挥水资源费应有的政策效应,难以达到节约水资源、保护水环境的政策目的;偏低的水资源费无法体现出水资源的价值,人们难以形成对水资源处于紧缺状态的正确认识,进一步造成了人们节水意识的淡薄以及水资源浪费严重。因此,调整水资源费标准是我国水资源管理的重要任务。我国水资源费的征收标准是把一定数量的计量单位作为依据定量征收水资源费,如果仅仅按照水源的类型(地表水、地下水等)或者用水对象(生活用水、工业用水、农业用水等)来征收具有一定差别标准的水资源费,呈现出来的总体状态依旧是单一和静止的,并没有建立水资源费征收标准与水资源的丰歉程度、水资源的价值和当下经济的发展水平等因素之间的联动机制。这样的水资源费征收标准并不能实现经济调节的目的,还有可能会在一定程度上助长水资源的浪费。现行水资源费征收标准的设置没有充分科学地将水资源的根本特性纳入考虑,该标准的设置具有极大的不合理性,对水资源的保护是不利的,而且也没有保证兼顾水资源的使用效率和公平。水资源费的征收标准应该是能够进行动态调整的,是可以依据用水的时期、地区、指标和经济的发展水平而变化的。

三、居民阶梯水价制定模型

1. 阶梯水价的制定原则

阶梯水价的制定首先要考虑用水户对水费的支付能力，也就是其对水费的承受能力。实际上，关于承担水价的能力问题是关系到贫困家庭的，这就需要做关于居民用水户对水价敏感性的调查。水价制定要兼顾各个社会阶层的利益，有必要对一些贫困家庭进行水费的补贴或者在其他方面给予经济上的资助。其次要依据供水的成本来征收水费，在制定阶梯水价的过程中，应该对各种各样用水户的用水特点进行科学的分析，也要清楚了解供水的设施和运行的成本。最后是调查用水户的经济状况，通过居民对水价的敏感性调查，可以从一些对水价不太敏感的、财务状况比较好的居民缴纳的水费中获取供水的成本以及供水企业的利润。而且水价的提高，会让一些用水量比较大的家庭对水有节约意识，减少用水。

水价的制定要考虑的原则有三点：一是保证社会公平（方燕和张昕竹，2011），所有的用水户都应该共同承担供水成本，大多用户的水价都不应该存在太大的差别。二是需要顾虑到用水户的承受能力，针对不同的用户，可根据他们不同的承受能力，来制定相应的水价。三是推动节约用水，对于一些对水价的敏感度比较高，并且具备节水能力的用水户，可以促进其节约用水。

2. 阶梯水价制定的相关因素

在水价的制定中，核定基本的用水量以及该用水量的价格是构建阶梯水价模型的关键。基本的用水量用来保证广大居民使用用水的权利，所以制定一个合理的基本用水量范围是十分重要的。如果这个范围定得较大，用水户不必通过节约用水，就可以保证用水量不会超过基本用水量的范围，这样无法实现实施阶梯定价的目的，没有起到调整水价的作用，但是如果基本用水量的范围定得太小，居民的基本用水就没办法得到保证，无法保证社会公平（方燕和张昕竹，2011）。政府有义务与责任保证人们获得生活基本用水的权利，基本用水量范围的确定一定要合理。首先要保证基本用水量范围内的水价是居民都能够承担的，其次通过阶梯定价的调整能够让居民提高节水的意识。虽然阶梯定价模型所利用的价格杠杆作用对于大多数居民的节水意识并没有太大影响，但是对于收入较高、用水量较大的家庭就会起到一定的约束作用，因为他们的实际用水量超出基本用水量范围的数量很大，当他们感觉到水费超过了他们的预期承担费用后，会自然而然地产生节水的想法，这样通过价格调整用水量的目的就得以实现。对于用水量多的高收入家庭要设定较高用水量的限制,并且在必要的情况下采取一定的惩罚措施,要让社会公众了解到不是钱多就可以随意用水,造成水资源的浪费,要让有限的水尽可能创造更多的经济和社会效益。

制定基本用水量的范围,首先要让所有居民的基本生活用水得到保障,在这个范围内的水价是大部分居民都能够承担的,其次确定好基本用水量的范围,超出范围所产生的水费可以用于补偿供水企业在生产运营中的成本,并且可以起到促进居民节约用水的作用。用水量与收入水平是相关的,用水量随着收入的增加会增加,用水量的阶梯制定可以把居民的收入水平作为一定的参考。通过调查问卷进行一个区域的居民用水量的抽样调查可以获取每户用水量和家庭人口数,计算得到人均用水量,将人均用水量按照数量的大小顺序从小到大排列可以得到一组数据,将这组数据划分为三部分,这组数据的前 1/5 部分的最大的一个数设定为第一阶梯的用水最大值,就是基本用水量,最后 1/5 部分是为高收入人群设置的第三阶梯,中间的部分就是提供给中等收入人群的第二阶梯。

3. 基于效率和公平的居民用水定价模型

阶梯定价是一种调节资源分配的手段,可以对水资源进行有效配置。鉴于水作为公共资源的特殊性,居民用水的定价应该要合理地兼顾效率、社会公平以及企业成本,递增的阶梯定价模式能够实现这些目标。在阶梯定价模型中,每级都有固定的边际价格。在第一阶梯定价中的低价格意味着大部分居民可以支付较低的费用获取满足基本生活所需的水资源;针对过量消费,设置惩罚性高价,其所支付的费用也会较高,以此来遏制铺张浪费,促进节约和可持续利用。改变过去单一的水费征收模式,对我国居民生活用水实施阶梯定价模式有着重要意义:一方面,可以促进节能减排和可持续发展;另一方面,可反映资源的稀缺性,体现公平和效率。

国家发展改革委员会建议阶梯水价模型中三级水价之间的比值是 1:1.5:2,但是在实际中,我国很多缺水地区阶梯之间的比值是大于这个比值的,丰水地区的比值是小于这个比值的。有些地区实行阶梯水价时,设置的第三级阶梯的水价较低,这样无法起到控制高用水量的作用。在国外,一些国家阶梯水价中的阶梯价格比值达 1:3 甚至 1:5,这样较高的差值能够让用水户调整用水的习惯,充分利用了价格杠杆,实现了让用水户节约用水的目的。

阶梯水价的制定首先要考虑全成本,在阶梯水价模型中,第二阶梯、第三阶梯或者以上的阶梯,要让该阶梯的供水价格成为边际价格。从理论上来看,边际价格在提供供水服务的边际效益时,是能够促进资源的优化配置的,如果用水量多,需要支付比边际成本高的单位水价,可以促使居民节约用水意识和用水效率的提高。

阶梯水价定价模型中,第一阶梯是基本的生活水价,这一阶梯水价的确定是需要考虑社会的公益性的。在可支配的收入中,当人均水费在其中的比例小于1%时,基本不会影响居民生活。因此,可以确定第一阶梯的水价为居民人均可支配收入的1%。

假设家庭收入为 I,水费设为 T,水价设为 P,水量设为 Q。因为水费是水价与用水量的乘积,所以基本生活水费为

$$T_1 = P_1 \times Q_1 \tag{8-3}$$

因此第一级阶梯水价公式为

$$P_1 = T_1/Q_1 = (1\% \times I)/Q_1 \tag{8-4}$$

阶梯水价定价模型中,第二阶梯的水价确定要考虑节约用水的目的。据调查,在家庭收入中,水费支出占其比例不同,居民的节水意识与行为也会有所不同。当水费支出占家庭收入的比例是2%时,用水户会对用水量产生关注;当这个比例为2.5%时,用水户会开始注意节水;当这个比例是5%时,用水户就会认真地节约用水。调查显示,居民一般都能接受水费支出占家庭收入的1%。按节约用水的原则,可将水费支出占家庭收入的比例调整为2%。因为高收入家庭对水价的敏感性较低,低收入家庭的用水量一般处于基本用水量的范围内,所以确定的第二级阶梯水价是为了调节中等收入家庭的用水习惯。

第二阶梯的水费应该为

$$T_2 = P_2(Q_2 - Q_1) \tag{8-5}$$

又因为基本生活水费和第二级阶梯水费之和

$$T_1 + T_2 = 2\% I \tag{8-6}$$

$$T_1 = 1\% I \tag{8-7}$$

由此得

$$T_2 = 1\% I \tag{8-8}$$

所以第二阶梯水价公式为

$$P_2 = (1\% \times I)/(Q_2 - Q_1) \tag{8-9}$$

阶梯水价定价模型中,第三阶梯水价的确定要对收入调节原则有所考虑,一般应用惩罚式的水价。最高阶梯的水价与保证基本生活的水价之间相差5倍以上。第三级阶梯水价为惩罚式水价,可参考三级阶梯水价比为1∶2∶5进行设置。一般生活用水量和第二级阶梯的用水量的比例为6∶4,第二级阶梯水价 P_2 和第一

级阶梯水价的比例为 2∶1。第三级阶梯水价 P_3 是惩罚性的水价,可为第一级阶梯水价 P_1 的 5 倍。

四、浙江省居民生活用水定价政策参考

1.浙江省居民生活用水阶梯定价计算结果

浙江省是我国经济比较发达的省份,人均可支配收入较高,同时用水量也相对较大。2015—2019 年浙江省城镇居民人均可支配收入逐渐增加,平均为 51593.60元;农村居民人均可支配收入也呈现逐年增加的趋势,平均为 25225.00 元。农村居民人均可支配收入是城镇居民的一半左右。如果设置相同的用水价格,就会影响居民生活,在公平方面有所偏差。2015—2019 年城镇居民人均生活用水量相对比较稳定,在 53m³ 左右波动;农村居民人均生活用水量则是在 43m³ 左右波动。

根据阶梯水价定价模型,我们可以计算出各年份的三级阶梯用水价格。表8-6给出了 2015—2019 年浙江省居民阶梯用水价格标准。如果按照全成本模式计算,每年的水价都是在变化的,呈现逐渐增加趋势。从全成本价格模型计算结果来看,城镇居民和农村居民的平均水价相差一倍左右;农村居民第一阶梯水价为 5.83元,城镇居民第一阶梯水价为 9.65 元;城镇居民第二阶梯水价为 14.40 元,农村居民第二阶梯水价为 8.73 元;城镇居民第三阶梯水价为 48.24 元,农村居民第三阶梯水价为 29.16 元。实际上,浙江省杭州市第一阶梯水价为 2.90 元,第二阶梯水价为 3.85 元,第三阶梯水价为 6.70 元。

表 8-6 2015—2019 年浙江省居民阶梯用水价格标准

单位:元

分类		第一阶梯水价	第二阶梯水价①	第三阶梯水价②
城镇	2015 年	8.10	12.08	40.48
	2016 年	8.73	13.03	43.62
	2017 年	9.62	14.35	48.09
	2018 年	10.41	15.53	52.06
	2019 年	11.44	17.08	57.21
	平均价格	9.65	14.40	48.24

① 假设基本生活用水量和第二级阶梯的用水量相比,其比例是 6∶4。
② 第三阶段是惩罚式价格,约为第一阶梯价格的 5 倍。

续表

分类		第一阶梯水价	第二阶梯水价	第三阶梯水价
农村	2015 年	4.95	7.38	24.74
	2016 年	5.24	7.83	26.22
	2017 年	5.67	8.47	28.36
	2018 年	6.33	9.45	31.67
	2019 年	6.96	10.39	34.82
	平均价格	5.83	8.70	29.16

2.节约效果分析

阶梯式水价收费与水需求量的弹性系数有关(马训舟和张世秋,2014)。所谓弹性是指边际价格发生1%变化时所造成的需求量变化的百分比(王菊等,2009)。弹性系数变化的主要原因是收入水平、边际价格等(李增喜和唐要家,2015)。一般认为,当居民感受到价格上涨时,就会相应地采取节水行为。有研究表明,平均弹性为-0.12;当水价由2.90元提升至5.83元时,农村居民生活需求量下降12%;当水价由2.90元提升至9.60元时,农村居民生活需求量下降39.70%。根据《2020浙江统计年鉴》,2019年浙江省农村人口为1755万人,城镇人口为4095万人。农村居民生活用水量将节约9034.70万吨,城镇居民生活用水量将节约85512.60万吨。由此可见,考虑弹性时,高端需求下降明显,能有效达到节水的目的。阶梯水价让消费者对价格变得非常敏感,可以达到节水目标。

3.居民承受能力分析

2015—2019年浙江省城镇居民人均可支配收入平均为51593.60元,即每月约4300元,以43元/(月·人)的水费消费来说,即人均用水量都处于第一阶梯时,仅占总收入的1%;当第一阶梯水量设置在3吨/(月·人)时,每月人均水费占1.16%;当用水量超过8吨/(月·人),全部处于第一阶梯和第二阶梯时,每月的费用超过100元,即占月收入比例超过2.30%。有研究表明,约有2/3的城市居民家庭认为水费支出占家庭总收入的比重为1%~2%。因此,如果按照平均人均可支配收入衡量,城镇居民水费处于可接受范围内。

2015—2019年浙江省农村居民人均可支配收入平均为25225元,即每月约2102元,以20.84元/(月·人)的水费消费来说,即人均用水量都处于第一阶梯时,仅占总收入的1%;当第一阶梯水量设置在3吨/(月·人)时,每月人均水费占1%;如果按照平均人均可支配收入衡量,农村居民水费处于可接受范围内。当用水量超过 8 吨/(月·人)时,全部处于第一阶梯和第二阶梯,每月的费用超过 60 元,即占月收入比例超过 2.90％,那么将会超过承受范围。用水量基本上可以控制在每月 4 吨以内,因此,如果按照平均人均可支配收入衡量,模型计算结果处于居民可接受范围内。

实际上,浙江省还有一些收入低于人均收入水平的人群。据浙江省人力社保厅网站,自 2021 年 8 月 1 日起,浙江省最低月工资标准调整为 2280 元、2070 元、1840 元三档。按照最低档工资标准,以 43 元/(月·人)的水费消费来说,即人均用水量都处于第一阶梯时,将占工资收入的 2.30％;当第一阶梯水量设置在 3 吨/(月·人)时,每月人均水费占 2.70％,同时占可支配收入比例会更高。此时,收入低于人均收入水平的人群可能存在收费负担过重现象,阶梯定价的初衷"在保证基本生活质量的前提下不增加贫困人口负担"的原则无法体现。

浙江省第一阶梯水价为 2.90 元,第二阶梯水价为 3.85 元,第三阶梯水价为 6.70 元。用水价格还不能够完全反映水资源价值,第三阶梯价格还达不到节约用水的目的。

浙江省城镇居民和农村居民阶梯水价参考如表 8-7 所示。根据城镇最低收入居民可接受范围,每人每月水费为 18.40 元,按照当前城镇居民用水量,浙江省城镇居民阶梯水价参考的第一阶梯水价为 4.20 元,第二阶梯水价为 6.30 元,第三阶梯水价为 21.00 元;人均水量设置为第一阶梯为 4 吨/(月·人),第二阶梯为 6 吨/(月·人),第三阶梯为 8 吨/(月·人)。同样,根据城乡人均可支配收入差距,农村居民可接受范围为每人每月水费为 9.20 元,按照当前农村居民用水量,浙江省农村居民阶梯水价参考的第一阶梯水价为 2.60 元,第二阶梯水价为 3.90 元,第三阶梯水价为 13.00 元。人均水量设置为第一阶梯为 3.5 吨/(月·人),第二阶梯为 6 吨/(月·人),第三阶梯为 8 吨/(月·人)。

表 8-7　浙江省城镇居民和农村居民阶梯水价参考

单元:元

分类		第一阶梯水价	第二阶梯水价①	第三阶梯水价②
城镇水价	模型计算价格	9.65	14.40	48.24
	调整后建议价格	4.20	6.30	21.00
农村水价	模型计算价格	5.83	8.70	29.16
	调整后建议价格	2.60	3.90	13.00

① 假设基本生活用水量和第二级阶梯的用水量相比,其比例是 6∶4。
② 第三阶段是惩罚式价格,约为第一阶梯价格的 5 倍。

综上所述,居民用水定价结构由低成本型转向全成本型阶梯定价时,可有效促进居民节约用水。阶梯式定价结构可更有效地抑制水资源大量使用。但在实施过程中应注意的问题很多,比如在水价改革过程中如何考虑公平性和居民承受力等问题。

第三节　基于博弈论方法的水生态环境治理创新研究

党的十九大报告指出当前生态文明建设是我国重要的任务,生态环境治理是全面建成小康社会必须考虑的现实问题。水既是人类赖以生存的环境,又是经济社会发展依赖的资源,因此水生态环境治理是我国经济新常态下的重要挑战。本节采用博弈论方法,从利益主体出发研究水生态环境治理政策。在水资源被污染与生态环境治理过程中,地方政府、地方企业与居民三方是治理水资源污染的“主要力量”,也是水生态环境治理过程中必不可少的利益相关者。在水资源污染与生态环境治理的不同时期,三方不同的利益诉求会随着水资源污染与治理成效的变化而不断异化,并在不同的博弈参与主体间呈现出不同的变化,这就使得地方水生态环境治理出现了困难。因此,需要重新整合各个博弈主体间的利益结构以及重新安排新的制度,理顺各个博弈主体间的利益关系链,实现良好的地方水生态环境治理。

一、研究背景

我国的环境形势仍然相当严峻。城市污染、海水污染、大气污染、酸雨污染和水资源污染都是我国甚至全世界范围突出的生态问题。其中,水污染问题尤为严重,全国范围内的主要河流普遍被污染,面源污染日益突出。城市地面水污染普遍严重,呈现出进一步恶化的趋势。其中,一些地区的饮用水源受到严重污染,严重威胁到人们的生理与心理健康。已有的治理政策与治理措施往往试图依靠社会中某一方力量进行“隔离式”水生态环境治理,效果并不明显。水生态环境治理工程是一项极其复杂且庞大的系统工程,只有社会的各方力量共同参与,才能科学地解决水污染问题;只有协调水资源的合理分配利用,才能较大限度地减少水资源的浪费。

在严峻的环境形势下,针对水污染的问题,如何解决多方力量在水生态环境治理过程中产生的利益冲突是迫切需要解决的问题(Al-Saidi,2017)。水生态系统是复杂并且庞大的,传统简化模型很难完整、准确地反映出在水生态环境治理中多个参与主体之间错综复杂的关系。

从博弈论角度提出水生态环境治理的研究框架,有助于更加清晰、系统地认识水生态环境治理中存在的问题,明确水生态环境治理的主体结构,在此基础上对不同主体选择不同策略的利益诉求和博弈进行分析,构建一个新的制度体系。通过理论框架的构建,我们可以清晰地看到生态环境治理中的利益主体、利益诉求、博弈过程和制度努力,在理论层面有助于把握生态环境治理研究重点并提出针对性建议。在实践层面,本书提出的一些政策建议可以为地方政府改善地方水生态环境的努力提供一些新的思路或者选择,在一定程度上推动地方政府职能转变与体制创新。这有助于打破经济发展的瓶颈,促进经济健康持续发展,为建设全面小康奠定基础,并且有助于化解生态环境治理中产生的各种利益矛盾,有利于和谐社会的构建。本节的研究内容与意义如下。

(1)从多学科交叉视角研究生态环境治理。生态问题的多样性与复杂性决定了水生态环境治理需要利用多门学科共同进行研究探讨。本书从博弈论、治理理论与新制度经济学相关理论三个不同学科研究生态环境治理中不同利益主体的利益博弈,发现现有制度中存在的问题,从而为构建新的水生态环境治理补偿机制提出新的建议,实现水生态环境治理的科学化、专业化。

(2)从多元参与主体视角研究水生态环境治理。以往对水生态环境治理的研究大多从经济角度出发,用经济手段分析与解决治理中出现的问题。其实,水生态环境治理的本质是社会治理,需要从公共管理视角看待生态环境治理中不同主体的利益关系,化解可能出现的矛盾,引导社会与民众力量自觉地参与治理。如果一味以经济调节代替公共管理,会引发更多的社会问题,影响社会的和谐。

(3)有利于政策制定者明晰水生态环境治理过程中各参与者的策略,从而制定出更合理的政策。通过博弈方法,对治理过程中相关利益主体通过不同策略行为选择所获得的利益进行博弈分析,力求在实现各方利益最大化的情境下,达到社会利益与生态利益最大化。

(4)有利于案例区构建多元参与的水生态环境治理机制。通过构建博弈模型得出公式化的逻辑算式,进行利益相关者博弈分析,有利于总结多元的生态环境治理机制,为出台利益整合的治理政策提供科学依据。

二、水生态环境治理中利益表达与异化

在经济发展过程中,各利益主体不同的利益表达及异化会造成生态环境问题(闫永斌,2010)。由于不同的利益主体的利益诉求都有其合理性,随着利益诉求及异化现象的产生,各种利益主体行为选择造成的水生态问题逐步凸显出来。

1. 利益相关者分析

(1)地方政府在博弈过程中的角色分析

地方政府是水生态环境保护的责任人,应该从公共利益出发阻止一切破坏生态环境的行为。地方政府一方面是公共利益的守卫者,是监管自然资源使用和污染排放的执行者,另一方面希望经济发展,鼓励企业生产,会出现监管不严等情况,可能会导致水生态问题的产生。

首先,政府认识水平限制了其责任清单。由于自然资源的公共性和可再生性,政府在开发自然资源时没有保护意识。其次,政府对经济增长的追求也是环境污染的重要原因。环境保护规制不严、粗放式经济发展等都是环境污染的原因。最后,水资源的可持续利用理念欠缺,造成水资源的浪费和水污染问题。

(2)地方企业在博弈过程中的角色分析

地方企业是地方经济发展的推动者,地方企业是在计划经济体制下发展起来的。20世纪80年代以来,我国民营企业迅速崛起,促进了地方经济的蓬勃发展,解决了当地人口就业问题。地方企业的发展使得地方居民的收入结构多样化,对增加当地居民可支配收入、促进消费、减少地区的不稳定因素有十分重大的意义。地方企业对促进地方经济有举足轻重的作用,但在为地方经济发展做出重要贡献的同时,对水生态环境造成了巨大的破坏。

水资源公共性和循环性致使企业在使用水和排放污染物时不受限制,水生态环境恶化迅速。

在市场经济体制下,地方企业作为理性经济人追求的是以尽可能小的成本获取最大利益。地方企业的污染行为会使其私人成本小于社会成本,私人收益却高于社会收益,如果地方企业选择治污,那么地方企业达不到自身利润的最大化,很难投入治理环境中。

(3)居民在博弈过程中的角色分析

居民是地方经济发展的受益人。随着经济发展,居民收入水平提高,物质生活丰富,成为地方经济发展的受益者。一方面,经济发展使地方企业如雨后春笋般拔地而起,为地方居民提供了大量的就业岗位,提高居民的生活水平;另一方面,也为

地方居民提供了更多元的发展渠道。同时居民是地方经济发展过程中水资源生态问题的受害者。居民在享受经济发展带来的成果的同时，也承受着经济发展带来的"副作用"，其中包括水资源生态的严重破坏。水资源污染会对农业生产产生重大影响，致使农作物受到损害以至于减少产量甚至停产，还会对地方居民的身体健康造成巨大的威胁。

2.地方政府的公益性与自利性

（1）地方政府的公益性

地方政府是公共利益的代言人，地方政府的职能就是有效地提供公共物品和公共服务，从公共利益出发，维护公共利益，从而得到群众认可，获得地方信任。比如，浙江省政府结合浙江省"五水共治"政策，加大投入治理黑河、臭河，至2018年基本上消灭了黑河、臭河，在水生态环境治理过程中取得了很大的进展，让居民享受了相对清洁的水环境。此时，地方政府实现了水公共产品的需求，提高了民众认可度。

（2）地方政府的自利性

地方政府不但代表公共利益，还代表集体利益，因此也具有自利性。这种利益异化的背后逻辑是：公共利益成为地方政府发展经济的牺牲品。"经济发展"为主的政绩考核体系，使提高财政收入成为地方政府采取的策略以及做出具体行政行为的立足点，水资源生态很少甚至不在地方政府的考量内。更有甚者，为了某个政治目标，部分地方政府默认地方企业污染水生态的行为。在这样的情况下，地方政府的自利性使其拒绝将有限的资源投入水生态环境治理中。

3.地方企业的社区性与自利性

（1）地方企业的社区性

首先，劳动力、资金以及土地等生产要素的使用依附于地方企业。其次，地方企业的发展包括增加居民收入以及提高居民就业率，改善地方居民生活等社区性目标。最后，地方企业的管理者一般都是当地精英，熟悉地方的人际关系与环境，提高了经营管理效率。

这样的社区属性使得地方企业承担起一定的水生态环境治理责任，分拨出一部分利润支持地方性公共物品的支出。这既可以在地方群众与地方政府中提高企业形象，有助于地方企业发展，又可以增强地方企业的地方归属感，使地方企业关心其在社区中的声望，积极参与促进本地区经济发展的活动。

地方企业在追求自身利益的同时，要兼顾地方的公共利益，担负水环境治理的责任。地方企业是生产污染的主体，也是控制污染的关键环节。地方企业掌握着影响水生态的重要信息,对地方政府的水生态管理决策有重要的影响。基于地方企业的利益最大化目标,如果地方政府能够在水生态环境治理中对地方企业进行经济激励,一定会更加有助于水生态环境治理的推进。

(2)地方企业的自利性

市场体制的改革致使地方企业利益表达异化。一方面,市场体制改革意味着地方经济资源、社会资源和自然资源重新整合和优化配置,使得地方企业的产业结构重新调整,以农产品为原料的地方企业数量骤然减少,取而代之的是第三产业的发展,减少了对地方生产要素的依赖性,因而弱化社区责任意识。另一方面,市场经济体制的改革,让地方企业成为独立经营、自负盈亏的市场主体,强化了谋利的动机。由于市场体制改革,产业结构调整,工业结构性污染十分严重。

4.居民的生存利益

(1)居民基于生存利益参与水生态环境治理

地方经济发展对于居民来说,牵涉到其切身的两个基本利益诉求,即生存利益与发展利益。要较好地生存就要保护好与居民日常息息相关的水资源环境,要较好地发展就要依靠经济,经济发展在一定程度上破坏水环境生态。不能用发展剥夺生存的权利。地方的水资源是基本的生存资源,生活中的衣食住行都离不开水。水生态一旦被严重破坏,地区发展就会受到威胁。

在水生态环境治理博弈中,作为博弈主体之一的居民在面对生存利益时,会与地方政府保持一致的步伐,配合地方政府进行水生态环境治理,以保证合法的生存权利。

(2)居民基于生存利益忽视水生态环境治理

居民首先解决的是自身生存问题,然后谈发展和环境。当居民处于生存阶段时,很难激发其环境保护意识。

当居民还处于环境保护意识初级阶段时,大部分居民没有意识到水资源短缺和污染的严重性,在治理中也很难发出有力的声音。只有当人们的生活水平达到一定程度时,人们才会愿意为环境保护与生态环境治理支付更大的投入。当地方经济发展水平较低、居民收入较低时,要求他们在保护水环境生态上做出努力,不会有理想的效果。

三、基于利益相关者博弈的水生态环境治理创新研究

1.博弈模型构建

本节主要基于地方政府、地方企业与居民三方的博弈形成水生态治理策略,从

而创新资源环境管理。下面构造三方两两之间的博弈模型，找到策略和相应的得失体系。

（1）地方政府与地方企业的博弈

面对水生态环境日益被破坏，地方政府可能采取两种策略：一种策略是加强地方企业监督管理，比如加大对地方企业的经济处罚力度，提高其排污成本；另一种策略是松懈管理，表现在规定不明确、处罚力度不够，地方保护主义，害怕停产而造成税收上的损失。此时企业也会有两种策略：一种是增加治理成本，进行达标生产；另一种是不顾生态环境，进行污水排放。

浙江省在水生态环境治理中，形成了工农转型升级的倒逼机制。①完善工业、农业转型升级的奖惩机制。加大政府对工业污染治理技术的财政投入与政策支持，设立项目资金推进新型工业、农业产业主体采用绿色新技术，促进技术引领创新驱动的产业升级；要对遵循政府倡导的标准和规范进行奖励支持，在信贷、税收等方面提供政策优惠，促进工业、农业减少污染排放；要完善提高污染防治标准的政策法规，并加大工业、农业的执法力度，严厉处罚污染物排放不达标的行为。②健全工业、农业污水的监管监测体系。要进一步完善区、县（市）工业、农业污水排放等生态环境监测网络体系建设，要重点在印染、造纸、化工等重污染企业建立信息联动的溯源体系，第一时间掌握企业的动态信息，在农村加快建立土肥检测信息体系，加强农业面源污染的监管监测工作。

表 8-8 给出了政府要求污染源地方企业承担责任的监督博弈模型，其中：F 是监管成本；C 是治污成本；T 是罚款；S 是社会损失，也可视为地方政府制止地方企业污染行为所得到的社会收益；D 是地方企业被强制整顿受到的损失；W 是地方政府财政收入损失。

表 8-8　政府要求污染源地方企业承担责任的监督博弈模型

项目	企业排污	企业治污
地方政府严格监管	$T+S-F-W$，$C-D-F-S$	$-F$，$-C$
地方政府松懈监管	$-S$，0	0，$-C$

（2）地方政府与居民的博弈

水生态环境问题的实质是生存与发展问题，在居民视角下是两难的问题。一方面，居民渴望地方经济发展，能够使其有更好的生活；另一方面，居民希望有良好的生态环境，保障其健康。当后者重要性大于前者时，居民会选择参与以地方政府为主导的水生态环境治理；反之，由于巨大利益的驱动，居民忽视生态问题，消极对待水生态环境治理,甚至出现反对行为。

表 8-9 是地方政府与居民博弈模型。其中,C_1 是居民积极参与生态环境治理的成本,S_1 是居民参与水生态环境治理后的收益(生态收益),D_1 是水生态污染造成的损害,S_2 是居民不参与生态环境治理时的收益(经济利益),F_1 是地方政府对积极参与治理的居民的补偿成本,S_3 是进行补偿之后的各种社会收益以及政治收益。

表 8-9　地方政府与居民的博弈模型

项目	居民参与	居民不参与
地方政府补偿	$S_3 - F_1, S_1 - C_1$	$-F_1, S_2 - D_1$
地方政府不补偿	$0, S_1 - C_1$	$0, -D_1$

(3)居民与地方企业的博弈

地方企业策略是治理和直接排放污水,受到的威胁是遭到举报并被惩罚,居民策略是监督举报或不参与监督。实际中,居民往往处于弱势,为了自身生存利益而忽略发展利益。

表 8-10 给出了居民监督与地方企业污染行为的博弈模型。其中:C_2 是居民参与监督的成本;S_4 是参与监督后的生态收益;D_2 是居民因水资源污染而受到的损害;C 是地方企业治污成本;C_3 是由于居民举报,地方企业需要付出的成本(包括行政成本);S_5 是地方企业减少污染行为之后获得的社会收益。

表 8-10　居民监督与地方企业污染行为的博弈模型

项目	居民参与监督	居民不参与
地方企业不偷排	$-C + S_5, -C_2$	$-C, 0$
地方企业偷排	$-C_3, S_4 - C_2 - D_2$	$0, -D_2$

2. 纳什均衡求解

(1)地方政府与地方企业均衡

在表 8-8 的博弈模型中,假设其不存在单一战略纳什均衡,因此,需要分析其混合战略纳什均衡,用 X_1 表示地方政府严格监管的概率,用 Y_1 表示地方企业排污的概率。那么地方政府严格监管($X_1 = 1$)与松懈监管($X_1 = 0$)的期望收益分别为

$$V_1(1, Y_1) = (T + S - F - W)Y_1 + (-F)(1 - Y_1) = (T + S - W)Y_1 - F$$

$$(8\text{-}10)$$

$$V_1(0,Y_1)=(-S)Y_1+0\times(1-Y_1)=-SY_1 \tag{8-11}$$

由 $V_1(1,Y_1)=V_1(0,Y_1)$ 可以解得 $Y_1=F/(T-W+2S)$，即如果地方企业排污的概率小于 $F/(T-W+2S)$，地方政府的最优策略是松懈监管；如果地方企业的排污概率大于 $F/(T-W+2S)$，政府的最优战略是严格监管。

对于地方政府严格监管的概率 X_1，地方企业选择排污($Y_1=1$)与治污($Y_1=0$)的期望收益分别为

$$R_1(X_1,1)=(C-D-F-S)X_1+0\times(1-X_1)=(C-D-F-S)X_1 \tag{8-12}$$

$$R_1(X_1,0)=(-C)X_1+(-C)(1-X_1)=-C \tag{8-13}$$

由 $R_1(X_1,1)=R_1(X_1,0)$ 可以解得 $X_1=C/(D+F+S-C)$，即如果地方政府严格监管的概率小于 $C/(D+F+S-C)$，地方企业的最优策略是排污；如果地方政府严格监管的概率大于 $C/(D+F+S-C)$，那么地方企业的最优策略是治污。所以，该博弈模型混合战略的纳什均衡是 $X_1=C/(D+F+S-C)$，$Y_1=F/(T-W+2S)$，即在假设条件下地方企业以 $F/(T-W+2S)$ 的概率选择排污，地方政府以 $C/(D+F+S-C)$ 的概率选择严格监管。

（2）地方政府与居民均衡

在表 8-9 的博弈模型中，用 X_2 表示地方政府补偿的概率，用 Z_1 表示居民愿意参与以政府为主导的水生态环境治理的意愿。那么地方政府愿意补偿($X_2=1$)与不愿意补偿($X_2=0$)的期望收益分别是

$$V_2(1,Z_1)=(S_3-F_1)Z_1+(-F_1)(1-Z_1)=S_3Z_1-F_1 \tag{8-14}$$

$$V_2(0,Z_1)=0 \tag{8-15}$$

由 $V_2(1,Z_1)=V_2(0,Z_1)$ 可以解得 $Z_1=F_1/S_3$，即如果居民愿意参与水生态环境治理的意愿小于 F_1/S_3，那么地方政府的最优策略是补偿；如果居民愿意参与水生态环境治理的意愿大于 F_1/S_3，那么地方政府的最优策略是不补偿。

居民愿意参与水生态环境治理($Z_1=1$)与不愿意参与水生态环境治理($Z_1=0$)的期望收益分别是

$$P_1(X_2,1)=(S_1-C_1)X_2+(S_1-C_1)(1-X_2)=S_1-C_1 \tag{8-16}$$

$$P_1(X_2,0)=(S_2-D_1)X_2+(-D_1)(1-X_2)=S_2X_2-D_1 \tag{8-17}$$

由 $P_1(X_2,1)=P_1(X_2,0)$ 可以解得 $X_2=(S_1-C_1+D_1)/S_2$，即如果地方政府愿意补偿的概率小于 $(S_1-C_1+D_1)/S_2$，居民的最佳策略是不参与生态环境治理；如果地方政府愿意补偿的概率大于 $(S_1-C_1+D_1)/S_2$，居民的最佳策略是参与生态补偿。

地方政府与居民的博弈模型的纳什均衡是 $X_2=(S_1-C_1+D_1)/S_2$，$Z_1=F_1/S_3$，即在假设条件下地方政府以 $(S_1-C_1+D_1)/S_2$ 的概率对居民进行补偿，居民以

究,可以得出以下启示。

第一,地方经济发展与水生态环境是对立统一的,要统筹兼顾地方经济发展和水生态环境治理。地方经济的发展是一个投入-产出的动态系统,要获得发展,必须有相应资源的投入。在地方经济发展的过程中,地方政府管理不善导致地方水生态遭到了严重的破坏,地方水生态环境治理与地方经济发展在本质上是生存与发展的问题,两者是统一的。只有解决基本的生存问题,才有发展的条件,不能单纯为某一个需求而放弃另一个需要。正确处理地方经济发展与水生态环境治理的关系,要用发展的办法解决发展问题,既不能因为生存阻碍发展,也不能因为发展牺牲生存权利。

第二,地方经济发展过程中的水生态环境治理是地方政府、地方企业与居民三方共同参与的生态环境治理。治理主体既是水生态问题的受害者,又是水生态问题的制造者,三方在水生态环境治理中各有长处与短板,因此,水生态环境要求三方共同承担起生态环境治理的责任。水生态环境治理工程是十分庞大而且复杂的,仅仅依靠一方不可能实现治理目的。有效的水生态环境治理必须同时包括地方政府、地方企业与居民的参与,多元主体相互作用、相互契合。

第三,水生态环境治理主体有限理性与制度缺陷的存在造成了水生态治理的困境。通过对不同治理主体之间的博弈分析,可以得出三方的利益表达出现了异化,受传统思维以及制度的缺陷的影响而衍生了各种机会主义思想,出现了集体非理性,陷入了"公地悲剧"。

第四,通过重新整合治理主体的利益结构和重新安排相关制度,有希望理顺治理主体之间的关系,实现良好的水生态环境治理。新制度经济学认为,要解决个人理性与集体理性之间的冲突,需要进行一系列安排,为博弈者的合作提供条件,在达到个人理性的条件下达到集体理性。因此,本书认为可以通过发挥地方政府的主导作用,利用法律条例、区域激励制度、完善的政绩考核体系来实现多元主体水生态环境治理。

第九章 基于系统动力学方法的自然资源管理创新政策仿真研究

本章在自然资源管理创新研究基础上,引入系统动力学方法,以浙江省水资源管理为例,将水资源利用系统划分为水资源子系统、人口子系统、经济子系统、生态环境子系统、水资源政策子系统五个子系统,其中水资源政策子系统是嵌入式子系统,从而构建水资源政策仿真模型,并输入浙江省水资源管理政策参数,进行政策的环境、经济效应分析。

第一节 系统动力学方法介绍

一、系统动力学方法的概念

系统动力学是美国 Forrester 教授首先提出的一种研究系统信息管理的重要方法(李玉文等,2017)。它是数学、系统、信息、管理等学科的交叉学科,主要通过研究系统的信息反馈来解决系统问题。

系统动力学方法本质上是基于系统思维的一种计算机模型方法。在系统思维方式下,现实中很多事物都可以看作一个有多个组成部分的系统,这些组成部分之间不是孤立存在的,而是相互作用、相互影响的,形成众多复杂因果关系,存在很多反馈结构。系统动力学用信息理论和计算机技术来描述这些反馈,形成因果关系图和系统流程图。系统动力学与一般系统思维建模的区别在于,它根据反馈给定初始值,通过系统流量和流速的变化可以得出仿真结果。

系统动力学模型是建立在控制论、系统论和信息论的基础上,反映系统结构、功能和动态行为特征的一类动力学模型。系统动力学较早是用于研究库存管理分析的。由于它可以描述复杂系统关系,因此对现实系统结构具有揭示性,之后被广泛用于经济学、公共管理学、公共政策等领域。

二、系统动力学方法原理与建模

1. 系统动力学方法原理

系统动力学中,系统的行为模式与特性主要取决于其内部的动态结构与反馈机制。它认为信息反馈的控制原理受因果关系的逻辑分析影响。该方法在面对复杂的实际问题时,从系统的微观结构入手,依据数理方程建立系统的仿真模型,并对模型实施各种不同的"模拟政策试验",寻求解决问题的有效途径。现在系统动力学主要利用计算机技术对真实系统构建仿真模型,可以研究系统的结构、功能和行为之间的动态关系,进而理解和控制系统的行为。

在系统动力学中,系统 S 可以被划分成若干(p)个相互关联的子系统,即 $S=\{S_i \mid S_i \in S\}, i=1,2,\cdots,p$,依据系统结构流程图和构造方程进行系统动力学建模。流程图用于描述系统中各变量间因果关系和反馈控制机制;构造方程是变量间定量关系的数学表达式,可以根据真实数据构造拟合方程,或者由流程图直接确定。这里的构造方程是数理方程,可以是线性或非线性的微分方程,其一般表达式为

$$\frac{\partial x}{\partial t} = f(x_i, a_i, r_i, p_i) \tag{9-1}$$

其差分形式为

$$X(t+\Delta t) = X(t) + \Delta t \cdot f(x_i, a_i, r_i, p_i) \tag{9-2}$$

其中,X 为状态变量,x_i 为第 i 个参数,a_i 为辅助变量,r_i 为流率变量,p_i 为转移参数,t 为仿真时间,Δt 为仿真步长。

状态变量可以是一个子系统的宏观表达量。方程亦可扩展为矩阵形式

$$X = PR \tag{9-3}$$

其中,P 为转移矩阵,R 为流率变量向量。

同时还需满足

$$\begin{bmatrix} R \\ A \end{bmatrix} = W \begin{bmatrix} V \\ A \end{bmatrix} \tag{9-4}$$

其中,A 为辅助变量向量,W 为关系矩阵,V 为仅与时间 t 有关的纯速率变量向量。

2. 系统动力学建模步骤

(1)确定边界。明确研究目的与待解决的问题后,搜集相关的统计数据,阅读

并学习国内外的研究文献，划定系统边界。客观世界的系统大都是开放系统，但是在建模时，要确定系统界限，将其简化为封闭系统。

（2）系统结构分析。分析所要研究的对象，划分子系统，分析系统内的主要因果关系，确定变量间的关系。

（3）建立模型。模型包括系统结构流图与结构方程式，首先确定状态变量、速率量和辅助变量，然后构建系统流图，它是整个系统的核心，根据变量间的关系建立数学方程式。对模型中的参数进行赋值。

（4）运行与检验模型。检验内容包括模型的方程式与实际情况的变化规律是否一致，量纲是否正确。在检验过程中，根据模拟结果不断地对模型进行调试与修改，直至符合要求。

（5）模型模拟与分析预测。对模型进行模拟，并将结果自动保存为数据集，分析得出的预测值并通过改变参数进行多种不同方案的模拟，根据模拟结果进行分析比较，得出结论。

三、系统动力学方法的应用

系统动力学的诸多特性决定了它非常适用于自然资源管理政策仿真的相关研究：①系统动力学研究的是开放系统，系统具有整体性，又具有层次性。系统存在子系统，整体和局部之间有紧密的联系。而区域生态创新是一个涉及多种要素的复杂系统，系统内部与外界诸多因素存在交互作用。②系统动力学研究的是多变量、线性与非线性反馈叠合的复杂系统。在解决问题时采用计算机仿真模拟真实系统，将线性与非线性叠合的动态过程转化成多次仿真拟合求解的问题，避开了数学工具的局限。与真实实验相比，系统模拟大大降低了风险、控制成本，提高了效率。这些特性决定了系统动力学模型可以更加真实地反映出政策效果，为解决政策问题和制定科学合理的政策提供参考。

20世纪80年代初，我国开始引进系统动力学。20世纪90年代，系统动力学在我国的社会、经济、产业、能源、区域与城市发展等领域获得了全面的应用。系统动力学就是为分析生产管理及库存管理等企业问题、分析研究信息反馈系统、认识系统问题和解决系统问题而提出的系统仿真方法，因此在库存管理领域应用较多。库存管理研究主要表现在库存管理和供应管理以及其他管理领域。库存管理模型主要有配送中心与超市库存系统动力学模型；城市物流中心商品库存量的模拟预测分析；超市配送中心系统的最优库存与订货策略企业的库存管理问题，构建出制造企业库存管理模型；单一供应商对多制造商的供应链环境下，第三方直通集配中心模式的系统动力学仿真等。系统动力学方法在模拟自然资源、能源系统供需安全,以支撑经济和资源系统绿色发展方面应用很多:①在水资源管理方面,研究主要着眼于水资源承载力、供需平衡和管理。通过系统动力学方法揭示水资源系统相关关系从而研究水资源供给、水资源承载力、水资源管理政策等。②在土地资源管理方面,研究主要着眼于土地资源承载力、土壤质量控制和可持续利用。通过揭示土地利用相关子系统关系,对土地可持续利用、承载力等方面进行模拟预测。③在能源管理方面,研究主要着眼于能源安全、能源消费结构及其引发的碳排放问题。通过调节产业经济、人口、资源子系统参数,预测能源生产、消费、供需缺口和储备量的变化;模拟能源安全和能源消费结构的关联机制;进行低碳经济发展模拟等。

第二节　浙江省水资源创新管理仿真模型构建

浙江省水资源管理系统可以划分为水资源子系统、人口子系统、经济子系统、生态环境子系统。水资源政策通过四个子系统直接或间接地影响水资源管理效果,因此可以以嵌入形式成为第五个子系统。

一、浙江省水资源创新管理

浙江省水资源总量相对丰富,但人均水资源量相对较少,基本属于中度缺水地区。《浙江省水资源公报》显示,2019 年浙江省水资源总量 1321.36 亿 m³,由于浙江省人口多、产业集中,人均水资源量仅为 2280.80m³。城市化水平不断提高的同时,城市用水量不断增加,用水矛盾突出,50% 以上的城市都进入缺水行列,平原河网处于污染状态。浙江省生态环境监测中心 2021 年 6 月公布,72 个省控断面没有Ⅰ类水质,Ⅲ类及以下水质占 86.1%,满足水环境功能区目标水质要求的断面仅占 58.3%。水资源短缺和水污染问题成为浙江省可持续发展的挑战。科学创新的水资源管理是实现地区可持续发展的重要途径。

创新管理是指以组织结构和体制上的创新,通过决策、计划、指挥、组织、激励、控制等管理职能活动和组合,为社会提供新产品和服务(Birkinshaw et al.,2008)。Stata(1989)明确提出创新管理概念并开始应用到企业管理中,之后概念扩展到各类社会组织。创新管理理念为浙江省水资源可持续利用提供了管理思路。水资源管理的最终目的是规范人们的生产和生活,解决资源稀缺引起的问题,以达到使水资源可持续利用的目的。水资源稀缺性符合经济规律,充分发挥市场配置机制作用是促进水资源科学合理利用的重要手段(Krovčová & Kavan,2019)。市场化组合政策将成为水资源创新管理的重要途径。

国际上将水资源管理研究划分为供给管理、需求管理,需求管理又包括技术性管理、结构性管理和社会化管理阶段(Al-Saidi,2017)。在水资源出现短缺的初期,人们采取供给管理,利用工程措施增加新资源供应;当没有或者很难找到新资源时,人们转向技术性管理,利用新技术节约资源,比如节水技术可以让每滴水发挥其作用;在技术很难实施或不能解决自然资源问题时,就进入结构性管理阶段,比如在水资源利用过程中调整用水结构(如工农业间水分配比例),使每滴水产生更多价值,同时加强水质管理是解决水资源问题的直接途径(Garrick et al.,2013);而当上述管理都很难解决自然资源问题时,人们希望通过发挥社会资源的作用来解决自然资源问题,自然资源管理也随之进入社会化管理阶段(Ruzol et al.,2017;李玉文等,2013)。从水资源管理情况来看,美国、澳大利亚等很多国家都进入了社会化管理阶段。社会化管理阶段更强调社会经济系统对水资源优化配置的作用,同时更注重经济效益,我国水资源管理已由管制制度转向了经济手段(沈满洪等,2017;朱永彬和史雅娟,2018)。水资源管理中实现市场化配置的经济政策主要有以下几个方面。第一是针对水资源使用进行收费,从而达到水资源有偿使用目的,体现水资源的经济价值(Pinto et al.,2018)。第二是给水资源确权,然后放入市场实施水权交易,从而达到水资源经济效应最大化的目的,让市场机制有效优化资源配置(Yang et al.,2015)。第三是污染性征税政策,即对排污主体进行征税,从而抑制水污染,让外部成本内化,增加社会效益(沈满洪和何灵巧,2002)。20世纪初,我国学者提出了用经济手段解决水资源外部性问题(沈满洪和何灵巧,2002),之后出现了具体的市场化配置案例,比如浙江义乌-东阳的水交易等(沈满洪,2005);学者指出市场在水资源配置中的取水环节和排放环节发挥着重要作用;水价、水权和污染征税是实现市场化作用的重要经济手段;水资源价格、水权交易设计、生态补偿及相关的政策制定成为研究者关注的焦点(刘慕华和肖国安,2019)。虽然学者从不同的视角针对每个方面都有相关的深入研究,但到底采用哪些政策或者政策组合可以使地区水资源配置达到最佳效果仍没有定论。

系统动力学用信息理论和计算机技术来描述这些反馈,形成因果关系图和系统流程图。系统动力学区别于一般系统思维建模的是,它根据反馈给定初始值,通过系统流量和流速的变化来得出仿真结果。系统动力学研究的是开放系统,是多变量、线性与非线性反馈叠合的复杂系统。这些特征决定了它非常适合水资源政策这一复杂系统的研究(李大宇等,2011),不少学者已经采用此方法研究水资源政策(Sun et al.,2017;Gastelum et al.,2018;李玉文等,2017;Qi & Chang,2011;程怀文和李玉文,2019)。

基于此,本章针对水资源政策,引入系统动力学方法,在剖析水资源开发利用和水制度基础上,建立了水资源环境经济政策模型,以浙江省作为案例,进行了水资源政策仿真模拟实证研究,为推动我国水资源管理创新和制度建设提供科学参考。

二、水资源系统划分与变量分析

1.水资源系统划分

水资源系统是水资源开发利用及管理过程中形成的一个复杂的循环系统,包括自然-社会二元循环系统。水资源系统根据水资源开发利用特点划分为水资源子系统、人口子系统、经济子系统、生态环境子系统四个子系统,同时将水资源政策嵌入水资源系统结构(左其亭,2007),最终形成包括水资源政策子系统在内的五个子系统。水资源子系统是基础子系统。水资源是人类生存、发展的基础资源,人类生活、生产都离不开水;水资源子系统为其他系统提供必需的水,是整个系统中的基础。人口子系统是核心子系统。人类活动是利用水的开端,水资源开发利用都是基于人类活动,地区人口的多少会直接影响地区用水量,是整个系统的核心。经济子系统主要涉及农业(包括种植业和畜牧业)、工业和服务业。经济用水会产生污水,既影响水资源使用量,又影响水环境质量,它是水资源系统中的重要部分。同时为了维护正常的绿化环境,人工环境配水是必需的。水生态环境子系统是承载子系统。水生态环境子系统承载了人类经济活动,是水资源系统的承载系统。水资源政策子系统是调控系统。水资源政策是为了规范水资源开发利用而制定的,可以对整个水资源系统进行调节,制定科学合理的水资源政策是解决水资源问题的关键。不同水资源开发利用特征应该需要不同的水资源政策来调节控制。本章将水资源政策嵌入水资源循环过程中形成水资源政策系统,主要有水价政策、污染征税政策和水权政策。

2.变量分析

系统动力学模型参数主要分为状态变量、速率变量、常数与辅助参数。模型根据人类经济活动对水资源的影响即水资源开发利用过程,设计各个子系统的变量。由于篇幅有限,本节仅以人口子系统为例进行分析。

人口子系统中描述人口数量的变量是地区总人口,地区总人口又分为城镇人口和农村人口,地区总人口随着自然出生率和死亡率变化而变化;描述用水的变量是居民生活用水量,它由城镇生活用水量、农村生活用水量、市政公用事业用水量组成;城镇(农村)人均生活用水量和城镇(农村)人口决定了城镇(农村)生活用水量,城镇(农村)生活用水量重复率会导致在实际城镇(农村)人均用水量不变的情况下,城镇(农村)人均用水量的减少。建成区面积决定了市政公共事业用水量。本节设定生活质量越高,生活用水量越多,将生活用水量随生活水平提高的增加率定义为生活水平系数。

三、SD 模型构建

1.系统流程与方程式

本节根据变量之间的关系,以及变量本身的特征,采用系统动力学软件建立了水资源系统流程图(见图 9-1)。水资源政策是嵌入式子系统,系统流程图是主体模型,因而不包括水资源政策变量。

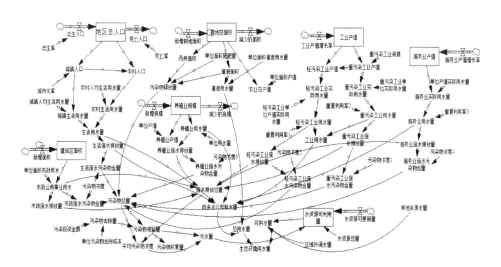

图 9-1　水资源系统流程图

结构方程式是模型的重要部分,由于篇幅有限,我们以人口子系统为例详细介绍模型结构方程式的构建。

(1)地区总人口＝INTEG(出生人口－死亡人口,初始值);

(2)出生人口＝出生率×地区总人口;

(3)死亡人口＝死亡率×地区总人口;

(4)城镇人口＝地区总人口×城市化率;

(5)农村人口＝地区总人口－城镇人口;

(6)城镇生活用水量＝城镇人均生活用水量×城镇人口；

(7)城镇人均生活用水量＝INTEG(初始值×城镇生活水平系数)；

(8)农村生活用水量＝农村人均生活用水量×农村人口；

(9)农村人均生活用水量＝INTEG(初始值×农村生活水平系数)；

(10)建成区面积＝INTEG(初始值＋新增面积)；

(11)市政公用事业用水量＝建成区面积×单位面积市政用水量；

(12)总生活用水量＝城镇生活用水量＋农村生活用水量＋市政公用事业用水量。

2.模型参数

浙江省一直重视水资源管理，水资源管理制度建设走在全国前列，水资源市场化配置程度相对较高，第一个水权交易案例就发生在浙江东阳和义乌之间(沈满洪，2005)，同时浙江省对淳安的生态补偿、苕溪的水权政策试点等都相继进行，但到实施水资源经济政策全面实现市场化配置仍有一段距离，需要进一步探索。浙江省人口众多，经济发达，用水需求量大，同时存在污染问题。浙江省 2018 年年末常住人口 5737 万人，2018 年地区生产总值为 56197 亿元，比 2017 年增长 7.1%。其中，第一产业增加值 1967 亿元，第二产业增加值 23506 亿元，第三产业增加值 30724 亿元，分别增长 1.9%、6.7%和 7.8%，第三产业对地区生产总值增长的贡献率为 56.2%，三次产业增加值结构为 3.5∶41.8∶54.7；人均地区生产总值为 98643 元，增长 5.7%；浙江省 2018 年平均降水量为 1640mm(折合降水总量 1702 亿 m³)，全省水资源总量为 867 亿 m³，人均水资源量为 1521m³；2018 年城市污水排放量 37.0 亿 m³，比 2017 年增长 3.9%，城市污水处理量为 35.3 亿 m³，增长 4.8%；11 个设区城市的主要集中式饮用水水源地水质达标的比例为 90.5%，145 个跨行政区域河流交接断面水质达标率为 90.3%。

根据浙江省实际情况，我们通过经验和资料文献及趋势推演的方式确定系统动力学模型参数。参数分为三种类型：状态变量的初始值，常数(即整个模型过程中不变的量)，表函数(即反映其非线性关系变化的参数)。表 9-1 给出了人口子系统中三种类型的参数的最终确定值。初始值是根据 2016 年的数据，表函数是采用 2006—2016 年的统计数据计算出来的，模拟期末数据则根据历史规律推算或直接采用典型地区的规划数据。由于篇幅有限，下面以浙江省人口子系统为例介绍系统参数的确定。数据来源于 2007—2017 年《浙江统计年鉴》、2006—2016 年的《浙江省水资源公报》、2006—2017 年的《中国城市建设统计年鉴》。

表 9-1　浙江省人口参数取值

参数类型	参数名称/单位	初始年份取值	模拟期年份取值
初始值	地区人口/万人	5590.00	—
	建成区面积/km²	1640.00	—
	农村人均生活用水量/(m³·a⁻¹)	64.81	—
	城镇人均生活用水量/(m³·a⁻¹)	54.10	—
	单位面积市政用水/(万 m³·km⁻²)	110.00	—
常数	出生率/‰	10.00	—
	死亡率/‰	5.50	—
	新增面积/km³	20.00	—
	市政废水排放系数/%	60.00	—
	生活废水排放系数/%	60.00	—
表函数	城镇化率/%	67.00	80.00

3. 方案设置

本节在基本模型的基础上,构建了单一政策模型和三种不同类型的组合政策模型,共 6 个模型。组合政策模型是在单一政策模型的基础上构建而成的。模型参数分为基本指标(初始值)、辅助参数(常数)和表函数(反映模型关系的非线性变化),由于篇幅有限,表 9-2 给出了模型主要的表函数,即制定模型的不同模拟方案。本节根据政策模型,设置了 6 个方案,具体指标设置见表 9-2。

表 9-2　浙江省水经济政策组合的模拟方案

方案	政策	主要指标	表函数		
			初始年	5 年	10 年
方案 1	水价政策（WP1）	农村生活用水价格/(元·m⁻³)	1.50	2.00	3.80
		城镇生活用水价格/(元·m⁻³)	1.50	4.00	8.50
		市政用水价格/(元·m⁻³)	1.50	6.65	9.50
		养殖业水价/(元·m⁻³)	1.50	6.65	13.00
		农业水价/(元·m⁻³)	0.50	2.00	5.00
		轻污染工业水价/(元·m⁻³)	1.50	6.65	9.50
		重污染工业水价/(元·m⁻³)	1.50	6.65	14.00
		服务业水价/(元·m⁻³)	1.50	6.65	12.00

续表

方案	政策	主要指标	表函数		
			初始年	5 年	10 年
方案 2	污染征税政策（WP2）	养殖业单位污水价格/（元·kg⁻¹）	0.00	7.00	8.00
		轻污染工业单位污水价格/（元·kg⁻¹）	7.00	7.50	8.00
		重污染工业单位污水价格/（元·kg⁻¹）	7.00	8.00	14.00
		服务业单位污水价格/（元·kg⁻¹）	0.00	7.00	8.00
方案 3	水权政策（WP3）	单方水权价格/（元·m⁻³）	0.76	1.00	2.00
		灌溉用水交易量/亿 m³	10.00	5.00	5.00
		养殖业用水交易量/亿 m³	1.00	2.00	3.00
方案 4	水价政策和污染征税政策（WP1 和 WP2）	农村生活用水价格/（元·m⁻³）	1.50	2.00	3.80
		城镇生活用水价格/（元·m⁻³）	1.50	4.00	8.50
		市政用水价格/（元·m⁻³）	1.50	6.65	9.50
		养殖业水价/（元·m⁻³）	1.50	6.65	13.00
		农业水价/（元·m⁻³）	0.50	2.00	5.00
		轻污染工业水价/（元·m⁻³）	1.50	6.65	9.50
		重污染工业水价/（元·m⁻³）	1.50	6.65	14.00
		服务业水价/（元·m⁻³）	1.50	6.65	12.00
		养殖业单位污水价格/（元·kg⁻¹）	0.00	7.00	8.00
		轻污染工业单位污水价格/（元·kg⁻¹）	7.00	7.50	8.00
		重污染工业单位污水价格/（元·kg⁻¹）	7.00	8.00	14.00
		服务业单位污水价格/（元·kg⁻¹）	0.00	7.00	8.00
方案 5	水价政策和水权政策（WP1 和 WP3）	农村生活用水价格/（元·m⁻³）	1.50	2.00	3.80
		城镇生活用水价格/（元·m⁻³）	1.50	4.00	8.50
		市政用水价格/（元·m⁻³）	1.50	6.65	9.50
		养殖业水价/（元·m⁻³）	1.50	6.65	13.00
		农业水价/（元·m⁻³）	0.50	2.00	5.00
		单方水权价格/（元·m⁻³）	0.76	1.00	2.00
		灌溉用水交易量/亿 m³	10.00	5.00	5.00
		养殖业用水交易量/亿 m³	1.00	2.00	3.00

方案	政策	主要指标	表函数		
			初始年	5 年	10 年
方案 6	污染征税政策和水权政策（WP2 和 WP3）	养殖业单位污水价格/(元·kg⁻¹)	0.00	7.00	8.00
		轻污染工业单位污水价格/(元·kg⁻¹)	7.00	7.50	8.00
		重污染工业单位污水价格/(元·kg⁻¹)	7.00	8.00	14.00
		服务业单位污水价格/(元·kg⁻¹)	0.00	7.00	8.00
		单方水权价格/(元·m⁻³)	0.76	1.00	2.00
		灌溉用水交易量/亿 m³	10.00	5.00	5.00
		养殖业用水交易量/亿 m³	1.00	2.00	3.00

方案 1：浙江省实施单一的水价政策，即 2016 年水资源费政策，从取水端关注水资源利用，通过水资源有偿使用来体现水资源稀缺性。方案 2：浙江省实施单一的污染征税政策，从排放端关注水资源污染问题，通过污染征税解决水资源污染的负外部性问题。方案 3：浙江省实施单一的水权政策，从经济效率出发，在保障生活用水的基础上，针对经济用水通过水资源市场化解决水资源效率问题。方案 4：浙江省同时实施水价政策和污染征税政策。方案 5：浙江省同时实施水价政策和水权政策。方案 6：浙江省同时实施污染征税政策和水权政策。

第三节 浙江省水资源创新管理仿真结果分析

本节从水政策对地区用水量、水污染、水效率等方面的影响分析浙江省水资源创新管理仿真结果，通过这些研究结果提出相应的创新管理对策及建议。

一、水政策对地区用水量的影响分析

图 9-2 给出了 6 种方案下 2020—2026 年浙江省总用水量的模拟结果，下图是单一政策（方案 1～3）下浙江省总用水量仿真结果，上图是组合政策（方案 4～6）下浙江省总用水量仿真结果。

首先，从图 9-2 可以看出，在经济发展模式不变的情况下，无论是实施单一政策还是组合政策，浙江省用水需求都是逐年增加的。这与浙江省实际社会经济发

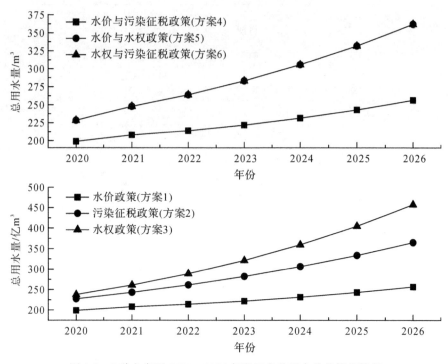

图 9-2　6 种方案下 2020—2026 年浙江省总用水量的模拟结果

展情况有关。2016 年浙江省人口 5590 万人，城市化率为 67%。按照当前的形势，人口仍然呈现增加趋势，城市化率还有很大空间，生活用水量和公共服务用水量依然会大幅增加。同时，浙江省是经济大省，2016 年地区生产总值为 47251 亿元，工业占 40%，生产总值增长率为 10%，2014—2018 年经济平均增长率为 7.6%。按照经济社会发展势头，水资源需求量必然是增长的。如果在不减少社会总体福利的情况下，减少水资源使用总量，必然是倒逼经济转型，充分发挥信息技术和新能源等各方面优势，进入高效、绿色的经济发展新常态。水资源政策可以通过产权、市场等手段减少水资源浪费和提高用水效率，从而达到缓解供需矛盾的效果。

其次，从图 9-2 可以看出，每一种水政策对地区用水量影响不同。在仅实施水价政策时，总用水量增加速率较小，相对缓慢增长；在仅实施水权政策时，总用水量增加趋势较明显，增长量较大，到 2026 年达 457 亿 m³，是浙江省近十年平均供水量（205 亿 m³）的 2.2 倍；在仅实施污染征税政策时，总水量增加速度虽然小于仅实施水权政策时，但到 2026 年，总用水量也将达到近十年平均供水量的 1.8 倍。从图 9-2 可以看出，在实施组合政策时，仅关注水资源总量的话，并不是越多越好。在水价与污染征税政策同时实施的情况下，总用水量增加速率较小，到 2026 年的总用水量比近十年平均供水量增加了 20％,在考虑新技术发展利用的情况下,可以控制浙江省总供水量在水资源供给能力范围内。

图 9-3 至图 9-8 分别给出了 6 种方案下浙江省城镇生活用水量、农村生活用水量,以及农业灌溉用水量、畜牧业用水量、工业用水量和服务业用水量的仿真结果。从整体看,水政策对生活用水量影响不大,6 种方案下,城镇生活用水量基本呈现直线形式,而农村生活用水量稍微呈下倾趋势,这符合水政策本来的目的,即在保障居民生活安全的情况下实施。生活用水量除了受到水政策影响,还受到人口变化影响。随着浙江省城市化率不断增加,生活用水量必然增长,会抵消水政策的影响。四种经济用水变化趋势明显而且各不相同。呈现上升趋势的有工业用水量和服务业用水量,而畜牧业用水量和农业灌溉用水量则呈现下降趋势,这是由于浙江省服务业发达,同时工业仍然是经济支柱,因此这两类用水需求增加量较大,同时水政策更有利于水资源转向更有效率的产业。水价政策对城镇生活用水量、农村生活用水量和农业灌溉用水量有抑制作用,促进水资源节约。现实中,生活用水和农业用水浪费现象较为明显,说明结果符合现实规律。污染征税政策对用水量作用不太明显,而水权政策则对生产用水影响较大。水权政策影响主要表现在农业灌溉用水和畜牧业用水的减少,以及工业用水和服务业用水的增加。但是水权政策却增加了水资源开发,刺激了需求的增长。

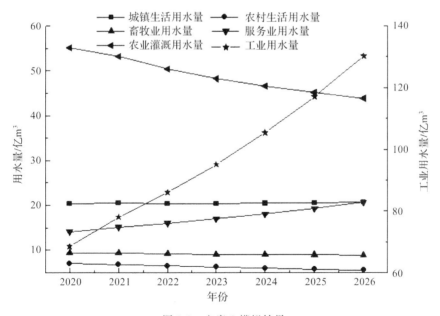

图 9-3　方案 1 模拟结果

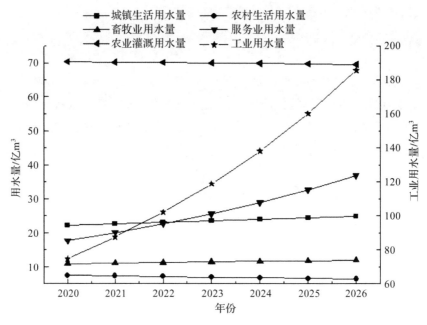

图 9-4　方案 2 模拟结果

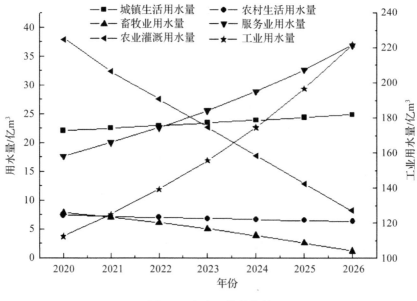

图 9-5　方案 3 模拟结果

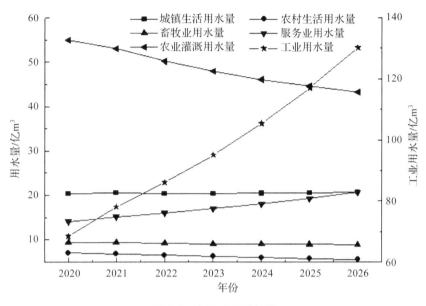

图 9-6　方案 4 模拟结果

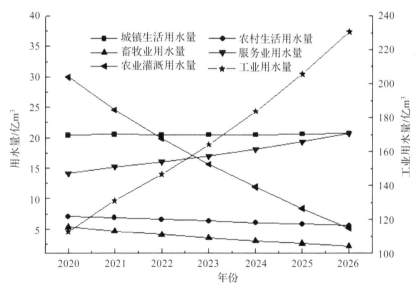

图 9-7　方案 5 模拟结果

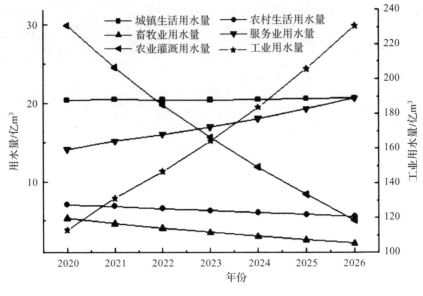

图 9-8　方案 6 模拟结果

最后,从模拟结果来看,水政策不但对地区总用水量有影响,而且对各项用水量的影响方向也不同。同时在用水需求比较大的区域,在不改变经济发展模式情况下,仅仅依赖征收资源税并不能减少供需矛盾。

二、水经济政策对水污染的影响分析

图 9-9 给出了 6 种方案下废水排放量的模拟结果。从模拟结果来看,水政策对水污染排放有很大影响。

首先,无论实施单一政策还是组合政策,废水排放量都呈现增加趋势,这是水资源利用的必然结果,水资源使用量越多,排放量就越大。其次,从单一水政策视角来看,浙江省实施污染征税政策有利于抑制水污染排放,在仅实施水权政策时最不利于污染治理,废水排放总量最多。从组合水政策来看,三种组合政策防治污染效果较好,污染排放增加趋势较为缓和,水价政策和污染征税政策同时实施时废水排放量的增长趋势缓于水价政策与水权政策同时实施。6 种方案中,废水排放量增长趋势和绝对增加量从大到小排序为:水权政策,水价与水权政策,水价政策,污染征税政策,水价与污染征税政策,水权与污染征税政策。最后,现实中每一种政策都会相互影响,当水价政策与水权政策同时实施时,反而会减弱污染控制效果;当把污染征税政策与水价政策、水权政策组合实施时,可以增强它的防污染作用。

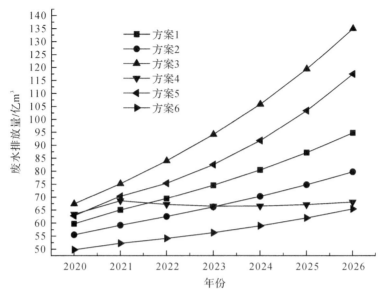

图 9-9　6 种方案下 2020—2026 年浙江省废水排放量的模拟结果

三、水政策对用水效率的影响分析

从模拟结果来看,水政策对节水效果和用水效率的影响方向不同。图 9-10 给出了 6 种方案下 2020—2026 年浙江省万元地区生产总值用水量(总产值与总用水量比值)和单方水产出(经济用水)的模拟结果。整体上,6 种方案下,万元生产总值用水量都在减少,说明水政策对于水资源效率的提高具有正面作用;单方水产出则有不同的变化趋势,方案 3、方案 4、方案 5 和方案 6 呈现上升趋势,而方案 2 和方案 3 呈现下降趋势。

从万元地区生产总值用水量模拟结果来看,可以得出以下结果。第一,6 种方案下,万元地区生产总值用水量都呈现下降趋势,这说明任何水政策出台都有利于水资源有效利用,通过规范人类生活和经济活动来有效缓解水资源短缺。第二,在单一政策中,水价政策能促进水资源节约,水权政策效果最小。这要从浙江省水资源条件和社会经济条件多方面解释,水权政策可以实现产权清晰下的市场化配置机制,我国还处于工业化时期,对资源需求非常大,在没有总量控制的情况下,市场化配置会增加水资源开发利用。第三是水权组合政策要优于单一政策,三类组合政策实施时,万元地区生产总值用水量下降趋势明显,说明实施组合政策有利于地区水资源节约。

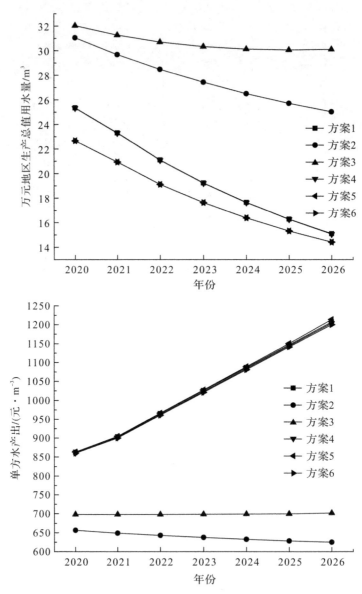

图 9-10　6 种方案下 2020—2026 年浙江省万元地区生产总值用水量和单方水产出的模拟结果

从经济用水的单方水产出的仿真结果来看,我们可以得出以下结果。第一,浙江省实施不同政策时,经济效益变化很大,单方水产出的趋势不同,污染征税政策不利于水的经济效益。第二,三类组合政策都有利于水经济效益,说明政策之间相互影响,在产权清晰或污染征税情况下更有利于发挥水政策的经济作用。

四、结论与政策建议

1.结论

本章将水资源开发利用政策系统划分为 5 个子系统,采用系统动力学方法,设置不同组合的水经济政策方案,进行政策的实施效果仿真模拟,从仿真结果可以得出以下结论。

(1)不同水政策在相同的社会经济条件下实施的效果是不一样的。单一的水权政策可以增加经济用水的经济效益;水污染征税政策在于更好地控制污染,减少污水排放,有利于改善地区生态环境;水价政策则能够全面地提高节水意识,特别促进居民生活用水和农业灌溉用水的节约。

(2)我国水资源问题复杂,资源污染和水短缺并行,单一的水资源政策很难解决地区水资源可持续利用面临的综合复杂问题,需要实施组合政策。

(3)水资源经济政策体系可以充分发挥市场机制作用,进行地区水资源优化配置,但由于水资源的公共物品性质,需要配合政府引导和监督,才能更好地发挥其效果。一些领域需要市场管制,另一些领域需要政府管制。

2.政策建议

根据以上研究结论,本章针对浙江省水资源可持续利用提出以下政策建议。

(1)浙江省积极推行水资源费改税政策,将水价政策和试点的污染征税政策结合起来,纳入费改税系统,从而出台同时考虑取水端和排放端的水资源税政策,同时解决资源节约和水污染两个问题。

(2)积极探索水权政策,在一些经济用水领域建立市场化的水权交易,切实让市场机制在水资源配置过程中发挥主要作用。

(3)进一步探索产生正外部性的水生态补偿制度,在核算水资源生态价值基础上,将资源转化为资产,促进地区经济转型,从而让水资源本身产生价值,解决生产用水的供需矛盾。

第十章

供给侧结构性改革视域下的我国自然资源管理创新体系

本章首先梳理了我国自然资源及管理制度现状,在供给侧结构性改革视域下总结自然资源管理制度存在的问题,然后给出我国自然资源管理工具箱,根据自然资源管理制度应遵循的原则提出我国自然资源管理制度创新体系,最后给出我国自然资源管理创新对策。

第一节　我国自然资源管理制度现状分析

本节在分析我国自然资源的基础上,梳理了我国自然资源管理制度,并揭示出存在的问题。

一、我国自然资源分析

1.土地资源

全国土地总量为 960 万平方公里,分为 9 种:耕地、园地、林地、牧草地、其他农业用地、居民点及工矿用地、交通运输用地、水利设施用地、未利用土地。表 10-1 给出了具体面积及占比。我国未利用土地的占比为 38.09%,是比例比较高的,但是在全世界来看是比较低的,一些国家达 50% 以上,甚至 70% 以上。农业用地占 57.79%,其中林地和牧草地分别占全国土地总量的 26.33% 和 13.47%,耕地占全国土地总量的比例较低,仅 14.05%。

我国土地区域分异明显,土地资源分布不均衡,在土壤类型的区域分异基础上,形成了不同土壤资源利用结构的三大土区。①东部湿润、半湿润土区,主要分布在我国 400 毫米等降水量线以东地区(不包括云贵高原),雨量充沛,气候湿润、

表 10-1　全国土地总量情况

土地类型	面积/万平方公里	占总面积比例/%
耕地	134.9	14.05
园地	14.2	1.48
林地	252.8	26.33
牧草地	129.3	13.47
其他农业用地	23.6	2.46
居民点及工矿用地	32.1	3.34
交通运输用地	3.8	0.40
水利设施用地	3.6	0.38
未利用土地	365.7	38.09
总面积	960.0	100.00

数据来源:《2020 中国统计年鉴》。

半湿润,光热资源丰富,是我国耕地集中分布区;土地垦殖率高,一年一熟到三熟。该区也是我国人口分布较多的地区。②西南高原高寒土区,主要分布在云贵高原和青藏高原,海拔高,地势起伏大,气候垂直变化明显;耕地资源非常少,垦殖率低,一年一熟。③西北干旱土区,主要分布在新疆、青海北部、甘肃河西走廊、宁夏北部和内蒙古包头以西地区;气候极其干旱,以荒漠为主;耕地资源非常有限,有水就有农业,耕地多分布在山前冲积扇、洪积扇前缘,垦殖率低。

2.森林资源

我国森林资源总体丰富,森林覆盖率为 22.96%。在经济发展过程中碳吸收功能要求下,森林的碳中和功能发挥得还不够,还需要进一步增加森林覆盖率。森林蓄积量大,但是单位面积蓄积量相对较少。我国森林蓄积量为 175.60 亿 m^3,单位面积蓄积量为 94.83m^3/公顷,而人均蓄积量更少,仅为 11.80m^3。我国湿地保护率仅为 52.19%,约一半的湿地都处于被硬化或污染的危险中,这对于我国的自然资源及其发挥的生态环境功能有巨大的损害。虽然我国已经进行了 248.96 万公顷的沙化土地治理,但是草原综合植被盖度并不理想,为 55.72%,有接近一半的土地已经沙化或者处于正在沙化的危险中。我国森林资源及绿色发展情况如表10-2 所示。

表 10-2 我国森林资源及绿色发展情况

资源指标	森林覆盖率/%	森林蓄积量/亿 m^3	乔木林单位面积蓄积量/（m^3·公顷$^{-1}$）	湿地保护率/%	沙化土地治理面积/万公顷	草原综合植被盖度/%
资源数据	22.96	175.60	94.83	52.19	248.96	55.72

数据来源：《2020 中国统计年鉴》。

3. 矿产和能源

我国矿产和能源储量丰富。2019 年，我国煤炭查明资源储量为 17182.6 亿吨，天然气 59665.8 亿 m^3；铜矿金属 11253.6 万吨，金矿金属 14131.1 吨；钠盐 14701.3 亿吨，芒硝 1190.6 亿吨，水泥用灰岩矿石 1493.2 亿吨（见表 10-3）。表 10-4 给出了 2010—2017 年我国能源产量，可以看出，一次性能源生产量变化不大，平均每年为 324390.1 万吨标准煤，最多的一年为 336452.0 万吨标准煤，最少的一年为 294807.0 万吨标准煤。2010—2017 年，原煤和原油总体是减少的，分别减少 4.1 万吨标准煤和 1.4 万吨标准煤；而核能源和其他能源是逐渐增加的，说明我国重视新能源使用，在减少温室气体排放方面做出了贡献。

表 10-3 2019 年我国主要矿产查明资源储量

矿产	资源储量	矿产	资源储量	矿产	资源储量
煤炭/亿吨	17182.6	钨矿（WO_3）/万吨	1120.4	钠盐（NaCl）/亿吨	14701.3
石油/亿吨	35.5	锡矿金属/万吨	454.2	芒硝（Na_2SO_4）/亿吨	1190.6
天然气/亿 m^3	59665.8	钼矿金属/万吨	3192.4	重晶石矿石/亿吨	3.8
煤层气/亿 m^3	3040.7	锑矿金属/万吨	343.5	水泥用灰岩矿石/亿吨	1493.2
页岩气/亿 m^3	3841.8	金矿金属/吨	14131.1	玻璃硅质原料矿石/亿吨	97.9
铁矿矿石/亿吨	853.0	银矿金属/万吨	34.7	石膏矿石/亿吨	825.1
锰矿矿石/亿吨	19.2	铂族金属/吨	401.9	高岭土矿石/亿吨	35.4
铬铁矿矿石/万吨	1210.8	锶矿天青石/万吨	5621.7	膨润土矿石/亿吨	30.0
钒矿（V_2O_5）/万吨	6874.5	锂矿氧化物/万吨	1078.0	硅藻土矿石/亿吨	5.2
钛矿（TiO_2）/亿吨	8.5	菱镁矿矿石/亿吨	35.0	饰面花岗岩/亿 m^3	56.6
铜矿金属/万吨	11253.6	萤石矿物/亿吨	2.4	饰面大理岩/亿 m^3	18.1

续表

矿产	资源储量	矿产	资源储量	矿产	资源储量
铅矿金属/万吨	9832.9	耐火黏土矿石/亿吨	27.4	金刚石矿物/千克	3126.6
锌矿金属/万吨	20025.0	硫铁矿矿石/亿吨	62.8	晶质石墨矿物/亿吨	5.3
铝土矿矿石/亿吨	54.7	磷矿矿石/亿吨	259.1	石棉矿物/万吨	9254.8
镍矿金属/万吨	1076.1	钾盐(KCl)/亿吨	10.1	滑石矿矿石/亿吨	3.0
钴矿金属/万吨	69.4	硼矿(B_2O_3)/万吨	7503.1	硅灰石矿石/亿吨	2.2

数据来源:《2020 中国统计年鉴》。

表 10-4　2010—2017 年我国能源产量

单位:万吨标准煤

年份	一次性能源生产量	原煤	原油	天然气	水电	核电	其他能源
2010	294807.0	80.7	9.8	4.3	3.0	0.3	1.9
2011	323045.0	81.9	9.0	4.3	2.7	0.3	1.8
2012	330203.0	81.0	9.0	4.4	3.2	0.4	2.0
2013	336452.0	80.7	8.9	4.7	3.4	0.4	2.2
2014	336149.0	79.2	9.0	5.0	3.9	0.5	2.4
2015	333505.0	78.2	9.2	5.3	4.2	0.6	2.5
2016	315131.0	76.7	9.0	5.7	4.7	0.8	3.1
2017	325829.0	76.6	8.4	6.0	4.5	0.9	3.6

数据来源:《中国统计年鉴》。

4. 水资源

我国水资源总量丰富,但分布不均衡,人均水资源量少,部分地区缺水严重。表 10-5 给出了 2019 年我国水资源分布情况:南方 4 区水资源总量占全国的 80.68%,地表水量达全国总量的 83.16%;北方 6 区水资源总量占全国的19.32%,地表水量仅占 16.84%;而北方土地面积远大于南方。全国十大水区中长江流域水资源量占全国的 36.33%,而海河仅占 0.76%。在区域内,水量分布也不均衡,南方 4 区中长江流域几乎占区域一半的水量;而在北方 6 区中松花江占区域的39.62%,最小的海河仅占区域的 3.95%。西北地区地域广阔,但水量短缺;海河和淮河流域人口众多,经济发达,需水量远大于供水量,导致水资源短缺;南方地区水资源丰富,但是污染严重,也导致局部地区水质性水短缺问题。

表 10-5　2019 年我国水资源分布情况

单位:亿 m³

地区	地表水量	地下水量	水资源总量
全国	27993.3	8191.7	29041.1
北方 6 区	4713.0	2563.8	5610.9
南方 4 区	23280.4	5627.9	23430.2
松花江区	1935.1	628.4	2223.2
辽河区	305.7	195.1	407.6
海河区	104.5	190.4	221.4
黄河区	690.2	415.9	797.5
淮河区	328.1	274.8	507.2
长江区	10427.6	2580.5	10549.7
东南诸河区	2475.0	542.0	2488.5
珠江区	5065.8	1198.4	5080.0
西南诸河区	5312.0	1307.0	5312.0
西北诸河区	1349.4	859.2	1454.0

数据来源:《2019 年中国水资源公报》。

注:1. 北方 6 区指松花江区、辽河区、海河区、黄河区、淮河区、西北诸河区;

2. 南方 4 区指长江区(含太湖流域)、东南诸河区、珠江区、西南诸河区。

二、我国自然资源管理制度梳理

中华人民共和国自然资源部发布的自然资源管理规章制度和法律法规中有六大类:综合管理,土地管理,自然资源确权登记,地质环境管理,矿产资源管理,海洋管理。图 10-1 给出六大类自然资源管理制度的发文数量,可以看出土地资源管理制度发文数量最多,高达 469 件,而自然资源确权登记发文数量最少,说明土地资源管理制度已趋于成熟,而其他自然资源管理还需要进一步努力。事实也是如此,土地资源管理制度的实施让土地资源进入了市场,而其他资源的市场化还需要时日。下面具体梳理一下各类自然资源管理制度。

(1)土地管理制度。1984 年,全国人大常委会通过《中华人民共和国森林法》,明确了林地使用权可以依法转让。1991 年 6 月,我国颁布了《中华人民共和国水土保持法》,禁止开发坡度 5 度以上的坡地,提出了预防为主、全面规划、综合防治、因地制宜、加强管理、注重效益的方针。1993 年,我国颁布了《中华人民共和国水

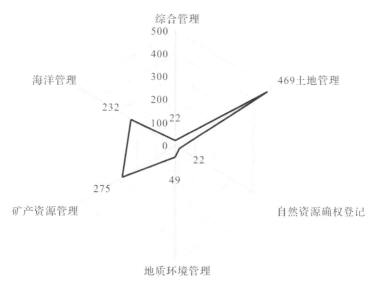

图 10-1 六大类自然资源管理制度截至 2020 年 10 月的发文数量（单位：件）

数据来源：中华人民共和国自然资源部。

生野生动物保护实施条例》，针对水生野生动物保护与管理做了详细规定。1993年，我国颁布了《中华人民共和国资源税暂行条例》，同时废止 1984 年颁布的相关草案。《中华人民共和国资源税法》由中华人民共和国第十三届全国人民代表大会常务委员会第十二次会议于 2019 年 8 月 26 日通过，自 2020 年 9 月 1 日起施行。1993 年 12 月 25 日国务院发布的《中华人民共和国资源税暂行条例》同时废止。

1987 年，国务院办公厅转发《关于加强土地统一管理的会议纪要》（国办发〔1987〕5 号），指出城乡土地统一管理很重要。自此，我国开始进行土地资源管理，为土地确权登记奠定基础。1989 年的《关于确定土地权属问题的若干意见》为解决土地权属争议，促进土地登记工作起到了重要作用。1991 年 1 月 4 日，国务院发布了《中华人民共和国土地管理法实施条例》；1995 年，国家土地管理局印发了《确定土地所有权和使用权的若干规定》〔(1995)国土(籍)字第 26 号〕，提出了土地所有权管理制度依据，包括国家、集体所有权及相应使用权。1998 年 12 月 27 日，国务院令第 256 号发布《土地管理法实施条例》，提出了土地所有权和使用权，同时确定了土地产权登记制度，并依法实施土地登记发证制度。2000 年，国土资源部发布了《关于建立土地有形市场促进土地使用权规范交易的通知》（国土资发〔2000〕11 号），提出加快建立有形市场，完善土地市场功能，促进土地使用权公开交易，建立健全土地交易管理制度，规范有形市场运作。

《中华人民共和国土地管理法》在 1986 年制定。随着我国土地利用不断出现新形势和人们的产权意识增强,1988 年第一次修正,2004 年第二次修正,2019 年 8 月 26 日第十三届全国人民代表大会常务委员会第十二次会议进行了第三次修正,明确了土地的所有权和使用权的登记制度及法律制度。

(2)自然资源确权登记制度,截至 2020 年 10 月,一共包括 22 项,主要有农村土地确权和不动产登记两大类。2016 年印发的《自然资源统一确权登记办法(试行)》开启了我国自然资源产权全体登记的时代。该办法明确规定自然资源产权的确权登记一定要坚持资源公有、物权法定和统一登记的原则,主要针对森林、草原、水流、山岭、荒地、滩涂以及探明储量的矿产资源等自然资源的所有权统一进行确权登记,针对自然资源资产所有权主体、所有权边界进行界定和划分。

(3)地质环境管理制度,主要集中在监测评估制度、生态恢复制度、保护规划制度。2000 年,中华人民共和国国土资源部发布了《关于加强地质环境监测工作的通知》(国土资发〔2000〕14 号);为了更好地进行地质环境监测并加强地质灾害危险性评估单位资质管理,2000 年国土资源部发布了《地质灾害防治工程施工单位资质管理办法》(国土资发〔2000〕45 号);2005 年,国土资源部出台了《地质灾害危险性评估单位资质管理办法》(国土资源部令第 29 号)。自 21 世纪以来,我国非常重视矿山生态环境恢复,明确各地做好矿山地质环境保护与治理恢复方案。2006 年,国土资源部办公厅发布了《关于加强国家矿山公园建设的通知》(国土资厅发〔2006〕5 号),国务院批复了关于全国山洪灾害防治规划。2009 年,国家发布了《矿山地质环境保护规定》,主要针对矿产资源勘查开采等活动造成的矿区地面地质环境、地形地貌景观破坏等进行预防和治理恢复。2014 年国土资源部、2019 年自然资源部相继发布了《地质环境监测管理办法》。2019 年,自然资源部修订了《地质灾害危险性评估单位资质管理办法》。

(4)矿产资源管理制度,主要分三个阶段。第一个阶段是关注矿产资源开发管理,主要针对矿产资源开发许可、开发安全及当地居民安置等情况进行有效管理;第二个阶段是管理矿产资源开发补偿、特殊矿产资源开发审批等情况;第三个阶段是矿产资源开采后的生态修复,该阶段与前两个阶段同等重要。

三、我国自然资源管理制度存在的问题

1.国有自然资源管理体制问题

我国自然资源所有权归国家和集体所有,实施的是国有自然资源管理体制。它是以传统经济体制和运行机制为基础,以资源的非资产化管理为特征建立起来

的管理体制,在计划经济时代具有先进性和适应性。随着我国特色社会主义市场经济时代的到来,经济快速发展增大了资源的需求,同时资源高能耗又带来环境恶化趋势,自然资源管理体制存在以下几个方面的问题。

(1)强调归属管理,缺乏集中统一管理。不同的自然资源有不同的用途和价值,传统经济体制要求对自然资源实施分类管理,由此产生对自然资源共同体进行"多部门"分割管理。这样的管理模式忽视了自然资源整体性、资源所有权统一性和自然资源稀缺性价值等。2018年自然资源部的成立标志着自然资源集中统一管理时代的开启。

(2)重视技术管理,忽视所有权管理。我国自然资源往往更重视技术性管理,而忽视所有权管理(杨艳琳,2002),造成了实际使用者管理,而所有者比较难参与其中。这会导致自然资源外部性增加,牺牲公共成本来实现某些利益。

(3)管理的手段以行政为主,经济为辅。自然资源管理依然以行政手段为主,自然资源开发、审批等制度仍然是主要管理手段。虽然我国开始引入经济手段进行自然资源管理,比如资源税和环境税的征收、生态补偿制度等,但是总体上还未形成一套比较成熟的市场管理体制。

2. 自然资源开发管理制度问题

随着我国社会主义市场经济快速发展,国有自然资源开发管理制度问题日益突出,不再适应经济社会发展形势,主要表现在以下几个方面。

(1)自然资源产权不清晰,造成自然资源过度开发和环境破坏。自然资源所有权、经营权和行政权等不清晰,出现使用者不是所有者,以使用权代替所有权管理的现象,造成自然资源过度开发和环境破坏。使用者只需要考虑利润,而不需要考虑维护的成本。自然资源产权关系不明确时,各管理部门职能交叉,造成自然资源开发过程中出现抢夺资源和过度开发消耗的现象,加速了自然资源耗竭和生态环境破坏。

(2)自然资源管理制度不完善,导致自然资源保护不严格。将自然资源作为整体进行保护的制度尚不健全。在源头保护上,过去分部门管理使各类规划不协调,规划对国土空间的统一管控作用不强。在利用过程中,自然资源资产开发利用标准和政策体系不完善,影响自然资源集约利用水平全面提高。在末端修复上,自然资源及生态环境存在修复的系统性与综合性不足、生态环境损害赔偿制度不完善等问题,影响生态保护修复实施效果。

(3)自然资源开发在经济上得不到充分体现。由于我国自然资源开发重视利用而轻保护和管理,人们在自然资源开发过程中只考虑短期利益而轻视长期利益,导致综合利用效果差。自然资源产业很难形成一个良性循环产业。同时在自然资源开发过程中形成的垄断自然资源价格反映不了经济价值,导致自然资源低成本使用,资产流失。

3.自然资源管理缺乏可持续发展的意识

虽然中央政府大力要求各地在生态治理中努力贯彻科学发展观和可持续发展精神,但是一些地方并没有按照科学发展观处理生态环境和经济发展的关系,部分地区重经济轻生态的思想还很严重,"先发展再治理""先温饱再环保"的错误做法仍然存在。尤其是一些工业区片面追求地区生产总值的增长,盲目地发展高耗能、污染重的产业,违法违规地审批建设项目,没有严格执行环境影响评价制度和"三同时"制度等。一些地方尊崇唯地区生产总值发展的观念,采取"先污染后防治"的模式。因此需要改变以地区生产总值为中心的干部考核制度,问责造成重大环境事故的干部等措施应该更加明确、具体地落实。

以区域的水污染问题为例,由于自然资源不受行政辖区界限的限制,往往会涉及多个行政区域,并且具有较强的积累性,比如钱塘江流域发源于安徽、浙江、江西三省交界的开化县马金溪,流经多个区域。水系是一个有机整体,上游、中游和下游必须都通过治理才能真正实现水资源生态防治和水资源可持续利用。仅仅某个地区或某河段治理很难实现整个流域的生态环境修复。但是,我国的行政区划不以流域为基础,因此不建立一个跨地区、跨部门的流域立法和管理机制,就很难执行有效率的水污染防治措施。

第二节　我国自然资源管理制度创新

在供给侧结构性改革视域下,我国自然资源管理制度制定需要创新,其创新原则主要包括制定原则创新和制度体系创新。

一、我国自然资源管理制度制定原则创新

1.区域性原则

我国自然资源分布具有区域性。我国是一个季风气候显著的国家,但由于国土面积广阔,只有一半受到季风气候影响,另一半受到干旱半干旱大陆气候影响,

因此自然资源分布具有较强的区域性,基本规律是:东部属于季风气候的区域,自然资源比较丰富,西北属于非季风气候的内陆区域,自然资源紧缺;东部季风气候区域中,以秦岭-淮河为界,以南的亚热带与热带季风区域,自然资源特别丰富,以北的温带季风气候区域,自然资源比较紧张,其中暖温带的黄、淮、海地区自然资源则相当紧缺。水资源在自然资源开发利用上具有区域性。西北部地区用水主要以农业灌溉为主,特别是黄河流域和西部诸河,东南部地区基本以工业为主,而淮海地区则两者兼有并且人口密度大,自然资源压力大。自然资源问题在不同的地区表现也不同,基本上分为三类:水量短缺为主,水质恶化为主,两者兼有。同时,自然资源条件和"地区人口、资本和技术等经济条件都表现出巨大的区域性"(龚胜生,1999)。综上所述,自然资源的地区分布、开发利用和水问题等具有区域性,因此区域性是我国自然资源制度设计的主要原则之一。

2.适应性原则

自然资源制度中每一种制度都针对一些主要自然资源问题,并且有实施的前提条件。比如,水环境赔偿制度是约束性制度,针对自然资源污染导致地区环境损害的问题,必须在污染来源地区具有足够经济实力的情况下才能实现。自然资源有偿使用制度在经济发达地区可以通过提升水价进行用水量控制,而在经济欠发达地区可能需要水费补贴才能实行。水污染权交易制度在水污染并且经济实力足够强的地区可以顺利实施,但在经济欠发达地区的污染处理可能需要政府补贴才能完成。从自然资源制度实施条件来看,在制定自然资源制度时必须考虑在地区的适应性,否则制度将推行困难,甚至成为空谈。因此,设计我国水资源管理制度时必须遵循适应性原则。

3.效益性原则

提高用水效益是水资源管理制度设计的主要目标之一,既包括经济效益又包括生态效益。一个制度的出台必须对自然资源利用效益的提高有利,否则就没有必要。当然制度效益的关注点要从经济和生态两方面出发,不能一味地追求经济效益而忽略生态效益,仅追求经济效益很容易让地区生态环境陷入困境。在注重生态效益的同时也要计算成本和收益,如果执行成本过高,水资源管理制度就很难推行,即使强制推行制度,也会增加社会成本,对于整个社会来讲会产生损失,最终还是由自身承担,影响地区发展。比如在制水成本、治污成本、水源保护成本三方面,水制度设计针对消费者、企业和政府公共部门要兼顾效益,生产性用水等方面以效率优先,解决当前自然资源"成本估计过高""效益不佳""部分项目收费过高和收费不足并存"等诸多现实问题。因此,在制定水资源管理制度时必须考虑其生态、经济效益,效益性是制定水资源管理制度时的重要原则。

4.公平性原则

自然资源是比较特殊的资源,是人类生存依赖的资源,在制定自然资源制度时,必须遵循公平性原则,不能仅考虑其经济效应。水资源使用涉及饮用、生态和基本生产(农业灌溉),同时涉及流域的上、中、下游用水问题等,这都需要公平原则,要保障基本的饮用、生态和生产需要,保障流域上、中、下游用水公平等。制定水费时,自然资源价值需要遵循公平原则,如果过高,会使得低收入者陷入困境。在水权界定、排污权界定时需要优先保障地区基本需要,针对地区居民收入不同、经济水平不同来制定不同的政策。水生态保护的典型正外部性导致自然资源保护者与自然资源受益者的权利、义务不对称;水生态补偿制度通过外部性内部化的导向,将区域内生态补偿制度拓展到区域间,必须考虑公平原则;在基本生活用水、生态用水等方面以公平优先,必须保障居民的基本需求;同时在自然资源总量有限时,必须明确界定生活用水、生产用水、生态用水的水权,从而确保居民的基本权利,构建人水和谐局面。

5.组合性原则

每种自然资源制度的形式、功能和效果都是不一样的。同一制度在不同地区的效果不同,同一地区实施不同制度组合的效果也不同;单一制度和组合制度的效果不同,两个和多个制度组合的效果在同一地区也是有区分的。总体上讲,单一制度的效果比组合制度的效果差,但同一个组合制度并不适应所有地区,不同地区适用不同的组合制度,并不是越多越好。因为每个地区的自然资源分布特征不同,自然资源利用方式不同,社会经济和管理水平不同,自然资源问题不同,所适用的组合制度情况也不同。每个地区都会有最佳的制度组合,因此在制定自然资源制度时,需要遵循组合性原则。

二、我国自然资源管理制度体系创新

1.自然资源核算制度创新

(1)厘清自然资源利用方向

自然资源是人类赖以生存的物质基础,在不同的历史时期有不同的定义,即自然资源的用途随着人类社会发展而变化。在经济社会发展水平下,厘清自然资源利用方向是自然资源核算的前提。自然资源开发利用总是同一定的地域紧密相连。比如,中国三大自然区农业资源的利用方向是:东部季风区为主要农耕区,林牧业亦相应发展;西北干旱区在有水源地区应发展种植业,干草原与荒漠草原发展畜牧业,山地发展林牧业;青藏高原以牧为主,少数地区可发展种植业和林业。自然资源用途受到经济发展水平、技术条件和生态经济效益等因素的影响。①经济发展水平。经济发展水平决定了地区生产力水平,不同的生产力水平下自然资源利用方向不同,比如有些水土配合并不理想的地区形成了产粮区,而水资源丰沛的地区由于经济水平较高出现不耕种现象。②技术条件。随着技术进步,自然资源的利用不仅是综合开发利用,而且使原来认为无利用价值的自然资源(如低品位矿物资源、低水头水能资源)得以开发。③生态经济效益。自然资源的多样性导致合理利用自然资源问题的复杂性,如土地资源可分别作为耕地、林地、牧地、城镇、工矿用地、村庄及道路等。通常需在符合自然规律和生态发展的前提下,寻求一个经济、合理的最佳方案。

(2)划分自然资源开发边界

自然资源类型多样,用途复杂。自然环境中与人类社会发展有关的,能产生使用价值并影响劳动生产率的都称为自然资源。自然资源包括有形的土地、水体、动植物、矿产和无形的光、热等资源。要进行自然资源核算,必须清楚自然资源开发边界。自然资源开发边界有很多划分方法:①按其在人类生产和生活中的用途,可分为劳动资料性自然资源和生活资料性自然资源。前者指作为劳动对象或用于生产的矿藏、树木、土地、水力、风力等资源,后者指作为人们直接生活资料的鱼类、野生动物、天然植物性食物等资源。②按其利用限度,可分为再生资源和非再生资源。前者指可以在一定程度上循环利用且可以更新的水体、气候、生物等资源,亦称为"非耗竭性资源",后者指储量有限且不可更新的矿产等资源,亦称为"耗竭性资源"。③按其数量及质量的稳定程度,可分为恒定资源和亚恒定资源。前者指数量和质量在较长时期内基本稳定的气候等资源,后者指数量和质量经常变化的土地、矿产等资源。

(3)统一核算方法制度

自然资源核算并没有一套统一的体系。第一,自然资源类型、属性千差万别,同一种自然资源在不同区域表现出不同的特性,自然资源市场很难形成,因此要创新自然资源管理,让资源价值充分体现,必须构建统一的核算方法制度,才可在不同时空进行比较,让自然资源市场成为现实。第二,在自然资源核算过程中,地区定价往往根据自身发展需要进行核算,重视对经济有利的资源,而对即短缺也不会产生影响的资源就不重视,导致自然资源核算不能完全反映其价值。第三,统一自然资源核算制度有助于自然资源管理,一旦统一进行自然资源核算,就可以对比过去和现在的自然资源利用情况、不同区域的自然资源利用情况,从而有助于管理者进行整体决策。

2. 自然资源产权与交易制度体系创新

自然资源作为大自然的客观存在,其产权界定与已经嵌入了人类劳动的产品往往是存在区别的,因为很难清晰明确主体,产权主体界定更加困难。研究者已经意识到,只有产权清晰,才能消除外部性,实现自然资源可持续管理。国家已经组建了自然资源部统筹管理自然资源,在同一部门统一管理下,可以实现自然资源产权制度。确权登记制度是产权制度体系的重要制度。要实现全面确权,需要在技术上全面摸底自然资源,建立科学分类标准和调查与监测技术体系,同时在数量和质量综合研究的基础上建立评价标准与技术规范;在价值上建立科学核算方法和技术规范,同时明晰自然资源保护与修复的权责利关系。在自然系统理念下,自然资源各要素之间的密切联系也是在构建产权制度时需要处理的问题。自然资源产权主体在获得利益的同时,必须承担保护和修复的职责,在权责利相匹配时才能真正实现有效保护。我国自然资源种类众多,地区分布不均衡,因此在确权时要注意利益和公平的兼顾。在区分用途的基础上确权更能体现出效率与公平。明确自然资源归属,按照有偿使用的原则,自然资源可以依法配置给全民所有制单位、集体经济组织等使用,从而建立水、土、森林、矿产等资源的有偿使用制度体系,有利于实现自然资源可持续利用。

我国从自然资源资产产权属性出发,通过解析自然资源资产产权主体结构,建立国家、集体、个体三层次的纵向产权体系;通过解析自然资源生态与经济属性,明晰公共产权与私人产权边界,构建不同用途的自然资源产权体系;从自然资源资产权交易主体出发,通过剖析交易成本和实现全社会效益最大化,构建可交易的自然资源资产产权体系。引入中介组织,面向利益主体,区分自然资源的"存款者""贷款者""使用者""监管者",构建自然资源银行,从而降低交易成本,实现市场化的交易运行机制。同时在全国统一建立项目和区域一体化的资源产权交易中心,例如水权交易、排污权交易、碳权交易等均可一体化,从而实现交易中心的规模经济效果和交易活动的成本最小化。明确可交易的自然资源范围,盘点可交易的自然资源资产产权价值,通过"三变改革"即资源变资产、产权变股份、居民变股民,将分散的自然资源集中化收储和规模化整合,转换成优质资产包,引入实力资本投资运营企业,将资源转变成资产和资本,从而真正实现"绿水青山"到"金山银山"的转化。在创新自然资源产权制度基础上建立有效的自然资源资产交易体系,重点研究自然资源初始权分配问题、自然资源产权制度下的交易机制及制度、市场化平台建设等。

3. 自然资源价格制度创新

长期以来,我国自然资源价格很难反映其真实价值,以往自然资源价格制定往往偏重经济价值,环境价值考虑得较少。以自然资源消耗为代价的经济增长阻碍了经济健康持续发展。实施自然资源价格制度创新就是要实行自然资源有偿使用和生态补偿制度,推行自然资源价格的市场化,在政府监管和考虑不同用途的情况下按照市场机制确立自然资源价格,建立反映自然资源真实价值的价格形成机制,使自然资源价格反映其特有的双重价值属性,内化自然资源使用的外部性,推进供给侧结构性改革。自然资源价格制度创新主要有以下几个方面。

(1)健全自然资源有偿使用和生态补偿制度。要建立反映自然资源经济和生态双重价值的价格制度,让其真实反映自然资源价值。自然资源有偿使用和生态补偿制度有利于培育自然资源市场,推进自然资源资产化管理,营造公开、公平、有序的自然资源市场环境,建立政府调控、市场引导和企业执行、公众参与的自然资源流转运行机制。充分发挥市场在自然资源配置中的作用,有利于打破自然资源垄断局面,提高自然资源利用效率,实现自然资源可持续利用。

(2)创新自然资源价格管理模式。我国自然资源价格管理存在管制过度和管制失灵的现象。由于自然资源产权归国家所有,政府往往控制着自然资源价格,往往以比较低的价格提供给消费者,比如水资源。同时,由于自然资源开发成本较高,在自然资源开发过程中往往也会形成垄断,导致资源价格不能反映其价值。随着我国供给侧结构性改革,为增强自然资源对经济社会的保障能力,必须创新自然资源价格管理模式,按照"供需平衡、结构优化、集约高效"的原则管理自然资源,让自然资源价格反映其价值。

(3)完善自然资源价格体系。我国虽然已经开始实行自然资源有偿使用和生态补偿制度的碳税,但是自然资源价格体系并没有形成,依然是以经济属性为主进行制定,比如水权交易。土地资源的价格也偏离生态价值,以区位的经济价值为主;水域价格还没有形成,森林资源价格依然具有经济属性。完善自然资源价格体系是进行自然资源价格制度创新的重要内容,是提高自然资源利用效率、实现可持续利用的重要手段。

4. 自然资源财政制度创新

自然资源的公共性决定了自然资源资产产权的外部性,包括负外部性(如"公地悲剧")和正外部性(如"生态环境保护"),这些外部性往往导致自然资源资产产权的市场失灵。采用成本效益方法核定自然资源开发(开采)利用过程中的负外部性成本,将该成本强制纳入自然资源使用过程,坚持谁受益谁补偿,同时建立环境赔偿制度、生态修复制度,以抑制自然资源资产产权市场失灵。采用生态环境价值方法核定自然资源保护过程中的正外部性成本,通过构建初始权分配制度、生态补偿制度、环境效益核算制度纠正自然资源资产产权市场失灵。建立有效的自然资源资产财政政策制度。在产权清晰和价格合理的基础上,构建有偿使用、生态补偿和环境管理统一的财政政策体系,以资源税、环境税和碳税纠正资源环境外部性,将成本内化,从而减少公共利益损害,以循环补贴、低碳补贴和生态补偿制度矫正资源环境正外部性,激励环境保护行为。

5. 自然资源调控制度创新

自然资源开发利用过程中存在的问题是不合理的社会经济活动造成的,要解决好各类自然资源问题,实现资源的可持续利用,在很大程度上依赖于对自然资源开发利用过程的社会经济调控和管理。要从根本上解决自然资源问题,管理手段包括四个象限,即微观、宏观两个层面和社会调控手段、经济调控手段两种类型(见图 10-2)。就现阶段而言,自然资源调控只是将重点放在四个象限中的一个或两个象限,还没全面进行。

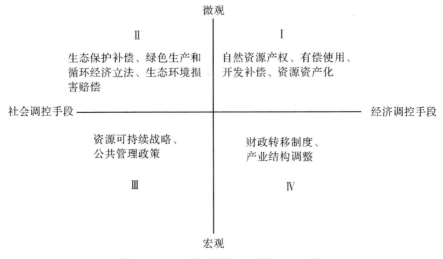

图 10-2　自然资源调控手段的四个象限

在微观层面上,经济调控手段主要有自然资源产权、有偿使用、开发补偿、资源资产化,社会调控手段有生态保护补偿、绿色生产和循环经济立法、生态环境损害赔偿。产权的界定和自然资源产权交易作为管理的经济手段,是直接调控自然资源系统中的资源优化配置的工具。产权界定之后,自然资源就由公共领域进入市场领域,根据市场经济规律,自然资源产权交易将使得资源向效率较高、效益较大的部门流动,从而提高资源效率,实现优化配置。自然资源有偿使用的内涵是通过征收资源有偿使用费来体现自然资源经济价值。对于生产者而言,自然资源经济价值就是资源对生产者的效用满足,即出于生产目的使用资源所愿意支付的价格,在生产过程中体现为生产成本。根据企业生产理论,最优生产规模为边际成本等于边际收益时所确定的产量,在最优生产规模下,资源利用活动给使用者带来的边际收益就等于资源经济价值。资源价格作为调控社会水循环的经济手段,是直接调控资源使用的工具。其调控原理就是市场经济机制的价格机制,即价格变动对供需两方面的影响效应,以及由此产生的从旧供需平衡的打破到新供需平衡的实现的演进。

在宏观层面上,经济调控手段有财政转移制度、产业结构调整,社会调控手段有资源可持续战略、公共管理政策。财政转移制度通过政府财政预算投入资金到自然资源管理系统中,是一种财政制度安排。作为自然资源管理的宏观经济手段,它通过政府资金投入治理资源开发造成的经济条件差的地区的生态环境问题。产业结构调整是将资源从低生产效率转向高生产效率的过程,是资源调控的重要宏观经济手段,从宏观把握资源流向,是直接调控自然资源使用的工具。公共管理政策指代表公共利益的公共组织(主要指国家、政府)在自然资源管理过程中,为了有效增加公共利益,对资源管理公共事务进行管理,依法确定的路线和方针、制定的规则和措施。作为管理自然资源的宏观社会手段,公共管理政策直接作用于自然资源使用过程,其功能是使资源开发活动健康运转,实现水资源可持续利用。

第三节　我国自然资源管理创新对策

本节根据前面的研究结果和我国自然资源管理制度存在的问题,从产权体系、绿色税收、生态补偿、生态治理等几个方面进行了对策分析。

一、健全自然资源产权体系,实现自然资源有偿使用

我国自然资源产权制度在某些自然资源管理方面已取得很成功的经验,比如土地资源。土地资源产权制度已经基本实现全面土地产权登记、建立使用权转让市场机制等,但是其他自然资源产权制度还不完善,比如森林、水、矿产、海洋湿地等。我国亟须健全自然资源产权体系,实现自然资源有偿使用。下面以水资源为例剖析自然资源有偿使用。

水资源产权体系建立主要有三个原则,第一是原始归属原则,第二是归属地原则,第三是分配原则。水资源产权建立之后,首先根据各种水费用征收标准设置,

各归其类。比如设置水价时如果分为三部分，一是自然资源费，二是供水工程价格，三是污水处理费，那么征收的水费也应当一部分归属于地方财政用于综合污染治理，一部分归属于供水公司，一部分归属于污水处理单位用于维持污水处理运转。生态补偿费用、环境损害赔偿费、排污费、水权交易费及其他相关费用都必须明确规定各归其类，不允许出现模糊账目。其次是公布水费用支出项目。进入公共财政的费用，支出项目一定要清晰。要合理规划支出项目，并向民众公布信息，让民众知道支出项目、金额、效果等。同时通过建立反馈机制及时调整支出项目，以便有效使用这些费用。最后是构建监督机制。从政府、第三方和民众等多方面，通过财务审计、第三方评估、公众参与等多形式的监督，形成良好的监督机制。政府方面，进行定期财务审计和特殊项目审计等，起到监督作用。第三方组织方面，通过第三方评估项目绩效，形成监督作用。民众方面，通过公众参与项目管理和项目优劣投票等方式，起到监督作用。

二、实施绿色税收制度，实现自然资源开发外部性内部化

绿色税收制度起源于工业发达国家，作为一项完整的制度，大约开始于 20 世纪 70 年代初。为了实现资源价值同时防范资源开发的外部性问题，世界上一些发达国家在环境政策领域中逐步引入和实行了向资源开发者征收资源税的制度，从而让环境政策消除环境外部性。我国实行绿色税收制度大体经历了三个阶段：第一阶段是绿色税收制度的提出和试行阶段，主要针对矿产、食盐等征收资源税；第二阶段是初步建立和实施阶段，构建稳定的环境税征收体系；第三阶段是全面征收试点阶段，从原来的矿产到当前的水资源、海洋资源等。我国资源税制度改革取得很大进展，但也存在一些不足：征收标准偏低，开征范围不全面，缺乏有效监督。为此，政府部门需要从以下几个方面实施绿色税收制度改革。

第一是制定科学的环境税征收标准。从原来的主要经济收益扩展到生态环境，实现资源开发和环境污染外部成本内部化，同时促使企业加强自身的污染治理和减少生态环境破坏。标准提高需要按照从大城市到小城市再到广大农村地区的步骤逐步推进，对于经济弱势群体或地区采取相应补贴措施。在总量控制、逐级分解的基础上核定标准。引入评估绩效指标，绿色税收标准的确定必须能实现资源总量控制下的环境容量资源有效配置。

第二是扩大征收范围。从原来的矿产资源，扩展到所有资源。随着资源能源开采，生态环境受到损害，生态环境容量也随之减小，之前对环境影响较小的行为可能转变为严重破坏环境的行为，使得资源开发对环境影响更加严重，形成恶性循环。因此，要制定全面资源开采利用税收政策，将其外部性内部化。

第三是加大绿色税种稽查力度。通过制度建设和环境税征收队伍建设,加强稽查力度。对广大偷采现场开展稽查,及时纠正开采申报不实的现象;通过从上至下的政府监督和从下至上的群众监督机制,加大力度;通过开展自然资源部门的绩效考核,把这一项作为指标之一,进行其自身和第三方稽查。

三、健全生态补偿制度,实现自然资源保护

第一是全面核算自然资源及生态服务价值,追踪变化路径,确定补偿主体。加强我国自然资源监测,通过卫星遥感等大数据平台构建我国自然资源及生态服务价值数据库。科学界定自然资源和生态服务功能价值,开发能够区分保护、使用和消耗等价值的功能块,可以明晰地追踪价值变化路径,从而以责任区分作为基础。通过明晰权责和辨别价值变化路径,确定生态补偿主体和价值流向。

第二是建立生态补偿标准核算的指标体系,确定我国生态补偿标准。通过科学合理的手段,比如当量因子、最小数据等方法统一我国自然资源开发和环境保护过程中的生态补偿标准。

第三是构建市场化机制,明确地区发展目标,根据"区域生态剩余＝区域生态资源数量－污染排放量＋污染治理投入"的思路,剔除保障民生的污染排放后,按照总量控制和所有权(或使用权)沿行的方法,根据生态剩余贡献系数分配生态资源数量。从生态补偿利益主体视角出发,区分生态资源的"存款者""贷款者""使用者""监管者",从而构建区域生态银行体系。

四、完善生态治理政策机制,实现生态环境保护

生态环境治理多元协商机制是实施生态环境治理政策和实现生态环境保护的途径。生态环境治理政策涉及多个部门、多个环节,需要打破部门壁垒,特别是跨界、跨域的生态环境治理,更需要协商机制。生态治理过程中政府、企业、居民、专家和媒体都有各自需求,根据生态治理的实际需要,形成规范化的工作制度和工作方针,主要包括政府部门之间协商,政府与企业协商,政府与居民协商,企业与居民协商,全民协商等机制。生态环境治理坚持以习近平生态文明思想为根本指导,深入贯彻落实新的发展理念(崔青青,2020)。正确的执政理念和行政思想是政府建立制度的基础,是保证制度后续发展和落实的前提。构建联动机制,有机整合各部门管理优势,提高沟通效率,倡导公民参与。坚持自然生态"外绿色"与生产生活方式"内绿色"的有机统一。

积极探索跨区域生态治理机制,完善水、气环境质量预测预警机制,建立舆论监督建议机制,着力形成常态化生态环境保护工作格局。第一,政府要创新运行模

式。逐步推广污染物排放许可证"一证"管理改革试点,分行业、分阶段推进污染物排放许可证管理,减少国内生产污染对生态管理的影响。第二,纠正群众反映的环境问题。抓好重点地区和重点产业,解决一批人民群众重点关注的环境问题,强化各级政府和有关部门的环境保护责任,进一步增强人民群众的居住幸福感。

强化生态环境治理政策监督机制。在生态环境保护的监督和实施中,必须坚决防止"一刀切",严禁"一刀切"。健全环境治理指标体系,建立在线审批数据库。通过这一系列改革提高政府的工作效率,落实各项生态治理政策,保证执行力度。

尊重地方自然资源开发习惯,关注地方秩序,才能更好地执行自然资源管理制度。在自然环境和民俗习惯的影响下,各地用水习惯不同。在制定自然资源管理制度时,要考虑到地方用水习惯,不能用强硬的手段来改变其用水习惯。要尊重这些民间自然资源使用习惯,在不损害居民生产权利的前提下保护自然资源,比如当地世代以山林为生,不能因为保护森林而断其生计,要在解决居民生计的基础上保护森林生态环境。通过政府财政转移、生计技能提升等途径让当地居民具备保护生态环境的能力,从而设计自然资源管理制度,才能真正实现自然资源管理制度的效果。

制度的实施必须依赖法律的保障。在法律的约束下,实行有偿使用制度,促进地方协商,有序地加强社会、市场以及政府三方的合作。因此,自然资源制度的建设需要构建完整的、可操作性强的自然资源法律体系。首要任务就是要明晰水权,水权不明是自然资源管理存在诸多问题的重要原因。不但要制定具有原则性的中央相关法律规定,还要有针对各地复杂情况的地方性自然资源法规和规章及操作性更强的细则,才能有效地治理、管理、利用和保护自然资源。

要健全生态环境保护评价体系和生态文明建设机制,解决影响生态环境保护的关键问题。公众参与环境保护公益诉讼制度还需进一步完善,进一步提高环境保护司法救济能力,保障环境保护司法制度的公平正义。

第十一章 结论与展望

绿色发展是我国供给侧结构性改革的重要目标和任务，自然资源管理与环境治理问题也是供给侧结构性改革的重要内容。我国存在诸多资源环境问题，在自然资源核算的基础上，通过研究自然资源与经济增长之间的关系找出两者协调发展的路径是我国自然资源管理创新的重要研究课题。本书首先从供给侧结构性改革这一背景出发研究自然资源管理创新，从理论上剖析供给侧结构性改革对自然资源管理的新要求，指出自然资源核算、自然资源与经济增长关系及自然资源可持续利用等是自然资源管理创新方向。然后参考国际前沿理论，针对自然资源核算方法进行了理论框架探讨，并进行定量研究，包括典型地区自然资源核算案例和全国自然资源核算及"家底"分析。以浙江省水资源为研究对象，进行水资源对经济增长贡献分析，采用投入产出方法进行水资源在社会经济水循环网络中的流动研究，得出水资源流动规律，采用上升性理论进行水资源可持续发展分析，找出经济与水资源相互协调的节点，并给出对策建议；选取自然资源典型创新案例——定价创新、生态补偿制度创新及生态治理创新等，进行实践研究和经验总结。最后，从自然资源管理视角提出自然资源管理制度创新体系，从健全自然资源有偿使用和生态补偿制度、实施资源税制度、完善生态治理策略等方面提出自然资源管理创新对策。

一、结论

本书主要得出以下结论。

在资源耗减负债核算中，结合生态价值耗减与经济价值耗减，形成以生态价值耗减负债为主、经济价值耗减负债为辅的核算体系，并将环境保护治理成本计入自然资源负债中，完善自然资源资产负债表核算内容。

第一，我国自然资源资产"家底"丰富，但自然资源负债耗减量大。各类自然资源总量都很大，但是人均量相对较少。在环境负债指标中，除了废气排放之外，其他指标都呈现上升趋势，累积量很大。我国自然资源负债会拉低自然资源净资产，让自然资源的质量不断下降,影响经济发展。比如,我国水资源在数量上呈现增加状态,但是水资源环境负债呈现更大幅度的增加,导致水资源的质量是下降的,那么水资源净资产是减少的。因此,必须在供给侧结构性改革视角下制定政府、市场相互配合的政策体系来加强水资源管理。

第二,我国自然资源的资产转化还不够,需要制定相应的政策,创新自然资源管理。我国自然资源的利用方式依然是作为基础生产资料,以消耗为主,比如矿产开采、水资源开采和森林的木材加工等。这种利用方式会加剧生态环境与经济矛盾。同时,我国自然资源产权体系还未完全建立。虽然土地、森林资源产权已经形成体系,但是其权责分属问题及资源转化为资产问题都还未解决,那么也就很难转变自然资源利用方式。当前需要创新管理方式,盘活资源利用,让产权所有者真正享受到资源资产带来的收益。

第三,在自然资源约束下的我国地区经济增长路径可以概括为资源能源效率之路、自然资源产权制度之路、生态创新之路、环境治理之路和自然资产转化之路。一是加快经济的转型升级,调整高耗能产业比重,提高能源使用效率;二是建立自然资源资产产权体系,根据自然资源社会、经济、自然等多属性特征,与国土空间规划和用途管制相衔接,推动自然资源资产所有权与使用权分离,加快构建分类科学的自然资源资产产权体系;三是推动国家和地区生态创新,通过科技研发和应用节约和替代自然资源是重要的经济增长路径;四是实施污染减量化、清洁化,生产节约化和生态恢复等政策来实现环境治理目标;五是通过自然资源资产转化,实现地区资源与经济和谐发展。

第四,我国经济发展与自然资源系统还处于上升性的第二个阶段——发展阶段,资源相对减少,系统总吞吐量开始下降,为防止自然资源枯竭,必须合理制定资源开发政策,防治环境污染,正确设置系统自然资源总量,实现可持续利用。

第五,我国在自然资源管理创新方面已经出现了不少案例,包括自然资源定价、自然资源生态价值评估及生态补偿制度、生态治理中的多方利益博弈等,自然资源产权、自然资源价格、自然资源财政、自然资源调控等方面的管理制度还需要进一步创新。自然资源管理政策效果仿真是出台管理政策的前提,仿真技术应用可以让决策者找到更适合国家或地区的自然资源管理政策方案。

第六,我国自然资源管理创新包括自然资源核算制度创新、自然资源价格制度创新、自然资源财政制度创新和自然资源调控制度创新等。为了实现我国自然资源管理创新,本书提出以下对策建议:健全自然资源产权体系,实现自然资源有偿使用;实施资源税制度,实现自然资源开发外部性内部化;健全生态保护补偿制度,实现自然资源保护;完善生态治理政策机制,实现生态环境保护。

二、展望

自然资源核算及自然资源管理是复杂的难题,还存在很多问题,需要进一步研究。

第一,自然资源产权归属问题。各省对于核算对象的界定存在选择性,现阶段国家层面的自然资源普查呈现为阶段性普查,普查费用较高。地方政府对自然资源实物量数据的更新速度较慢,有效利用难度高。如何明确自然资源资产产权主体结构及各主体的权责利关系,如何将资源开发、使用、保护与修复的权利和责任相关联,如何建立公有制体系下的自然资源产权体系以及如何建立自然资源有偿使用和转让制度等,都是仍然值得深入探究的问题。

第二,自然资源价值量核算方法统一问题。由于自然资源利用情况各不相同,且资源要素存在经济价值和生态价值之分,部分自然资源要素不参与市场定价,无法通过市场来确定其经济价值,因此需要对自然资源采用不同的定价模型进行核算。尚未有统一的自然资源定价方法,本书在对自然资源价值量进行核算时也未能对自然资源价值量进行统一核算,自然资源价值量的核算方法以及生态价值评估制度的建立还有待研究。

第三,自然资源分类问题。我国自然资源种类颇多,主要划分为水资源、矿产资源、能源资源、森林资源和土地资源等几大类,划分范围宽泛,少有系统化且详细的自然资源分类系统。根据自然资源的属性进行分类,其分类系统是不同的。由于各地资源禀赋不同,对自然资源的核算对象划分也不同,如何建立起系统化且适用于各地资源特色的自然资源核算内容体系,仍值得进一步讨论。

第四,自然资源负债核算的重复和漏算问题。自然资源在耗减过程中所带来的环境保护治理负债实际上是难以全面估量的。生态系统是一个整体,某一资源的消耗会带来一系列的连锁反应,资源消耗对生态环境造成的污染和破坏辐射面较广。各类资源的消耗产生的影响相互交错,在核算过程中难免会出现重复计算的问题,加之污染范围的宽泛和隐蔽,对污染的治理也难以做到全面覆盖,漏算问题尚未解决。如何完善自然资源资产负债表的核算内容和体系,减少重复核算和漏算的问题,促进自然资源的可持续利用,值得进一步探究。

第五,自然资源管理中的市场机制。我国已经启动了自然资源产权的全面登记,包括土地、水、森林等多个方面,但交易市场还没有完全建立,需要通过建立可交易许可证和资源交易市场等创新自然资源管理制度。在自然资源管理过程中,以经济功能为主的,以市场效益为主要目标,减少行政干预进入市场;以公共环境功能为主的,以环境效益为主要目标,构建以市场机制为主的有偿使用和生态补偿制度。利用市场及价格信号合理地配置资源,建立有偿使用、生态补偿和环境管理统一的财政政策体系,以资源税、环境税和碳税纠正资源环境外部性,以补贴政策、补偿政策和赔偿政策纠正自然资源保护外部性。

参考文献

毕超,2015.我国最终需求的税收负担结构研究:基于 2007 年投入产出模型的测算
　　[J].经济研究参考(5):59-63.

毕晓丽,葛剑平,2004.基于 IGBP 土地覆盖类型的中国陆地生态系统服务功能价
　　值评估[J].山地学报,22(1):48-53.

曹牧,薛建辉,2016.崇明东滩湿地生态系统服务功能与价值评估研究述评[J].南
　　京林业大学学报(自然科学版),40(5):163-169.

曹永潇,方国华,毛春梅,2008.我国水资源费征收和使用现状分析[J].水利经济,
　　26(3):26-29,76.

柴雪蕊,2016.浅析水资源资产负债表的编制[J].水资源与水工程学报,27(4):
　　44-49.

陈艳华,2010.自然资源约束下经济增长的动力机制:基于索洛模型的分析[J].北
　　方经济(11):14-15.

陈艳利,弓锐,赵红云,2015.自然资源资产负债表编制:理论基础、关键概念、框架
　　设计[J].会计研究(9):18-26,96.

陈玥,杨艳昭,闫慧敏,等,2015.自然资源核算进展及其对自然资源资产负债表编
　　制的启示[J].资源科学,37(9):1716-1724.

程怀文,李玉文,2019.我国水资源管理的经济政策耦合效果仿真研究[J].中国环
　　境管理,11(5):53-60.

褚晓琳,陈勇,田思泉,2016.基于可获得的最佳科学信息和预警方法的海洋自然资
　　源管理研究[J].太平洋学报,24(8):86-94.

崔青青,2020.习近平生态文明思想的世界意义[J].思想理论教育导刊(2):18-22.

戴君虎,王焕炯,王红丽,等,2012.生态系统服务价值评估理论框架与生态补偿实
　　践[J].地理科学进展,31(7):963-969.

丁菊红,邓可斌,2007.政府干预、自然资源与经济增长:基于中国地区层面的研究
　　[J].中国工业经济(7):56-64.

董海荣,左停,李小云,等,2004.社区自然资源管理与社区农业生态系统的稳定性:河北省易县南城司乡南台村实地调查的思考[J].农村经济(7):34-35.

董为红,李伟,2018.自然资源资产负债表探析[J].国土资源情报(6):12-17.

杜心灵,2013.自然资源与经济增长的关系研究综述[J].特区经济(12):101-102.

方燕,张昕竹,2011.递增阶梯定价:一个综述[J].经济评论(5):130-138.

冯聪,董为红,2019.自然资源资产负债表编制的逻辑及技术要素[J].国土资源科技管理,36(6):82-89.

冯广京,2018.自然资源科学研究和利用管理改革的基本思路与主要任务[J].中国土地科学,32(6):8-14,31.

冯志峰,2016.供给侧结构性改革的理论逻辑与实践路径[J].经济问题(2):12-17.

高敏雪,2006.SEEA 对 SNA 的继承与扬弃[J].统计研究(9):18-22.

葛振华,苏宇,王楠,2020.矿产资源资产负债表编制的框架及技术方法探讨[J].国土资源情报(6):51-56,34.

耿建新,胡天雨,刘祝君,2015.我国国家资产负债表与自然资源资产负债表的编制与运用初探:以 SNA 2008 和 SEEA 2012 为线索的分析[J].会计研究(1):15-24,96.

耿静,任丙南,2020.生态系统生产总值核算理论在海南省乡村生态文明评价中的应用:以三亚市文门村为例.生态学报,40(10):3236-3246.

耿康顺,2014.自然资源与经济增长的互动效应研究:基于中国国家层面数据的实证分析[J].西部经济管理论坛,25(2):53-57.

龚胜生,1999.论可持续发展的区域性原则[J].地理学与国土研究,1999,15(1):1-6.

顾德瑞,熊伟,2020.生态税体系构造的法理逻辑与制度选择[J].中南民族大学学报(人文社会科学版),40(4):175-180.

桂德竹,程鹏飞,文汉江,等,2019.在自然资源管理中发挥测绘地理信息科技创新作用研究[J].武汉大学学报(信息科学版),44(1):97-100.

韩保江,2016.供给侧结构性改革的几个基本问题[J].贵州省党校学报(5):47-52.

韩红太,焦利伟,马林娜,等,2019.自然资源管理辅助决策服务平台设计与实现[J].测绘科学,44(6):337-340.

郝鑫,2020.对供给侧结构性改革的马克思经济学解读[J].中国集体经济(23):76-80.

郝玉柱,敖华,2014.自然资源与经济增长关系研究范式的形成和演进[J].经济问题(3):6-10,46.

何利,沈镭,陶建格,等,2018.基于复式记账的自然资源资产负债表平衡关系研究[J].自然资源学报,33(10):1697-1705.

何思源,魏钰,苏杨,等,2021.基于扎根理论的社区参与国家公园建设与管理的机制研究[J].生态学报,41(8):3021-3032.

胡健,董春诗,2009.基于自然资源约束的内生经济增长路径研究:对罗默模型的扩展[J].统计与信息论坛,24(9):31-36.

胡文龙,史丹,2015.中国自然资源资产负债表框架体系研究:以 SEEA2012、SNA2008 和国家资产负债表为基础的一种思路[J].中国人口·资源与环境,25(8):1-9.

黄茄莉,徐中民,2007.上升性理论在经济系统中的应用:以甘肃省为例[J].生态学报,27(11):4785-4792.

黄茄莉,徐中民,王康,2010.甘州区社会经济系统水循环研究[J].水利学报,41(9):1114-1120.

焦敏,陈新军,2014.自然资源价值核算理论在海洋渔业资源中的应用[J].海洋湖沼通报(3):75-81.

孔含笑,沈镭,钟帅,等,2016.关于自然资源核算的研究进展与争议问题[J].自然资源学报,31(3):363-376.

赖力,黄贤金,刘伟良,2008.生态补偿理论、方法研究进展[J].生态学报,28(6):2870-2877.

雷金睿,陈宗铸,陈小花,等,2020.1980—2018年海南岛土地利用与生态系统服务价值时空变化[J].生态学报,40(14):4760-4773.

李大宇,米加宁,徐磊,2011.公共政策仿真方法:原理、应用与前景[J].公共管理学报,8(4):8-20,122-123.

李发昇,张维,2011.基于"消费优势"解析自然资源与经济增长的关系[J].财经科学(4):48-55.

李剑,任立奎,王立杰,2008.自然资源与经济增长关系的研究进展[J].中国矿业(9):5-8.

李秀珠,2020.领导干部自然资源资产离任审计和公司环保投入:基于重污染企业的经验证据[J].财会月刊(12):104-113.

李影,2009."福音"还是"诅咒":自然资源与经济增长关系研究综述[J].经济论坛(6):19-22.

李影,沈坤荣,2010.能源约束与中国经济增长:基于能源"尾效"的计量检验[J].经济问题(7):16-20.

李玉文,程怀文,鲍海君,2013.浙江省社会经济水循环及水资源管理创新研究[J].生态经济(8):59-63.

李玉文,沈满洪,程怀文,2017.基于 SD 方法的水资源有偿使用制度生态经济效应仿真研究:以浙江省为例[J].系统工程理论与实践,37(3):664-676.

李增喜,唐要家,2015.居民水价递增阶梯结构与政策效应研究[J].首都经济贸易大学学报,17(3):87-94.

李志毅,1990.比利时自然资源管理综述[J].国际科技交流(12):36-38.

梁永刚,邹胜武,2020.自然资源确权登记的实践思考[J].中国土地(5):31-33.

刘来会,王振,何春,2017.自然资源对经济增长的影响及区域性差异分析[J].统计与决策(5):146-149.

刘慕华,肖国安,2019.土地生态视角下中国粮食综合生产可持续能力研究[J].科学决策(10):22-53.

刘耀彬,陈斐,2007.中国城市化进程中的资源消耗"尾效"分析[J].中国工业经济(11):48-55.

刘耀彬,黄梦圆,白彩全,2015.自然资源与经济增长:基于金融发展门槛效应[J].自然资源学报,30(12):1982-1993.

卢小丽,李卉,2017.自然资源和环境质量双约束下的绿色增长研究[J].科技与管理,19(2):30-36.

卢小丽,赵奥,王晓岭,2012.公众参与自然资源管理的实践模式:基于国内外典型案例的对比研究[J].中国人口·资源与环境,22(7):172-176.

鲁春霞,谢高地,肖玉,等,2004.青藏高原生态系统服务的价值评估[J].生态学报,24(12):2749-2755.

罗浩,2007.自然资源与经济增长:资源瓶颈及其解决途径[J].经济研究(6):142-153.

马训舟,张世秋,2014.成都城市居民累进阶梯式水价结构与政策效果分析[J].中国人口·资源与环境,24(11):168-175.

孟望生,张扬,2020.自然资源禀赋、技术进步方式与绿色经济增长:基于中国省级面板数据的经验研究[J].资源科学,42(12):2314-2327.

彭皓玥,王树恩,2008.自然资源约束下的区域可持续发展界面分析[J].科学管理研究,26(6):42-45.

皮卫红,1992.关于新西兰自然资源管理法全面改革的总结报告评论[J].国外环境科学技术(2):76-78.

秦艳红,康慕谊,2006.退耕还林(草)的生态补偿机制完善研究:以西部黄土高原地区为例[J].中国人口·资源与环境,16(4):28-32.

沈满洪,2005.水权交易与政府创新:以东阳、义乌水权交易案为例[J].管理世界(6):45-56.

沈满洪,陈军,张蕾,2017.水资源经济制度研究文献综述[J].浙江大学学报(人文社会科学版),47(3):71-83.

沈满洪,何灵巧,2002.外部性的分类及外部性理论的演化[J].浙江大学学报(人文社会科学版),32(1):152-160.

盛明泉,姚智毅,2017.基于政府视角的自然资源资产负债表编制探讨[J].审计与经济研究,32(1):59-67.

史丹,等,2019.北京自然资源资产负债表编制及管理研究[M].中国社会科学出版社.

史丹,王俊杰,2020.自然资源资产负债表研究现状、评述与改进方向[J].中国人口·资源与环境,30(1):1-11.

宋马林,杜倩倩,金培振,2016.供给侧结构性改革视域下的环境经济与自然资源管理:环境经济与自然资源管理学术研讨会综述.经济研究(4):188-192.

孙永平,2011.自然资源与经济增长关系的历史考察:三次"中心-外围"格局的形成及其转换[J].经济评论(2):137-144.

谭宗宪,2005.论自然资源管理制度创新[J].国土资源科技管理(1):16-21.

唐寄翁,徐建刚,邹艳丽,等,2020.自然资源资产管理与国土空间规划体系融合研究[J].规划师,36(22):25-31.

田贵良,帅梦蝶,许颖,2018.自然资源资产负债表的要素与框架结构设计[J].人民长江,49(23):59-67.

王成,2010.自然资源与经济增长关系研究文献综述[J].经济学动态(6):80-83.

王风春,1999.美国联邦政府自然资源管理与市场手段的应用[J].中国人口·资源与环境,9(2):95-98.

王金南,万军,张惠远,2006.关于我国生态补偿机制与政策的几点认识[J].环境保护(19):24-28.

王菊,隋明月,房春生,2009.中国城市居民用水定价结构分析[J].中国水利(16):51-53.

王士红,何平,张锐,2015.资源约束与经济增长关系研究新进展[J].经济学动态(11):138-146.

吴恒,唐芳林,曹忠,等,2018.自然资源确权登记单元划分与代码编制探索[J].林业建设(3):16-19.

伍大荣,1995.加强自然资源管理的现实选择[J].自然资源(1):16-22.

向青,尹润生,2006.社区自然资源管理的基本要素及政府的作用[J].林业经济
(3):74-80.

肖国兴,肖乾刚,1995.中国自然资源管理制度创新的几个问题[J].环境保护(1):
12-14.

肖强,文礼章,易定宏,等,2010.基于上升性理论的重庆市生态经济系统投入产出
分析[J].生态学报,30(5):1148-1156.

肖序,王玉,周志方,2015.自然资源资产负债表编制框架研究[J].会计之友(19):
21-29.

谢高地,肖玉,鲁春霞,2006.生态系统服务研究:进展、局限和基本范式[J].植物生
态学报,30(2):191-199.

谢高地,张彩霞,张雷明,等,2015.基于单位面积价值当量因子的生态系统服务价
值化方法改进[J].自然资源学报,30(8):1243-1254.

谢高地,张钇锂,鲁春霞,等,2001.中国自然草地生态系统服务价值[J].自然资源
学报,16(1):47-53

谢书玲,王铮,薛俊波,2005.中国经济发展中水土资源的"增长尾效"分析[J].管理
世界(7):22-25,54.

徐嵩龄,1995.论市场与自然资源管理的关系[J].科技导报(2):57-60.

薛俊波,王铮,朱建武,等,2004.中国经济增长的"尾效"分析[J].财经研究,30(9):
5-14.

闫永斌,2010.农村城镇化进程中生态治理主体的利益异化分析[J].山东农业大学
学报(社会科学版),12(4):52-56.

严金明,张东昇,夏方舟,2019.自然资源资产管理:理论逻辑与改革导向[J].中国
土地科学,33(4):1-8.

杨海乐,危起伟,陈家宽,2020.基于选择容量价值的生态补偿标准与自然资源资产
价值核算:以珠江水资源供应为例[J].生态学报,40(10):3218-3228.

杨艳琳,2002.我国自然资源开发利用制度创新[J].华中师范大学学报(人文社会
科学版),41(1):25-30.

姚仁,2020.测绘地理信息技术服务于自然资源管理的新挑战、新机遇[J].测绘通
报(S1):20-21,31.

叶榅平,2012.自然资源物权化与自然资源管理制度改革导论[J].管理世界(9):
178-179.

余福建,王文臣,1989.论自然资源与经济增长[J].信阳师范学院学报(哲学社会科

学版)(1):6-10.

袁一仁,成金华,陈从喜,2019.中国自然资源管理体制改革:历史脉络、时代要求与实践路径[J].学习与实践(9):5-13.

张倩,李文军,2006.新公共管理对中国自然保护区管理的借鉴:以加拿大国家公园改革为例[J].自然资源学报(3):417-423.

张权雄,王凤先,杨成,1986.地方自然资源管理数据库[J].河北大学学报(自然科学版)(3):29-36.

赵梦,梁湘波,2000.自然资源资产负债表目标实现途径探析[J].中国集体经济(11):139-141.

赵同谦,欧阳志云,贾良清,等,2004.中国草地生态系统服务功能间接价值评价[J].生态学报,24(6):1101-1110.

赵同谦,欧阳志云,王效科,等,2003.中国陆地地表水生态系统服务功能及其生态经济价值评价[J].自然资源学报,18(4):443-452.

赵绪才,1989.澳大利亚自然资源管理机构概况[J].国际科技交流(7):46-47.

中国 GPI 研究组,2010.中国的真实进步指标(GPI)系统:一种促进可持续发展的工具[J].中国科学院院刊,25(2):180-185,169.

周国华,1992.我国自然资源管理的初步研究[J].经济地理,12(2):24-29.

周景博,1999.论社会主义市场经济下我国自然资源管理的方式[J].中国人口·资源与环境,9(3):74-78.

周丕东,2009.农业女性化及其影响研究:基于贵州省六个村的实证分析[J].贵州农业科学,37(5):214-218.

朱永彬,史雅娟,2018.中国主要城市水资源价值评价与定价研究[J].资源科学,40(5):1040-1050.

左其亭,2007.人水系统演变模拟的嵌入式系统动力学模型[J].自然资源学报,22(2):268-274.

左停,苟天来,2005.社区为基础的自然资源管理(CBNRM)的国际进展研究综述[J].中国农业大学学报,10(6):21-25.

AL-SAIDI M,2017. Conflicts and security in integrated water resources management [J]. Environmental science and policy,73:38-44.

BARBIER E B,1999. Endogenous growth and natural resource scarcity[J]. Environmental and resource economics,14:51-74.

BARTELMUS P,STAHMER C,TONGEREN J V,1991. Integrated environmental and economic accounting: framework for a SNA satellite system[J].

Review of income and wealth,37(2):111-148.

BIRKINSHAW J, HAMEL G, MOLM J, 2008. Management innovation [J]. Academy of management review,33(4):825-845.

BRINGEZU S,2015. On the mechanism and effects of innovation: search for safety and independence of resource constraints expends the safe operating range[J]. Ecological economics,116:387-400.

BRUNNSCHWEILER C, 2007. Cursing the blessings? Natural resource abundance, institutions, and economic growth[J]. World development,36(3): 399-419.

COASE R H, 1960. The problem of social cost[J]. Journal of law and economics,Ⅲ: 1-44.

COSTANZA R, CHICHAKLY K, DALE V,et al. ,2014. Simulation games that integrate research, entertainment, and learning around ecosystem services[J]. Ecosystem services,10:195-201.

COSTANZA R, DALY H E,1992. Natural capital and sustainable development [J]. Conservation biology,6(1):37-46.

DAILY G,1997. Nature's services: societal dependence on natural ecosystems [M]. Washington DC: Island Press.

EDENS B, GRAVELAND C,2014. Experimental valuation of Dutch water resources according to SNA and SEEA[J]. Water resources and economics,7: 66-81.

EISTED R, CHRISTENSEN T H,2013. Environmental assessment of waste management in Greenland: current practice and potential future developments [J]. Waste management and research: the journal for a sustainable circular economy,31(5):502-509.

GARRICK D, WHITTEN S M, COGGAN A,2013. Understanding the evolution and performance of water markets and allocation policy: a transaction costs analysis framework[J]. Ecological economics,88:195-205.

GASTELUM J R, KRISHNAMURTHY G,OCHOA N, et al. , 2018. The use of system dynamics model to enhance integrated resources planning implementation[J]. Water resources management,32:2247-2260.

GUNDIMEDA H, SUKHDEV P, SINHA R K, et al. , 2016. Natural resource accounting for Indian states: illustrating the case of forest resources [J].